“十四五”职业教育国家规划教材

职教MOOC

导游实务

（第二版）

王雁　主编

高等教育出版社·北京

内容提要

本书在首届全国教材建设奖评选中荣获优秀教材一等奖。本书是“十四五”职业教育国家规划教材，依据《中等职业学校旅游服务与管理专业教学标准》，并参照旅游行业相关标准，在2015年版本的基础上修订而成。

本书包括四个模块，即导游人员综述、导游服务程序、导游服务技能、旅游问题和事故的预防与处理，书后附有导游实务相关知识。学生通过本书的学习，不仅能够掌握导游业务知识、服务规程和相关技能，还能提升导游作为“民间大使”的职业素养，具备从事导游服务的基本职业能力，从而弘扬中华优秀传统文化，讲好中国故事。

本次修订紧紧围绕我国旅游业的发展需求，增加了相关的旅游新政策，同时减少了陈旧内容，并更新完善了配套教学资源。

本书配有《导游实务练习册》、在线开放课程（MOOC）、二维码资源和学习卡资源，更加有助于“教学做一体化”的实现。

本书可作为职业院校旅游类专业教材，也可作为旅游行业岗位培训教材。

图书在版编目（CIP）数据

导游实务 / 王雁主编. -- 2版. -- 北京 : 高等教育出版社, 2022.11（2025.9重印）

ISBN 978-7-04-057818-8

Ⅰ. ①导… Ⅱ. ①王… Ⅲ. ①导游–中等专业学校–教材 Ⅳ. ①F590.633

中国版本图书馆CIP数据核字(2022)第019930号

Daoyou Shiwu

策划编辑 曾 娅　责任编辑 王江华　封面设计 张 楠　版式设计 马 云
责任校对 刘丽娴　责任印制 张益豪

出版发行 高等教育出版社
社 址 北京市西城区德外大街4号
邮政编码 100120
印 刷 三河市宏图印务有限公司
开 本 889mm×1194mm 1/16
印 张 16
字 数 320千字
购书热线 010-58581118
咨询电话 400-810-0598
网 址 http://www.hep.edu.cn
http://www.hep.com.cn
网上订购 http://www.hepmall.com.cn
http://www.hepmall.com
http://www.hepmall.cn
版 次 2019年11月第1版
2022年11月第2版
印 次 2025年9月第8次印刷
定 价 38.80元

本书如有缺页、倒页、脱页等质量问题，请到所购图书销售部门联系调换

物 料 号 57818-A0

本书配套的数字化资源获取与使用

在线开放课程（MOOC）

本书配套在线开放课程“导游实务”，可通过计算机或手机 App 端进行视频学习、测验考试、互动讨论。

- 计算机端学习方法：访问地址 http://www.icourses.cn/vemooc，或百度搜索“爱课程”，进入“爱课程”网“中国职教 MOOC”频道，在搜索栏内搜索课程“导游实务”。
- 手机端学习方法：扫描下方二维码或在手机应用商店中搜索“中国大学 MOOC”，安装 App 后，搜索课程“导游实务”。

导游实务

扫码下载App

Abook教学资源

本书配套电子教案、教学课件等辅教辅学资源，请登录高等教育出版社 Abook 网站 http://abook.hep.com.cn/sve 获取相关资源。详细使用方法见本书“郑重声明”页。

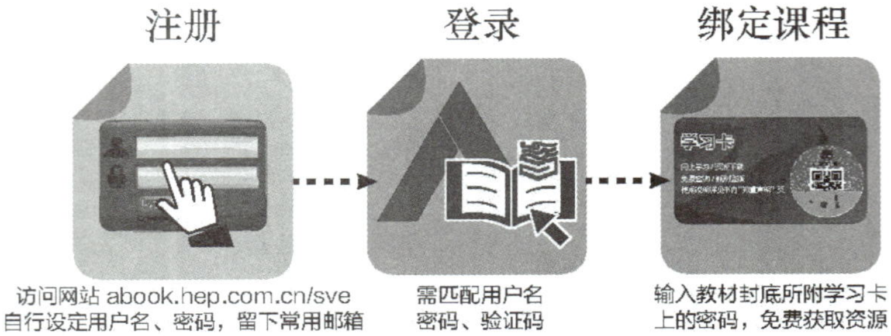

扫码下载Abook App

二维码教学资源

本书配套微视频等学习资源，在书中以二维码形式呈现。扫描书中的二维码进行查看，随时随地获取学习内容，享受立体化阅读体验。

扫一扫，学一学

第二版前言

本书是“十四五”职业教育国家规划教材，在首届全国教材建设奖评选中荣获优秀教材一等奖。本书自 2015 年 8 月出版以来，受到旅游职业院校师生的欢迎。这期间我国经济在高速发展，也带动了旅游业的大发展，我国旅游业已经从大众旅游时代进入全域旅游时代，旅游选择精品化、旅游消费个性化、旅游服务细致化。因而中国旅游业对人力资本素质也提出了新的要求。在旅游业进入转型升级、高质量发展的关键时期，我国旅游主管部门也相应出台许多文献、法规，实行了一系列改革措施。

为此，我们经过广泛调研，围绕以文塑旅，以旅彰文，推进文化和旅游深度融合发展的要求，依据教育部专业教学标准和导游讲好中国故事、传播好中国声音的岗位要求，在本书第一版的基础上进行了修订。

本次修订坚持以落实立德树人为根本任务，与导游资格证考试大纲、导游技能大赛相结合，体现“岗课赛证”融通培养理念，在保留教材原有体例不变的前提下，主要做了以下三方面变动：

一、增加相关的旅游新政策，完善教材内容

在模块一中增加关于电子导游证及领队证的最新规定以及文明旅游规范的相关内容。

二、与时俱进减少陈旧内容

1. 调整关于出入境相关知识，具体内容如下：

（1）更新导游服务程序中出境旅游领队服务，调整相关服务流程。

（2）更新关于护照、签证等相关入出境知识；增加护照、签证的样本图例，提高教材直观性。

2. 调整理论性强而实践性差的内容：删除导游服务技能中的摄影服务技能，

简化团队协作技能，使教材更具有实用性。

3. 根据旅游实际情况，调整带团过程中常见疾病和急症的防治知识。

（1）将“晕厥”和“低血糖”两部分内容合二为一。

（2）删除日光性皮炎、扭伤拉伤等内容，增加高原反应的急救防治知识。

4. 案例调整。对个别描述不够严谨的案例进行修改；对原教材引用的真实案例，进行调整更新。

三、配套数字化教学资源，打造新形态教材

本次修订更新并丰富了配套的《导游实务练习册》、二维码资源、学习卡资源和在线开放课程（MOOC），从而激发学生学习兴趣，更加有助于“教学做一体化”的实现。

修订后的教材更突出了理论的实用性、操作的规范性、知识运用的灵活性以及教学资源的数字化与立体化，反映了当代社会进步、科技发展、学科发展前沿和行业企业的新知识和新规范。总学时仍为 72 学时，具体学时分配不变。

本修订教材由青岛旅游学校王雁主编，具体分工如下：青岛旅游学校张淑珍、王娜修订模块一；王雁修订模块二；青岛市教育科学研究院李珊修订模块四；青岛旅游学校刘鑫修订模块三、附录。王雁负责统稿、校对。

本教材在修订中得到国家金牌导游、山东万达国际旅行社导游工作室总经理、全国高级导游员佟晓红的专业指导，很好地体现了产教融合、校企合作，在此表示感谢。

由于编者水平有限，对书中的不足之处敬请读者多提批评意见。

编　者
2023 年 6 月

第一版前言

本书是“十二五”职业教育国家规划教材，依据《中等职业学校旅游服务与管理专业教学标准》，并参照旅游行业相关标准编写。

本书编写按照突出实践性、操作性的基本原则；依据导游服务人员应具备的岗位职业能力，遵循学生的认知规律，围绕导游服务工作的程序和技能要求，确定项目模块和课程内容，注重学生实践能力的培养。

本书采用了项目导读、任务导入的体例，模拟实际的旅游工作环境，让学生参与任务引导中的项目活动。教材中设置的每一任务模块，均设置任务目标、任务描述、任务分析、任务实施和任务拓展等环节，将教学内容巧妙地隐含在每个任务之中，当学生学习完成每个具体的工作任务后，基本可以掌握导游服务的基本操作要领，形成基本的职业能力和实践能力。

本书同时配套《导游实务练习册》、二维码资源和网络教学资源，可供学生练习和教师参考使用。

本书建议学时为72学时，具体学时分配如下表（供参考）。

教学内容	参考学时
模块一：导游人员综述	4
模块二：导游服务程序	36
模块三：导游服务技能	14
模块四：旅游问题和事故的预防与处理	13
附录：导游实务相关知识	5

本书由青岛旅游学校王雁主编，具体分工如下：哈尔滨市现代服务中等职业

技术学校徐婵编写模块一；王雁编写模块二；青岛旅游学校张淑珍编写模块四；青岛旅游学校刘鑫编写模块三、附录。

由于编者水平有限，书中难免存在遗漏或失误，真诚地希望专家、读者批评指正，以促使我们再版时进行修改和完善。

编　者
2015 年 5 月

目录

模块一
导游人员综述

模块导读

导游服务是随着社会生产力的不断发展、人类旅行活动规模不断扩大而形成和发展的。今天，导游服务已经形成了完善服务体系和服务规范，并确立了其在旅游业中不可动摇的地位与作用，被人们誉为“旅游活动的灵魂”。导游人员作为导游服务的重要实施者，是一个国家和地区形象的代表，是民间交流的友好使者，是旅游服务的忠实实践者。

本模块主要引导学生了解导游人员的概念和分类，掌握导游人员的职责，理解成为一名合格的导游人员所需要的条件和素质，了解和掌握引导文明旅游的具体规范。

教学建议

1. 教师可以运用成功导游服务案例引导学生学习。

2. 通过信息化手段帮助学生打破时空界限。

3. 走出去。教师可以带领学生观察在岗优秀导游员工作。

4. 请进来。教师为学生创造与优秀导游、本校毕业生、实习生或在校期间有实践经验的准导游对话的机会。

关键词

导游人员　概念　分类　职责　素质　文明旅游

项目一　认识导游人员

项目导读

现代旅游业的发展历史证明，旅游业中最具有代表性的工作无疑是导游工作。导游人员是旅游接待工作第一线的关键人员，是旅行社中一支最基本也是最庞大的队伍，也可以称为旅游业的“对外窗口”。

作为一名导游人员，应该熟悉业务知识，待人亲切真诚，灵活应变，爱岗敬业，能想游客所想，急游客所急。导游工作需要上知天文地理，下知鸡毛蒜皮，虽然没有人能面面俱到，仍应不断充实自己，学习各方面知识，而不只是照本宣科地背材料。

任务导入

每年的 1 月 5 日是中国 · 哈尔滨国际冰雪节，届时世界各地的旅游者和滑雪爱好者都会来到哈尔滨，参加这一年一度的冰雪盛会。中央大街上为游客讲解的导游，一个个精神饱满，为游客讲解起来神采飞扬。家住哈尔滨的小王很羡慕他们，对导游工作充满向往，他认为导游既可以工作，又可以免费到一些景点旅游，工作自由，收入又高。高中毕业后他也想成为一名导游，从事导游服务工作。

小王对导游的看法全面吗？他怎样才能成为一名真正的导游呢？

任务一　导游人员的概念和分类

任务目标

一次完整的旅程需要一个导游服务集体来完成，这个导游服务集体一般情况下由全陪、地陪和领队组成。通过本任务的学习，让学生了解导游人员的概念和分类，从思想上明确导游职业的基本特点，培养学生的职业归属感。

任务描述

小王对导游工作心生向往，请你告诉小王，他怎样才能实现自己的导游梦想呢？

任务分析

小王要成为一名导游人员，首先必须要拥有导游资格证书。他要从事导游职业，必须要按照规定程序获得导游证。导游人员由于业务范围、业务内容的不同，服务对象和使用的语言各异，其业务性质和服务方式也不尽相同。即使是同一名导游人员，由于从事的业务性质不同，所扮演的工作角色也随之变换。这些都是作为一名导游人员要了解的基础知识。

任务实施

一、导游人员的概念

我国导游人员的概念是根据1999年原国家旅游局（现文化和旅游部）颁布的《导游人员管理条例》中的规定来确定的。条例中导游人员是指取得导游证，接受旅行社委派，为游客提供向导、讲解及其他服务的人员。简称导游。

怎样才能成为一名导游人员呢？

微视频 1
走进导游

2018年1月1日，原国家旅游局颁布施行的《导游管理办法》（简称《办法》）中，对导游执业的许可、管理作了明确规定：从事导游执业活动的人员，应当取得导游人员资格证和导游证。原国家旅游局建立导游等级考核制度、导游服务等级评价制度和全国旅游监管服务信息系统，各级旅游主管部门运用标准化、信息化手段对导游实施动态监管和服务。

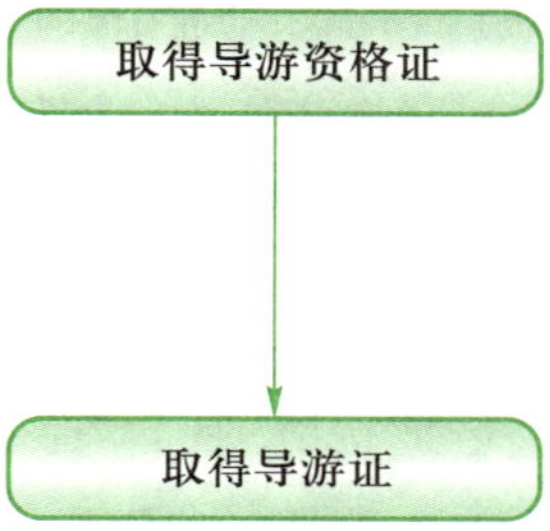

经导游人员资格考试合格的人员，方可取得导游人员资格证。文化和旅游部负责制定全国导游资格考试政策、标准，组织导游资格统一考试，以及对地方各级旅游主管部门导游资格考试实施工作进行监督管理。省、自治区、直辖市旅游主管部门负责组织、实施本行政区域内导游资格考试具体工作。

取得导游人员资格证，并与旅行社订立劳动合同或者在旅游行业组织注册的人员，可以通过全国旅游监管服务信息系统向所在地旅游主管部门申请取得导游证。导游证采用电子证件形式，以电子数据形式保存于导游个人移动电话等移动终端设备中。

《办法》规定：

（1）导游人员为旅游者提供服务应当接受旅行社委派，但另有规定的除外。

（2）导游人员在执业过程中应当携带电子导游证、佩戴导游身份标识，并开启导游执业相关应用软件。

（3）旅游者有权要求导游人员展示电子导游证和导游身份标识。

（4）导游证的有效期为3年。导游人员需要在导游证有效期届满后继续执业的，应当在有效期限届满前3个月内，通过全国旅游监管服务信息系统向所在地旅游主管部门提出申请。

二、导游人员的类型

根据我国的实际情况，可以从不同的角度对导游人员进行分类。

1. 按业务范围划分

导游人员可分为出境旅游领队（简称“出境领队”或“领队”）、全程陪同导游人员（简称“全陪”）、地方陪同导游人员（简称“地陪”）和景区景点导游人员。

（1）出境旅游领队是指依法取得从业资格，受组团社委派，全权代表组团社带领旅游团出境旅游，监督境外接待旅行社和导游等执行旅游计划，并为游客提供出入境等相关服务的工作人员。

（2）全陪是受组团社委派，作为组团社的代表，在领队和地陪的配合下实施接待计划，为旅游团（者）提供全旅程陪同服务的工作人员。

（3）地陪是受接待旅行社委派，代表接待社实施接待计划，为旅游团（者）提供当地旅游安排、讲解、翻译等服务的工作人员。

（4）景区景点导游人员，亦称讲解员，受雇于景区景点经营管理部门，主要从事景区景点的导游讲解服务。

2. 按职业性质划分

导游人员可分为专职导游员和兼职导游员。

（1）专职导游员相对固定地供职于某一个旅行社或导游公司。他们的导游服务行为直接受到旅行社或导游公司经营行为的激励与制约，服务质量比较稳定，市场认可度比较高，为旅行社正式员工，由旅行社支付劳动报酬，缴纳社会保险费用。

（2）兼职导游员也称业余导游员。他们不以导游作为自己的主要职业或正式职业，主要利用自己的业余时间从事导游服务活动。兼职导游员是我国导游队伍中不可缺少的生力军。

另外，还有一种导游人员，他们以导游为主要职业，但不是某家旅游公司的正式雇员，而是通过签订合同为多家旅游公司服务，他们是一批真正意义上的“自由职业导游人员”。这类导游人员是西方大部分国家导游队伍的主体，近年来，在我国导游队伍中也占据了主体地位。

3. 按导游使用的语言划分

导游人员可分为中文导游员和外文导游员。

（1）中文导游员使用的语言包括普通话、地方话或少数民族语言。中文导游员的服务对象主要是国内旅游中的中国公民和入境旅游中的港、澳、台同胞。

（2）外文导游员是指运用外语从事导游业务的导游人员，主要为入境旅游的外国旅游者或出境旅游的中国公民提供服务。目前，我国的外文导游员使用英语的占大多数。

4. 按技术等级划分

导游人员可分为初级导游员、中级导游员、高级导游员和特级导游员。导游人员技术等级评定是旅游行政管理部门为加强导游队伍的建设，激励导游从业人员发奋努力、不断进取，为中外旅游者提供满意的导游服务所采取的重要举措。

在初级、中级、高级和特级导游员中，中级导游员所占比重最大，他们是旅行社业务的骨干；高级和特级导游员代表着我国导游服务的最高水平，他们是旅行社业务的精英。

任务拓展

一、案例分析

案例 1： 家住房山区云居寺的小张对佛教有些研究，于是经常利用节假日带领旅游者游览云居寺，并向每位旅游者收取 10 元讲解费。虽然小张没有导游证，但由于他的讲解很精彩，大家不但不投诉反而有时还能给些小费，小张尝到了甜头，胆子也越来越大，他还经常带领客人到他的一位卖纪念品的朋友的小摊上花高价“请佛”，收取“好处费”。你认为小张的做法有哪些错误？

案例 2： 某高校外语系学生小李先后两次报名参加导游资格考试，均未合格。他急于从事导游工作，遂与某国际旅行社多次联系，希望能给予带团实习机会。次年 7 月，正值旅游旺季，该国际旅行社导游不足，遂聘用小李充任导游人员。请分析：旅行社和小李的这种聘用关系存在哪些问题？

二、小组讨论

请结合自身分析：自己是否具备取得导游证的资格？如果想要取得导游证，需要经过哪些程序？

任务二　导游人员的职责

任务目标

各类导游人员由于其工作性质、工作对象、工作范围和时空条件各不相同，职责重点也有所区别。但他们的基本职责是共同的，就是为游客提供良好的导游讲解和旅行服务。通过完成本任务，使学生掌握导游人员的工作职责。

任务描述

小王的表姐在某旅游院校学旅游专业，一心想当导游的小王前去咨询。表姐说：“导游工作在外人看来是轻松无比的，既可以不花钱四处游玩，又可以免费吃住。实际上，导游是最累的……在导游工作期间，导游完全没有自由，完全不能像大家想象的一样轻松游玩，此时，导游必须全心记挂游客，包括游客吃喝拉撒，生怕出点意外，出游一趟回来，真的累死。要做好导游，也不是很轻松的，既要有先天的性格因素，又要有后天的知识积累，要学识广博、风趣幽默，才能吸引游客……”表姐的一番话让小王觉得当导游并不是自己最初想得那么简单……

任务分析

“工欲善其事，必先利其器”，小王想当一名导游，必须要了解导游人员是干什么的，其工作职责是什么。在导游服务集体中，每位导游人员各司其职、各负其责的共同目的都是圆满完成整个旅游团的接待任务。因此导游服务集体的三位成员分工不分家，既有分工，又有协作；既有共性，又有差异。

任务实施

2018年1月1日起施行的《导游管理办法》对导游人员的职责作了如下要求。

一、导游人员的基本职责

在我国，出境旅游领队、全陪、地陪和景区景点导游人员统称导游人员。他们的工作虽然各有侧重，所起的作用也不尽相同，但他们的基本职责可以概括如下：

（1）自觉维护国家利益和民族尊严。

（2）遵守职业道德，维护职业形象，文明诚信服务。

（3）按照旅游合同提供导游服务，讲解、介绍当地文化和旅游资源、宗教禁忌、法律法规和有关注意事项。

（4）尊重旅游者的人格尊严、宗教信仰、民族风俗和生活习惯。

（5）在旅游过程中，导游人员要以身作则，遵守文明旅游规范，并引导旅游者开展文明旅游活动。

（6）对可能危及旅游者人身、财产安全的事项，向旅游者作出真实的说明和明确的警示，并采取防止危害发生的必要措施。

二、出境旅游领队的职责

出境旅游领队是出境旅游团的领导者和代言人，在团结旅游团全体成员、组织游客完成旅游计划方面起着全陪、地陪往往难以起到的作用。出境旅游领队的主要职责如下：

1. 介绍情况，全程陪同

领队在出发前要向旅游团介绍旅游目的地国家或地区的概况及注意事项，并陪同旅游团全程参观、游览活动。

2. 落实旅游合同

领队要监督和配合旅游目的地国家或地区的全陪、地陪全面落实旅游合同，安排好旅游计划，组织好旅游活动。

3. 组织和团结工作

领队要关心游客，做好旅游团的组织工作，维护旅游团内部的团结，调动游客的积极性，保证旅游活动的顺利进行。

4. 负责联络工作

领队要负责旅游团与旅游目的地国家或地区的接待旅行社的联络与沟通，转达游客的意见、要求与建议乃至投诉，维护游客的合法权益，必要时出面帮助解决问题。

三、全陪的主要职责

作为组团社的代表，全陪在所带领的旅游团（者）中起着主导作用，对全团旅游活动负有全责，其职责主要有：

1. 实施旅游接待计划

按照旅游合同或约定，全陪要代表国内组团社实施国内全程旅游活动的计划，监督各地接待单位的执行情况和接待质量。

2. 负责联络工作

全陪在国内旅游的全程活动过程中，负责及时与组团社和各地接待社的联络，做好旅行过程中各站之间的衔接工作。

3. 做好组织协调工作

全陪要协调领队、地陪、司机等各方面接待人员之间的合作关系；配合、督促地方接待单位安排好旅游团（者）的行、游、住、食、购、娱等旅游活动，照顾好游客的旅行生活。

4. 维护安全，处理问题

全陪必须坚持游客至上的原则，维护游客旅游过程中的人身和财物安全，处理好各类突发事件，转达或处理游客的意见、建议和要求。

5. 宣传、调研

全陪要耐心解答游客的各种问询，热情介绍当地文化和旅游资源；开展市场调研，协助旅游企业开发、改进旅游产品和市场促销。

6. 必要的讲解与生活服务

讲解虽然不是全陪的主要任务，但承担一定的讲解任务也是不可避免的。全陪的讲解主要集中在以下场合：

（1）对团队的整个行程安排及注意事项作总体介绍。

（2）在目的地转移中做沿途讲解。

（3）对整个行程进行总结。

对游客的生活照料贯穿全陪导游服务的始终。旅游过程中，全陪应经常向游客问寒问暖，关心老弱病残，努力解决好游客提出的各种问题与要求。

四、地陪的主要职责

地陪是接待社的代表，是旅游接待计划在当地的执行者、旅游团（者）在当地旅游活动的组织者和实施者。地陪的职责主要有：

1. 安排旅游活动

地陪要根据旅游接待计划和旅游团（者）的具体情况，合理安排旅游团（者）在当地的旅游活动。

2. 做好接待工作

地陪要认真落实旅游团（者）在当地的接送服务和行、游、住、食、购、娱等服务，与全陪、领队密切合作，做好当地旅游接待工作。

3. 做好导游讲解工作

导游讲解是地陪工作的重点，也是地陪服务的基本功。因此，地陪必须认真做好导游讲解工作，介绍风土人情和习俗，解答游客的各种问题。

4. 维护安全，处理问题

地陪要维护游客在当地旅游过程中的人身和财物安全，做好事故防范和安全提示工作，妥善处理旅游相关服务各方的协作关系以及游客在当地旅游过程中发生的各类问题。

五、景区景点导游员的主要职责

1. 导游讲解

景区景点导游员负责所在景区、景点的导游讲解，解答游客的问询。

2. 提示安全

景区景点旅游设施繁多，特别是一些科技含量较高的景区景点对游客参观游览都有各种特殊要求，以保证游客的人身安全和场馆的设备安全。对这些安全要求，景区景点导游员要及时进行安全提示，并给予必要的协助。

3. 宣讲相关知识

景区景点导游员要结合景物向游客宣讲环境、生态和文物保护等方面的相关知识等。

任务拓展

情景演练，分组讨论

情景 1： 2017 年 3 月 8 日，一段乌鲁木齐游客在广西桂林游玩期间因拒绝下车购物，遭导游恐吓并被导游蛮横对待的视频，在“乌鲁木齐爆新鲜”微博、微信群中转发，引发关注。

据乌鲁木齐晚报报道，李女士为乌鲁木齐居民，正与新婚丈夫在桂林度蜜月。当天她参加了桂林的“阳朔一日游”观光旅行团，游费每人 40 元。当天旅行快结束时，导游强制大家下车在一家玉器店购物，她因身体不适不愿下车，之后导游态度蛮横地赶她下车，就出现了视频中的情况。

该段 15 秒的视频中，除了言语的斥责，导游还阻挠游客拍摄。在视频最后，导游伸手把手机打翻，拍摄者表示：“你打到我脸了。”导游则回应：“我打到你脸怎么了？”

这个报道中，哪些事实严重违背了导游人员的职责？谈谈你的看法。

情景 2： 小张接到了旅行社的出团通知，她将于本月 20 日带领 31 人去海南进行为期 5 日的休闲游，为此她高兴不已，因为海南是小张向往已久的地方。在旅游团出发时，小张认真地向游客介绍海南的旅游概况和游览中的注意事项。但到了海南和地陪见面后，小张就被这里的美景所吸引，让路人或游客朋友帮助自己拍照，全身心地投入游览中。结果，团队中有一人走失，造成了非常恶劣的影响。

请分析：小张作为全陪应该做哪些工作？

任务三　导游人员的素质要求

任务目标

一名优秀的导游人员应“诚于中而形于外”“外秀而内美”。通过完成本任务，增强学生的职业意识，培养未来导游人员的基本素质，为导游工作打下基础。

任务描述

表姐眼里的导游工作听起来是又累又复杂，这种累并快乐着的工作对于活泼开朗、性格外向的小王来说却充满了挑战性，他暗暗下定决心，一定努力成为一名优秀的导游人员……一名优秀的导游人员应具备哪些素质要求呢？

任务分析

导游服务是一项艰巨的任务，成为一名具备良好的素质和道德的导游人员需要不断的艰苦锻炼，同时要从多方面加强自身的综合职业素养。

任务实施

导游活动的高体能、高智能、高技能的“三高”特点，决定了导游人员必须具有较高的综合素质。这些素质主要包括：

一、思想政治素质

1. 忠诚的爱国者

热爱社会主义祖国是一名合格的中国导游人员的首要条件。首先，导游人员所从事的工作是社会主义祖国整个事业的一部分，社会主义祖国培育了导游人员，为导游人员创造了良好的工作环境与发挥自己智慧和才能的平台。其次，导游人员的一言一行都与社会主义祖国息息相关。在海外旅游者的心目中，导游人员是国家形象的代表。最后，导游人员向游客介绍和讲解的内容是祖国灿烂的文化、壮丽的山河，祖国人民的伟大创造和社会主义事业的辉煌成就，没有这些丰富的内容，导游讲解就成了无源之水、无本之木。

2. 高尚的道德情操

要做好导游人员，首先要先学会做人。高尚的情操是导游人员的必备修养，也是提供优质的导游服务的必备保证。导游人员要不断学习，提高思想觉悟，提高明辨是非、识别善恶、分清荣辱的能力，提高自我控制的能力，自觉抵制形形色色的精神污染，不能为了一点小便宜而动摇自己的信念，要始终保持高尚的情操，堂堂正正做人，兢兢业业带团。

3. 良好的职业道德

热爱本职工作，是一切职业道德最基本的道德原则。它要求导游人员要明确工作的意义，有强烈的工作责任心和工作热情，“干一行，爱一行，专一行”，忠实地履行自己的职责。讲诚信应该成为导游人员的职业道德习惯。导游人员对待游客，要以诚信为本。导游人员受国家和企业的委托，受游客的委托，从事接待服务工作，应注意加强学习，不断提高服务质量。

4. 践行旅游行业核心价值观

旅游行业核心价值观是“游客为本，服务至诚”。这是社会主义核心价值观在旅游行业的延伸和具体化，体现了对服务对象的承诺，是提升全行业综合素质，激发全体从业人员积极向上、奋发有为的精神动力。“游客为本”和“服务至诚”二者相辅相成，共同构成旅游行业核心价值观的有机整体。

“游客为本”即一切旅游工作都要以游客需求作为最根本的出发点和落脚点，是旅游行业赖以生存和发展的根本价值取向，解决的是“旅游发展为了谁”的理念问题。

“服务至诚”即以最大限度的诚恳、诚信和真诚做好旅游服务工作，是旅游行业服务社会的精神内核，是旅游从业人员应当树立的基本工作态度和应当遵循的根本行为准则，解决的是“旅游发展怎么做”的理念问题。

至诚是导游人员道德修养应追求的最高境界，作为导游人员，要将“游客为本”和“服务至诚”两者结合起来，向游客提供优质服务。

5. 自觉地遵纪守法

遵纪守法是每个公民的义务。作为导游人员尤其应该树立高度的法纪观念，自觉地遵守国家的法律、法规，遵守旅游行业的规章，严格执行导游服务质量标准，严守国家机密和商业秘密，维护国家和旅游企业的利益。

二、知识素养

丰富的知识是做好导游工作的前提，导游人员必须掌握以下知识。

1. 语言知识

语言是导游人员最重要的基本功，是导游服务的工具。导游人员如果没有过硬的语言能力，就根本谈不上优质服务。

外语导游人员至少应掌握并熟练运用一门外语，最好掌握两三门外语。只有掌握一门外语，了解一种外国文化，才能在传播中外文化中做出贡献。另外，导游人员应具有很强的口语表达能力，做到言之有物、言之有据、言之有理、言之有情、言之有礼、言之有神、言之有趣、言之有喻。

2. 史地文化知识

“上知天文，下知地理”是导游人员的看家本领，导游人员必须要有历史、地理、宗教、民族、风俗民情、风物特产、文学艺术、古建筑园林等多方面的知识。只有具备丰富的知识，在导游过程中对游客提出的问题才能给予精彩的解答。

3. 政策法律、法规知识

导游人员应该牢记国家的现行方针政策，掌握有关的法律法规知识，了解外国游客在中国的法律地位以及他们的权利和义务。在导游讲解、回答游客对有关问题的问询或同游客讨论有关问题时，必须以国家的方针政策和法规作指导。对旅游过程中出现的有关问题，导游人员要以国家的政策及有关的法律和法规予以正确处理。导游人员自身的言行更要符合国家政策法规的要求，遵纪守法。

4. 心理学知识

导游人员的工作对象主要是形形色色的游客，而且往往是与之短暂相处，因而掌握必要的心理学知识具有特殊的重要性。导游人员要随时了解游客的心理活动，有的放矢地做好导游讲解和旅途生活服务工作，有针对性地提供心理服务，从而使游客在心理上得到满足，在精神上获得享受。

5. 美学知识

旅游活动是一项综合性的审美活动。导游人员的责任不仅要向游客传播知识，也要传递美的信息，让他们获得美的享受。

6. 社会风俗知识

导游人员应掌握相关的社会学知识，了解各地的风土民情、婚丧嫁娶习俗、宗教信仰情况和禁忌习俗。

7. 旅行知识

导游人员掌握必要的旅行知识，对旅游活动的顺利进行显得十分重要。旅行知识主要包括交通知识、通信知识、货币保险知识、卫生防病知识、旅游业知识等。

8. 国际知识

导游人员还应掌握必要的国际知识，要了解国际形势和各时期国际上的热点问题，以及中国的外交政策和对有关国际问题的态度；要熟悉客源国或旅游接待国的概况，知道其历史、地理、文化、民族、风土民情、宗教信仰、礼俗禁忌等。

总之，我们要求导游人员必须是“杂家”，必须要知道各方面的知识，才能更好地完成每一次旅游服务。

三、技能素质

导游服务技能是导游人员完成导游服务所必须掌握的一种技术和能力，需要在实践中培养和发展。导游人员要在掌握丰富知识的基础上，努力学习导游方法、技巧，并不断总结、提炼，形成适合自己特长的导游方法、技巧及自己独有的导游风格。主要包括语言表达能力、人际交往能力、组织协调能力等方面。

1. 语言表达能力

语言表达能力是导游人员的基本功，口语是导游语言的主要形式。导游语言主要由两部分组成：一是对语言知识的储备与把握；二是对语言运用的具体环境（即语境）的熟悉与调适。一方面，语言是一个有内在规律的符号系统，由语音、词汇、语义、语法等要素构成。导游人员的语言表达能力体现在对这些要素知识的储备和把握上，即既要懂得准确的发音和语调，又要掌握一定的词汇量以及各种词汇的联系与区别，如同义词、异义词等，同时还要把握各种句型的运用法则。有了这些语言知识的储备，就有可能转化为一种语言的实际表达能力。另一方面，导游语言的传播是以一定的时空为条件，以一定的旅游者为对象进行的有目的的活动。因此，导游人员的语言表达能力又表现为对语言环境的洞察和调适，即对具体的语言环境做出判断，并调整导游语言所要表达的内容和形式，以便与特定的环境相适应。

2. 人际交往能力

人际交往能力是导游人员的又一项基本功。导游服务是在与旅游者打交道的过程中完成的，因此，善于进行人际交往是做好导游服务的前提和基础。

主动性、宽容性和服务性是导游人员顺利实现与旅游者友好交往的基本原则。旅游者与导游人员一般都是初次见面，开始接触时不可避免地会产生陌生感。为此，导游人员要主动与旅游者接触，尽快消除因陌生而产生的心理距离，融洽与旅游者的关系。在旅游过程中，旅游者又会带着各种想法与导游人员交往。这时，不管旅游者提出的想法正确与否，导游人员都要以一种宽容的态度去对待旅游者，要以热情服务的精神去感化旅游者，不要与旅游者发生正面冲突。只有这样，导游人员才能与旅游者进行良好的思想和情感交流，建立和保持一种融洽的人际关系。

3. 组织协调能力

旅游团队是一个临时组成的娱乐消遣性集体，放松与自在是他们的基本行为特征，要把这样一支散漫的队伍凝聚在一起，变成一个团结且具有活力的集体，除了游览路线和景观的吸引力之外，靠的就是导游人员组织协调，带领全团人员游览好、生活好。这就要求导游人员需要具有一定的组织协调能力，在安排活动日程时有较强的针对性并留有余地，在组织各项具体活动时讲究方法并及时掌握变化着的客观情况，灵活地采取相应的有效措施，尽力当好参观游览活动的导演。

四、身体素质

导游工作是一项脑力劳动和体力劳动高度结合的工作，工作繁杂，量大面广，流动性强，体能消耗大，工作对象复杂。所以，导游人员必须要具有健康的体魄，才能做好每一项工作。

五、心理素质

导游人员面对着不同的游客，在旅游过程中也会遇到不同程度的麻烦问题，这就要求导游人员具备良好的心理素质。

1. 导游人员应有良好的观察能力和感知能力

在跟游客接触中，导游人员要善于观察游客并敏锐发现不同游客的心理反应，了解到他们需要什么，对什么感兴趣，并且及时调整导游讲解方式和相应服务，采取必要的措施，运用多变的手法，保证旅游活动的顺利进行。

2. 导游人员应具备良好的意志品质

导游人员的情绪状态对导游服务工作有很大的影响。导游人员的情绪不可避免地受到各种主客观消极因素的影响。因此，导游人员应该有较强的自制力，在紧急情况下沉着冷静，不感情用事，自觉调节和控制自己的言论和行动，保持心平气和、热情耐心，有时甚至需要忍耐和克制生理上和精神上的痛苦来为游客服务。导游人员意志的自制性不仅对游客产生极其明显的心理影响，并能抑制游客某些消极情绪或激情爆发。

3. 导游人员应善于调整游客的情绪

旅游过程中，导游人员不仅要控制好自己的情绪，还要善于调整游客的情绪，因为在旅游期间，游客往往处于既兴奋又紧张的状态之中。紧张感容易使游客疲劳，影响游兴，旅游活动就不可能顺利达到预期目的。因此，导游人员要有调节游客情绪的能力，保持并提高其游兴是对导游人员的工作能力和导游才能的重要考验，也是导游活动成功的一个重要标志。

任务拓展

一、拓展阅读：导游“云课堂”——人才培养的时代路径

2015 年 5 月 19 日，原国家旅游局启动实施中高级导游“云课堂”研修项目，对全国 3 万余名中高级导游开展远程在线培训。

“云课堂”初步构建了专家讲坛、名导课堂、文明旅游、美丽中国魅力导游 4 个模块，传统文化、旅游政策法规、旅游业态发展、职业道德、职业能力、心理调节、文明礼仪、文明导游、导游达人、走遍神州 10 个专题的课程体系，成为导游培训资源存储积累、共享传播、优化提升的“云平台”，取得了良好的效果。

“我们也在努力把获得的高人气进一步转化为行业正能量，凝聚共识，激励学员成为传播导游职业正能量的‘火种’。”原国家旅游局人事司人才开发处相关负责人说。据悉，“云课堂”将“职业道德”和“文明旅游”作为培训必修课，与之相关课程近 100 节，形式上有课堂授课、动漫图解、名导心声、专人访谈、情景模拟等。课程引导学员肯定导游职业价值，增强社会责任感和行业使命感，深化对文明旅游的认识。

（资料来源：中国旅游报 2016–04–22）

请分析：这一活动对提升导游员综合素质有怎样的作用？

二、讨论分析：全国模范导游员引导“文明旅游”

作为中国国旅（江苏）国际旅行社的高级导游员、出境领队，李滨每年要带近 40 个境外旅游团，2000 多名游客，足迹遍布 30 多个国家和地区。对于如何增强游客的文明出游意识，提升其文明旅游素质，李滨有一套“独门法宝”。

垃圾袋、烟灰盒、小包餐巾纸这些不起眼的小东西，都是李滨带团的必备品。下车前给每位游客发一个垃圾袋，告诉他们随身带着，有垃圾放在垃圾袋里，行程结束前凡是把垃圾袋交回或者放进垃圾桶的，都会有一份纪念品。

对于抽烟的游客，为了防止烟灰乱弹，李滨总是随身带着烟灰盒：“如果要抽烟的话，招呼我一下，我来帮您接着。”游客要随地吐痰，他及时递上一包餐

巾纸，请他们吐在纸上。这些小细节，随时随地影响着游客。

“要用笑容改变游客的不文明行为，千万别让游客的不文明行为改变了你的笑容。只要导游领队注重细节、付出真心，一定会让游客出行更加文明。”李滨说。

倡导文明旅游，李滨还独创了4321讲解法、智慧引导法。“4321讲解法”就是在开说明会时，结合行程介绍当地风俗法律法规及文明旅游注意事项，让游客做到四多——多听、多吃、多玩、多看，三少——少议论、少说话、少比较，两遵——遵守当地法律法规、尊重当地风俗风土人情，一定——一定要做到安全、开心、文明。智慧引导法就是应用QQ、微信等工具，及时发送文明旅游信息，提醒游客文明旅游。

“一名优秀的导游，不仅要具备渊博的知识，更要有强烈的责任感和服务热情。在带团过程中，既要有精力、有体力、有知识，还要兼具细心、耐心和诚心，懂得管理、语言和服务的艺术。优秀的导游不仅是文化的传播者、文明的宣传员，还是‘美丽中国’的代言人。”这是李滨多年导游生涯的感悟。

（资料来源：南京日报 2016–12–08）

请分析：你对导游人员素质的理解和看法是什么？

想想看：导游领导人员在执业过程中，除了具有为旅游者提供服务的职责，还应具有哪一项职责呢？

任务四　导游领队引导文明旅游规范

任务目标

国民经济的持续快速发展，城乡居民收入水平的不断提高，推动了我国公民出境旅游的迅速发展。中国公民出境旅游，一言一行代表国家形象，体现中国文明程度和国民素质修养。通过完成本任务的学习，了解和掌握引导文明旅游的基本要求、主要内容和具体规范，并在实践中运用。

任务描述

2018年1月1日开始实施的《导游管理办法》关于导游在执业过程中应当履行职责，明确指出要“向旅游者告知和解释文明行为规范、不文明行为可能产生的后果，引导旅游者健康、文明旅游，劝阻旅游者违反法律法规、社会公德、文明礼仪规范的行为”。如果你是导游或领队，在带团过程中你能做到吗？

任务分析

增强文明出游意识，提升文明旅游素质，是每位游客和旅游从业者共同的责任。作为旅游团核心的导游和领队，他们的示范作用和及时的提醒、引导对提升旅游者的文明意识有着举足轻重的作用。为此，原国家旅游局于 2015 年 5 月 1 日实施了《导游领队引导文明旅游规范》，对导游和领队提出了以下要求。

任务实施

一、引导的基本要求

1. 一岗双责

导游领队人员应兼具为旅游者提供服务与引导旅游者文明旅游两项职责。

2. 掌握知识

导游领队人员应具备从事导游领队工作的基本专业知识和业务技能；掌握我国旅游法律、法规、政策以及有关规范性文件；掌握文明礼仪知识和规范；熟悉旅游目的地法律规范、宗教信仰、风俗禁忌、礼仪知识、社会公德等基本情况；掌握必要的紧急情况处理技能。

3. 率先垂范

导游领队人员在工作期间应以身作则，遵纪守法，恪守职责，注重仪容仪表、衣着得体，言行规范，举止文明，为旅游者做出良好示范。

4. 合理引导

导游领队人员对旅游者文明旅游的引导应诚恳、得体，适时进行提醒、警示、劝告。

5. 正确沟通

在引导时，导游领队人员应秉持真诚友善原则，与旅游者充分沟通，增强引导效果。

6. 分类引导

针对不同类型的旅游者分别采取恰当的方式进行引导；针对不文明行为能根据具体情形采取正确的方式处理。

二、引导的主要内容

1. 法律法规

导游领队人员应将我国和旅游目的地国家和地区文明旅游的有关法律规范和相关要求向旅游者进行提示和说明，避免旅游者出现触犯法律的不文明行为。引导旅游者爱护公物、文物，遵守交通规则，尊重他人权益。

2. 风俗禁忌

导游领队人员应主动提醒旅游者尊重当地风俗习惯、宗教禁忌。在有支付小费习惯的国家和地区，应引导旅游者以礼貌的方式主动向服务人员支付小费。

3. 绿色环保

导游领队人员应向旅游者倡导绿色出游、节能环保，宜将具体环保常识和方法向旅游者进行说明。引导旅游者爱护旅游目的地自然环境，保持旅游场所的环境卫生。

4. 礼仪规范

导游领队人员应提醒旅游者注意基本的礼仪规范：仪容整洁，遵序守时，言行得体。提醒旅游者不在公共场合大声喧哗、违规抽烟，提醒旅游者依序排队、不拥挤争抢。

5. 诚信善意

导游领队人员应引导旅游者在旅游过程中保持良好心态，尊重他人、遵守规则、恪守契约、包容礼让，展现良好形象，通过旅游提升文明素养。

三、引导的具体规范

1. 出行前

（1）导游领队应在出行前将旅游文明需要注意的事项以适当方式告知旅游者。

（2）导游领队参加行前说明会的，宜在行前说明会上，向旅游者讲解《中国公民国内旅游文明行为公约》或《中国公民出境旅游文明行为指南》，提示基本的文明旅游规范，并将旅游目的地的法律法规、宗教信仰、风俗禁忌、礼仪规范等内容系统、详细告知旅游者，使旅游者在出行前具备相应知识，为文明旅游做好准备。

（3）不便于召集行前说明会或导游领队不参加行前说明会的，导游领队宜向旅游者发送电子邮件、传真或通过电话沟通等方式，将文明旅游的相关注意事项和规范要求进行说明和告知。

（4）在旅游出发地机场、车站等集合地点，导游领队应将文明旅游事项向旅游者进行重申。

（5）当旅游产品具有特殊安排，如乘坐的廉价航班上不提供餐饮、入住酒店不提供一次性洗漱用品的，导游领队应向旅游者事先告知和提醒。

2. 登机（车、船）与出入口岸

（1）导游领队应提醒旅游者提前办理检票、安检、托运行李等手续，不携带违禁物品。

（2）导游领队应组织旅游者依序候机（车、船），并优先安排老人、未成年人、孕妇、残障人士。

（3）导游领队应提醒旅游者不抢座、不占位，主动将上下交通工具方便的座位让给老人、孕妇、残障人士和带婴幼儿的旅游者。

（4）导游领队应引导旅游者主动配合机场、车站、港口以及安检、边防（移民局）、海关的检查和指挥。与相关工作人员友好沟通，避免产生冲突，携带需要申报的物品，应主动申报。

3. 乘坐公共交通工具

（1）导游领队宜利用乘坐交通工具的时间，将文明旅游的规范要求向旅游者进行说明和提醒。

（2）导游领队应提醒旅游者遵守和配合乘务人员指示，保障交通工具安全有序运行，如乘机时应按照要求使用移动电话等电子设备。

（3）导游领队应提醒旅游者乘坐交通工具的安全规范和基本礼仪，遵守秩序，尊重他人。如乘机（车、船）时不长时间占用通道或卫生间，不强行更换座位，不强行开启安全舱门。避免不文雅的举止，不无限制索要免费餐饮等。

（4）导游领队应提醒旅游者保持交通工具内的环境卫生，不乱扔乱放废弃物。

4. 住宿

（1）导游领队应提醒旅游者尊重服务人员，服务人员问好时要友善回应。

（2）导游领队应指引旅游者爱护和正确使用住宿场所设施设备，注意维护客房和公用空间的整洁卫生，提醒旅游者不在酒店禁烟区域抽烟。

（3）导游领队应引导旅游者减少一次性物品的使用，减少环境污染，节水节电。

（4）导游领队应提醒旅游者在客房区域举止文明，如在走廊等公共区域衣着得体，出入房间应轻关房门，不吵闹喧哗，宜调小电视音量，以免打扰其他客人休息。

（5）导游领队应提醒旅游者在客房内消费的，应在离店前主动声明并付费。

5. 餐饮

（1）导游领队应提醒旅游者注意用餐礼仪，有序就餐，避免高声喧哗干扰他人。

（2）导游领队应引导旅游者就餐时适量点用，避免浪费。

（3）导游领队应提醒旅游者自助餐区域的食物、饮料不能带离就餐区。

（4）集体就餐时，导游领队应提醒旅游者正确使用公共餐具。

（5）旅游者如需在就餐时抽烟，导游领队应指示旅游者到指定抽烟区域就坐，如就餐区禁烟的，应遵守相关规则。

（6）就餐环境对服装有特殊要求的，导游领队应事先告知旅游者，以便旅游者准备。

（7）在公共交通工具或博物馆、展览馆、音乐厅等场所，应遵守相关规则，勿违规饮食。

6. 游览

（1）导游领队宜将文明旅游的内容融合在讲解词中，进行提醒和告知。

（2）导游领队应提醒旅游者遵守游览场所规则，依序文明游览。

（3）在自然环境中游览时，导游领队应提示旅游者爱护环境、不攀折花草、不惊吓伤害动物，不进入未开放区域。

（4）观赏人文景观时，导游领队应提示旅游者爱护公物、保护文物，不攀登骑跨或胡写乱划。

（5）在参观博物馆、教堂等室内场所时，导游领队应提示旅游者保持安静，根据场馆要求规范使用摄影摄像设备。不随意触摸展品。

（6）游览区域对旅游者着装有要求的（如教堂、寺庙、博物馆、皇宫等），导游领队应提前一天向旅游者说明，提醒准备。

（7）导游领队应提醒旅游者摄影摄像时先后有序，不妨碍他人。如需拍摄他人肖像或与他人合影，应征得同意。

7. 娱乐

（1）导游领队应组织旅游者安全、有序、文明、理性参与娱乐活动。

（2）导游领队应提示旅游者观赏演艺、比赛类活动时遵守秩序。如按时入场、有序出入。中途入场或离席以及鼓掌喝彩应合乎时宜。根据要求使用摄像摄影设备，慎用闪光灯。

（3）导游领队应提示旅游者观看体育比赛时，尊重参赛选手和裁判，遵守赛场秩序。

（4）旅游者参加涉水娱乐活动的，导游领队应事先提示旅游者听从工作人员指挥，注意安全，爱护环境。

（5）导游领队应提示旅游者在参加和其他旅游者、工作人员互动活动时，文明参与、大方得体，并在活动结束后对工作人员表示感谢，礼貌话别。

8. 购物

（1）导游领队应提醒旅游者理性、诚信消费，适度议价，善意待人，遵守契约。

（2）导游领队应提醒旅游者遵守购物场所规范，保持购物场所秩序，不哄抢喧哗，试吃试用商品应征得同意，不随意占用购物场所非公共区域的休息座椅。

（3）导游领队应提醒旅游者尊重购物场所购物数量限制。

（4）在购物活动前，导游领队应提醒旅游者购物活动结束时间和购物结束后的集合地点，避免旅游者迟到、拖延而引发的不文明现象发生。

9. 如厕

（1）在旅游过程中，导游领队应提示旅游者正确使用卫生设施；在如厕习惯特别的国家或地区，或卫生设施操作复杂的，导游领队应向旅游者进行相应说明。

（2）导游领队应提示旅游者维护卫生设施清洁、适度取用公共卫生用品，并遵照相关提示和说明不在卫生间抽烟或随意丢弃废弃物、不随意占用残障人士专用设施。

（3）在乘坐长途汽车前，导游领队应提示旅游者行车时间，提醒旅游者提前上卫生间。在长途行车过程中，导游领队应与司机协调，在中途安排停车如厕。

（4）游览过程中，导游领队应适时提示卫生间位置，尤其应注意引导家长带领未成年人使用卫生间，不随地大小便。

（5）在旅游者众多的情况下，导游领队应引导旅游者依序排队使用卫生间，并礼让急需的老人、未成年人、残障人士。

（6）在野外无卫生间等设施设备的情况下，导游领队应引导旅游者在适当的位置如厕，避免污染水源或影响生态环境。并提示旅游者填埋、清理废弃物。

任务拓展

讨论分析：“中国天空之镜”变垃圾场

正值暑假旅游旺季，被称为“中国天空之镜”的青海乌兰县的茶卡盐湖，每日吸引约4万名游客到访。虽然景区设置大量垃圾桶，工作人员也不断广播提醒游客爱护环境卫生，游客仍然无视提醒，将脱下来的鞋套随处乱扔。为收拾这些垃圾，景区环卫人员每日要工作13个小时。

根据上述案例，分析导游服务人员在带团过程中应该怎样引导游客文明旅游。

模块二
导游服务程序

模块导读

导游服务是指取得导游任职资格的导游人员代表被委派的旅行社，按照组团合同或约定的内容和标准为旅游者提供向导、讲解及相关的旅游服务。

按照导游职责的规定，领队是旅游团的领导者和代言人；全程陪同导游人员对所带的旅游团的旅游活动负有全责，在整个旅游活动中起着主导作用；地方陪同导游人员是旅游接待计划在当地的执行者，是当地活动的组织者；景区景点导游员在某一景区或景点为旅游者提供导游讲解和安全提醒等服务。

本模块主要引导学生学习地陪、全陪、领队及景区景点导游人员的服务程序和散客导游服务程序。通过对本模块的学习，学生应掌握导游人员的规范操作程序，了解散客导游服务程序与团队导游服务程序的区别。

教学建议

1. 教师可以把本地著名景点的讲解方法融入课件当中。
2. 组织学生进行导游接待和讲解等方面的实训。
3. 可以邀请优秀导游员来校做旅游接待方面的讲座或座谈会。

关键词

地陪导游服务　全陪导游服务　出境旅游领队服务　散客导游服务

项目二　地陪导游服务

项目导读

地方陪同导游人员，简称地陪，也称地接导游或简称为地接，是指受当地接待旅行社委派，代表接待社实施接待计划，为旅游团提供当地旅游活动安排、讲解、翻译等服务的工作人员。地陪是旅游计划的直接执行者，对确保旅游计划的顺利实施起着关键作用。在地陪导游服务中，要求地陪严格按照国家技术监督局发布的《导游服务质量标准》提供各项服务，按时做好旅游团在本地的迎送工作，严格按计划做好旅游团在参观游览过程中的导游讲解工作和计划内的食宿、购物、文娱等活动安排，妥善处理各方面的关系和出现的问题。

地陪导游服务程序如图 2–1 所示。

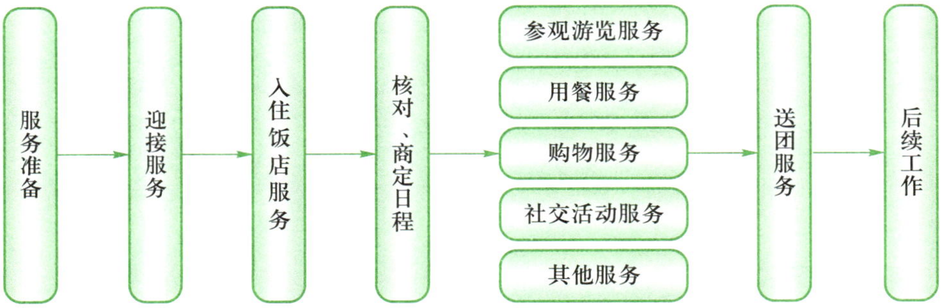

图 2–1　地陪导游服务程序

任务导入

4 月下旬的某天，导游小王接到青岛希望国际旅行社计调小卢的通知，说是一个北京旅游团将于 5 月 1 日至 5 日来山东做青岛—威海—蓬莱三地游。

微视频 2
服务准备

任务一　服务准备

任务目标

在接到旅行社下达的接待北京旅游团的任务后，作为地陪的小王首先要做好充分的准备工作，这是一个规范的地陪为旅游团提供良好服务的重要前提和保障。地陪导游服务的准备工作包括业务准备、知识准备、形象准备、心理准备和物质准备五个方面。

任务描述

小王从旅行社计调小卢的手中拿到了一份旅行社接待计划书（表 2–1）及游客信息表（表 2–2）。

表 2–1　旅行社接待计划书

<table>
<tr><td>组团社</td><td colspan="2">北京诚信旅行社</td><td>团号</td><td>12042203</td><td>国家或地区</td><td>北京</td></tr>
<tr><td rowspan="3">旅游团构成</td><td colspan="2">人数：43 人</td><td colspan="2">组团社计调</td><td colspan="2">小李【138####5058】</td></tr>
<tr><td>男：23 人</td><td>70 岁以上：0 人</td><td colspan="2">全陪</td><td colspan="2">小萧【158####3323】</td></tr>
<tr><td>女：20 人</td><td>12 岁以下：3 人</td><td colspan="2">领队</td><td colspan="2">老蒋【131####2218】</td></tr>
<tr><td rowspan="2">抵离时间</td><td colspan="6">2018 年 5 月 1 日（北京—青岛）乘动车赶赴青岛，抵达时间：21 时 53 分</td></tr>
<tr><td colspan="6">2018 年 5 月 4 日（烟台—北京）乘列车回北京，开车时间：22 时 33 分</td></tr>
<tr><td rowspan="5">行程</td><td colspan="2">活动内容</td><td colspan="2">入住饭店</td><td colspan="2">用餐情况</td></tr>
<tr><td colspan="2">5 月 1 日：北京—青岛，乘动车赶赴青岛</td><td colspan="2">青岛黄海饭店</td><td colspan="2">早餐：无
中餐：无
晚餐：无</td></tr>
<tr><td colspan="2">5 月 2 日：游览百年青岛的标志栈桥、热门景点天主教堂，参观以葡萄酒历史与文化展示为主题的青岛葡萄酒博物馆，游览新青岛的象征五四广场和青岛奥林匹克帆船中心。
乘游艇观赏青岛黄金海岸</td><td colspan="2">青岛黄海饭店</td><td colspan="2">早餐：含
中餐：自理
晚餐：青岛黄海饭店</td></tr>
<tr><td colspan="2">5 月 3 日：青岛—威海，早餐后乘车赶赴威海，游览定远舰，追忆当年黄海大战的悲壮场面</td><td colspan="2">威海百纳中心大酒店</td><td colspan="2">早餐：含
中餐：威海海鲜酒楼
晚餐：威海百纳中心大酒店</td></tr>
<tr><td colspan="2">5 月 4 日：威海—蓬莱—烟台，早餐后乘车赶赴蓬莱，游览八仙过海的美丽传说——八仙渡景区，周围海域天高水阔、景色壮观、空气宜人</td><td colspan="2">烟台维也纳酒店</td><td colspan="2">早餐：含
中餐：蓬莱饭店
晚餐：烟台维也纳酒店</td></tr>
<tr><td>备注</td><td colspan="6">1. 此团为驻京某央企优秀员工旅游团
2. 团餐安排 3 早 5 正，5 月 2 日午餐自理</td></tr>
<tr><td>地接社</td><td colspan="4">青岛希望国际旅行社</td><td>团队等级</td><td>常规团</td></tr>
<tr><td>计调</td><td colspan="2">小卢
电话：133####1101</td><td>地陪</td><td colspan="3">小王
电话：133####1102</td></tr>
<tr><td>汽车</td><td colspan="2">青岛畅通旅游汽车有限公司
45 座大金龙</td><td>司机</td><td colspan="3">韩先生
电话：137####1946</td></tr>
</table>

表 2-2　游客信息表

序号	姓名	身份证号码	性别	年龄	职务	电话	备注
1	蒋 ##	##################	男	55	副总裁	138########	领队
2	王 ##	##################	男	42	总经理	133########	素食
4	李 ##	##################	女	35		137########	母女
5	张 #	##################	女	8		136########	
……	……	……	……	……	……	……	……
42	马 #	##################	女	33		138########	回族
43	丁 #	##################	男	28		131########	

任务分析

这次小王需要接待的是来自北京的某家央企为企业优秀员工安排的常规旅游团，企业安排了一名副总裁担任领队，协助全陪、地陪工作。小王深知充分做好接团前的准备工作是整个导游服务工作顺利完成的重要保障，因此，在拿到接待计划书后，小王从业务、知识、形象、心理和物质五个方面做了充分的准备工作。

任务实施

小王准备了一张地陪导游服务准备阶段流程图（图 2–2），按照图中的指示依次完成各项准备工作，并用红蓝荧光笔标注符号表示各项任务是否完成以及完成的满意情况。

一、做好业务准备

（一）熟悉接待计划

接待计划是组团社委托各地方接待社组织落实旅游团活动的契约性安排，是导游人员了解该团基本情况和安排活动日程的主要依据。地陪应在旅游团抵达之前认真阅读接待计划和有关资料，详细、准确地了解该旅游团的服务项目和要求，主要事项要做记录，并弄清楚以下情况。

1. 旅游团及团员的基本情况

（1）旅游团概况。组团社名称，相关联络人及联络方式，国籍，导游语言要求，旅游团名称或团号，收费标准和费用结算方式等。

（2）团员基本情况。人数及团员的姓名、性别、年龄、护照或身份证号码、职业及宗教信仰等。

（3）旅游线路和交通工具。该团的全程路线、入出境地点和乘坐交通工具的情

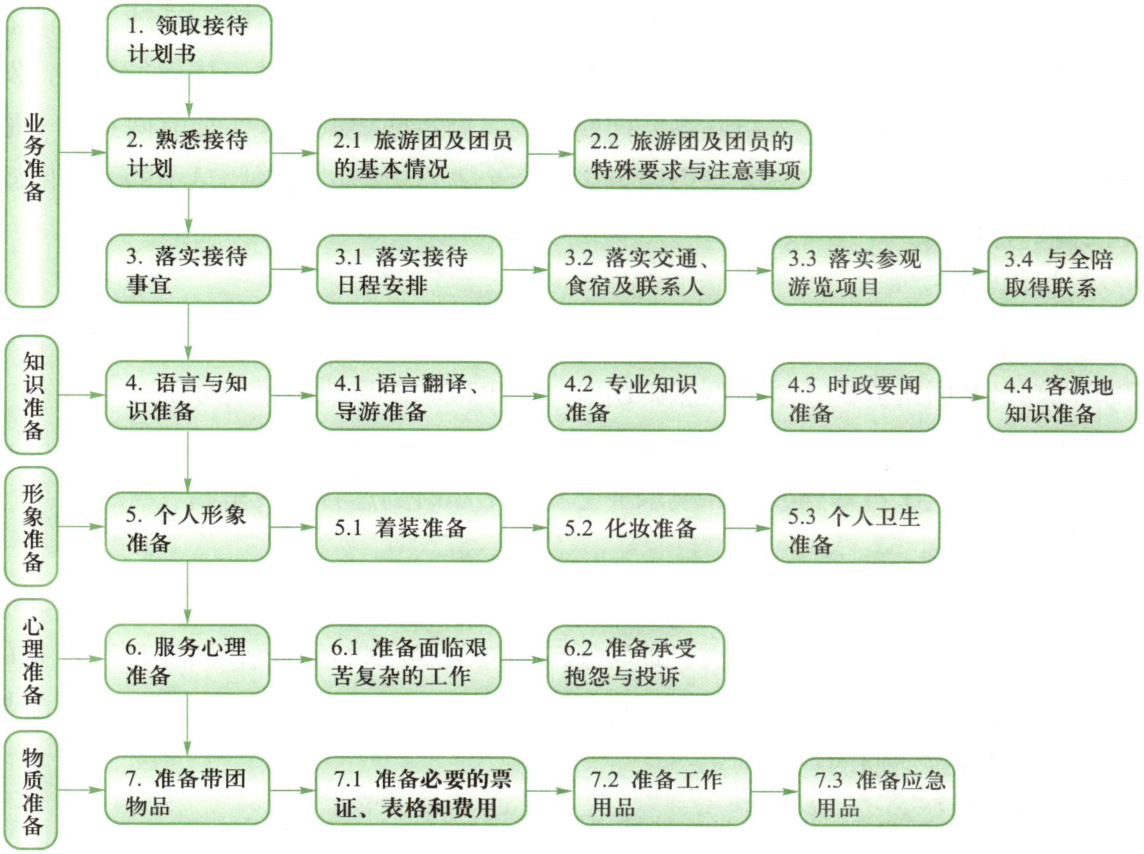

图 2-2　地陪导游服务准备工作流程

况等。

（4）交通票据。该团去往下站的交通票据是否已按计划订妥，有无变更以及变更后的落实情况，有无返程票。

2. 旅游团及团员的特殊要求与注意事项

（1）食、住、行、游、购、娱等方面的特殊要求。该团在用餐、住房、用车、游览等方面是否有特殊的要求。

（2）重要人物迎送、会见、宴请等注意事项。该团有无有关方面负责人出面迎送、会见、宴请等礼遇的要求。

（3）需要特殊重点照顾的客人。该团是否有老弱病残及婴幼儿等需要特殊照顾的游客。

（4）其他注意事项。该团有无需要办理通行证地区的参观游览项目等事项。

（二）落实接待事宜

在旅游团抵达的前一天，地陪应与各有关部门或人员一起落实、检查旅游团的日程安排、交通及行李运输、住房及用餐、参观及游览项目，并与有关人员取得联系。

1. 落实接待日程安排

地接社根据组团社的旅游接待计划，编制了该团在本地的参观游览活动日程，日程中详细注明了日期、出发时间、游览项目、就餐地点、风味品尝、购物、晚间活动、自由活动时间，还包括会见等其他特殊项目。作为该团的地陪，小王对以上各项安排逐一落实，发现的几个不妥之处，经与本社有关人员联系，问明情况，做了必要调整。主要有两点，一是计划中安排的用餐主要以海鲜为主，未考虑团员中有一个素食者；二是对团员中的一名回族同胞未落实饮食禁忌情况。

2. 落实交通工具

地陪应与旅游汽车公司或车队联系，确认为该团在本地提供交通服务的车辆的车型、车牌号和司机姓名及联络方式。接大型旅游团时，车上应贴编号或醒目的标记。

小王在旅游团抵达青岛的前一天，与司机韩师傅联系，确定了见面地点，告知其活动日程和具体时间，商定了行车路线，并要求务必提前半小时到达青岛火车站。

3. 落实食宿安排

地陪应熟悉旅游团所入住饭店的位置、概况、服务设施及项目，核实该团客人所住房间的数目、级别以及是否含早餐等事宜。地陪还应与有关餐厅联系，确认该团日程表上安排的每一次用餐情况。在做这些工作的同时，小王重点叮嘱了有关餐厅，该团有一名素食者和一名回族同胞，请注意他们的饮食禁忌。

4. 落实相关单位和人员的联络方式

地陪应备齐并随身携带组团社和地接社相关部门、沿途餐厅、入住饭店、车队、组团人员和其他导游人员的联络方式。

5. 落实参观游览项目

地陪要清楚接待计划中的各项参观游览项目的当前情况，比如近期是否整修、闭馆等，如果发现实际情况与接待计划有出入，要及时向地接社汇报，并做出合理恰当的调整。如果接待计划中有新的旅游景点或不熟悉的参观游览点，地陪应事先了解其概况，如具体方位、开放时间、最佳游览路线、厕所位置等。对于一些特别的旅游项目，如文娱表演、野营活动等，更要清楚其活动要求和注意事项。

6. 与全陪取得联系

地陪应和全陪提前约定接团的时间、地点，防止漏接或空接事故的发生。

在接到接待任务的第一时间，小王就主动与该团的全陪小萧取得了联系，了解了旅游团情况，商定了接团事宜。为了有针对性地做好接待准备，小王向全陪详细询问了该团的特点和一些需要特别注意的人或事项。在讨论工作的同时，小王还不时穿插一些感情方面的联络，为下一步两人间的合作打下了一定的基础。

二、做好知识准备

地陪应根据旅游接待计划和旅游团的特点准备相应的知识。

1. 做好语言翻译、导游准备

根据接待计划上确定的参观游览项目，对重点内容，特别是自己不太熟悉的内容，地陪要做好语言和介绍资料的准备。小王针对该团将要参观游览的青岛栈桥、威海定远舰、蓬莱八仙渡三景区（点），精心准备了导游词。

2. 做好专业知识准备

地陪在掌握并随时更新旅游地的概况、风俗习惯、风物特产、法律法规及主要旅游景点等常规知识的同时，要根据旅游团大部分团员所从事的专业情况，做好相关专业知识、词汇的准备工作。通过查阅图书、网络资料，小王重点了解了有关定远舰和甲午战争的历史知识。

3. 做好时政要闻准备

地陪要做好有关当前的热门话题、国内外重大新闻、游客可能感兴趣的话题等方面的准备工作，以便在接待活动过程中更好地与游客互动交流。

4. 做好客源地知识准备

为了更好地了解游客，提供有针对性的服务，小王在原本就掌握的有关北京地方知识的基础上，还重点了解了北京习俗、人文典故、风物特产等相关知识。

三、做好形象准备

一个着装得体、化妆适度、干净整洁、精神饱满的地陪，在宣传旅游目的地、传播中华文明方面起着不可低估的重要作用，也更容易在游客心目中树立良好形象。

1. 着装准备

地陪的着装要符合本地区、本民族的着装习惯和导游人员的身份，衣着大方、整洁，还要便于从事导游服务工作。上团前，应将胸卡佩戴于胸前，并随身携带导游证。

2. 化妆准备

地陪在工作期间，一般不宜佩戴饰物，如有佩戴，要适度，要适合自己的气质和特点。发型适合身体特征、工作特点，体现品位和情趣。不化浓妆，不用味道太浓的香水。

3. 个人卫生准备

地陪在出团前，要检查头发和指甲等是否符合要求，做到整洁卫生。

四、做好心理准备

地陪需要具备良好的心理素质，尤其是在出团前，要善于控制自己的情绪，放松自己，把情绪调整到最佳状态，并做好下面两个方面的心理准备。

1. 准备面临艰苦复杂的工作

导游服务工作是一项脑体高度结合的劳动，导游人员不仅要考虑到按照标准化和规范化的工作程序要求为游客提供热情的服务，还要有充分的思想准备考虑如何对特殊游客提供服务，以及如何面对和处理在接待工作中发生的问题或事故。

2. 准备承受抱怨与投诉

导游人员的工作繁杂辛苦，有时导游人员虽然已经尽其所能地为旅游团服务，但还会有一些游客挑剔、抱怨、指责导游人员的工作，甚至提出投诉。对此，导游人员也要有足够的心理准备，要冷静、沉着地面对抱怨和投诉，真心实意地为游客服务。

五、做好物质准备

上团前，地陪应做好接团必要的物质准备。

1. 准备必要的票证、表格和费用

包括接待计划（电子行程单）、旅游服务质量反馈表、各类结算单据（如餐饮、住宿、景区门票、旅游团费用）等。

2. 准备工作用品

包括表明身份的物品（如导游证、胸卡、身份证）、提示游客的物品（如接站牌、导游旗、旅游车标志和扩音器）等。

3. 准备应急用品

要做到有备无患，地陪上团前要根据接待计划内容和游客情况，带上相应的应急用品，如手机充电器、雨伞、创可贴、润喉糖、塑料袋、其他小工具等；也可以准备一些途中与游客互动的活动小奖品，如本地旅游图以及具备本地特色的小纪念品、宣传资料等。

此外，导游人员辛苦是众所周知的，导游人员要学会照顾好自己，要准备好个人必需物品，尤其是通信联络设备必不可少。

任务拓展

一、讨论分析：从旅游接待计划书中掌握重要信息

请同学们熟读表 2–1“旅行社接待计划书”和表 2–2“游客信息表”，通过教师提问和学生回答的形式，考查学生阅读、分析接待计划的能力。

（1）在表 2–1 中，哪些项目提供了旅游团概况信息？根据这些信息，地陪应做些什么工作？

（2）在表 2–1 和表 2–2 中，哪些项目提供了旅游团成员信息？根据这些信息，地陪在今后的接待过程中应注意些什么？

（3）在表 2–1 中，哪些项目提供了旅游路线和交通方面的信息？

二、模拟实训：电话落实相关接待事宜

根据表 2–1“旅行社接待计划书”和表 2–2“游客信息表”中的相关内容，每次抽调 6 名同学作为一小组，分别扮演地陪导游小王、某饭店前台服务员、某餐厅订餐经理、某旅游汽车公司调度员、司机韩师傅、全陪导游小萧，分别进行下述模拟训练：

（1）小王与饭店电话落实旅游团客房预订情况。

（2）小王与餐厅电话落实旅游团用餐预订情况。

（3）小王与旅游汽车公司调度员电话落实旅游车辆安排情况。

（4）小王与司机韩师傅电话落实车辆及相关事宜。

（5）小王与小萧电话落实有关接团事宜。

针对学生在每个模拟训练环节中的完成情况，可以采取教师评价、小组同学互评、全班同学评价等形式，指导学生全面、准确地掌握地陪导游服务准备阶段的操作程序，避免在重要环节中出现疏漏。

三、模拟实训：做好接团前的准备工作

导游小李第一次接团到九寨沟、黄龙一线旅游，九寨沟景区最高海拔 3 101 米，黄龙景区海拔在 3 000 ~ 3 900 米，均属于高原地区。你觉得小李应该重点做好哪些方面的准备工作？

任务二　迎接服务

任务目标

在接站过程中，地陪应使旅游团在接站地点得到及时、热情、友好的接待，了解在当地参观游览活动的情况。地陪导游迎接服务包括：旅游团抵达前的工作、旅游团抵达后的服务以及赴饭店途中的服务三个方面。

任务描述

北京旅游团将于 5 月 1 日乘坐 G197 次高速动车到达青岛火车站，小王作为地陪在充分做好前期的服务准备工作后，前去迎接旅游团。

任务分析

在北京旅游团到达之前，小王需要做好迎接服务准备，核实本次列车（G197 次高速动车）抵达的准确时间，提前半小时到青岛火车站迎候游客，核对旅游团信息，清

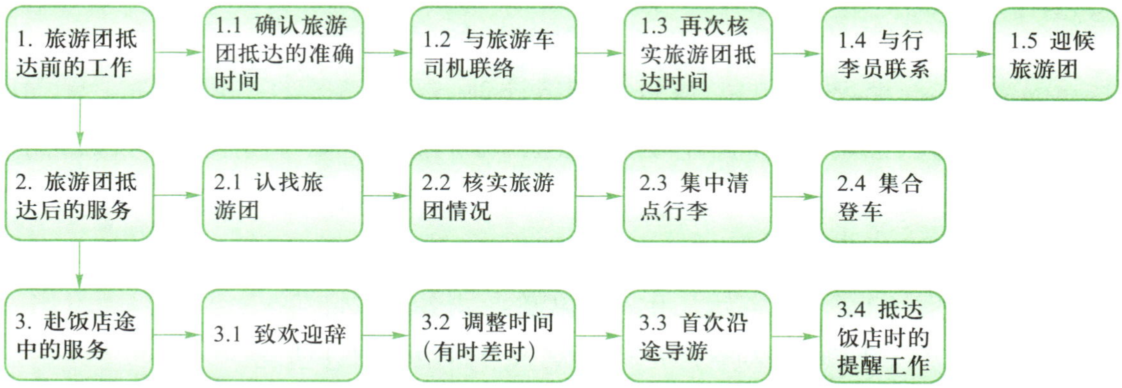

图 2-3 地陪导游迎接服务程序

点、交接行李，集合登车，并进行赴饭店途中的首次导游服务。

任务实施

小王照例制作了一张地陪导游迎接服务阶段流程图（图 2–3），在做好旅游团抵达前的准备工作的基础上，认真落实旅游团抵达后和赴饭店途中的服务工作。

一、旅游团抵达前的工作

微视频 3
迎接服务

在接团当天，地陪小王提前到达旅行社，全面检查了前期准备工作的落实情况，并再次确认了旅游团抵达时间、旅游车、行李车及会合地点等。

1. 确认旅游团抵达的准确时间

在出发迎接旅游团之前，地陪要向机场（车站、码头）问讯处问清飞机（火车、轮船）到达的准确时间。一般情况下，应在飞机预定的抵达时间前 2 小时，火车、轮船预定的抵达时间前 1 小时向问讯处询问。

G197 次高速动车预定的抵达时间是 21∶53，小王在当晚 21∶00 再次拨打了青岛火车站问询电话，确认了 G197 次列车正点到达。

2. 与旅游车司机联络

在确认 G197 次列车的抵达时间后，小王立即联系了旅游车司机韩师傅，告知该团的活动日程和具体时间安排，与韩师傅商定了出发的时间，确认了见面地点，提前半小时到达接站地点（青岛火车站）后，与司机商量好了停车的位置。在赴接站地点途中，小王还调试了车载音响系统，调整了话筒音量，以免出现噪声。

3. 再次核实旅游团抵达时间

为确保万无一失，小王在到达接站地点后，到问讯处再次核实了列车抵达的时间。

一般情况下，地陪在抵达接站地点后，应迅速查阅航班（车次、航次）抵达的显示信息，核实航班（车次、航次）抵达的准确时间。若出现航班（车次、航次）晚点，则视晚点的程度来决定后续的安排。对于非入境站并配有全陪的非飞机团，地陪还应提前与全陪电话或短信联系问询，再次核实抵达时间。

4. 与行李员联系

如果配备了行李车和行李员，地陪在出发接团之前，应与为该团提供行李服务的行李员取得联系，通知其抵达机场（车站、码头）将游客行李及时送达下榻的饭店。

5. 迎候旅游团

旅游团所乘飞机（火车、轮船）抵达后，地陪应手持接站牌或旅行社旗帜站立在出站口醒目位置，热情迎候旅游团。如果是火车团，有特殊情况需要到站台上接站，要事先购买站台票，在相应站台等候接站。

二、旅游团抵达后的服务

1. 认找旅游团

旅游团队出站时，地陪应尽量站在出口醒目的位置，手持接站牌，以便对方领队或全陪或游客前来联系，同时地陪也应根据游客的民族特征、衣着、组团社的徽记等情况主动地认找旅游团。

2. 核实旅游团情况

为避免出现错接事故，地陪在找到了游客后，应立即与全陪、领队或旅游团负责人核实对方旅行社名称、团号、领队或全陪姓名以及实到人数。如果出现与计划不符的情况，应立即通知接待旅行社的有关部门和负责人，并做出相应调整。

3. 集中清点行李

小王在核对完旅游团情况后，协助本团游客将行李集中放在一处比较僻静、安全的地方，提醒游客检查各自的行李物品是否完整无损（火车托运的除外）。

清点行李时若发现行李未到或破损，地陪应协助当事人到机场（车站、码头）登记处或其他有关部门办理行李丢失或赔偿申报手续。

如果旅行社安排了行李车运送行李，地陪应与全陪或领队、行李员共同清点，核对行李件数无误后，移交给接待社行李员，双方办好交接手续。由于本团没有安排行李车，小王带领游客携带行李来到旅游车停车处，在司机韩师傅的协助下和游客一起将行李装入旅游车的行李箱内，提醒游客随身携带贵重物品，并再次请游客确认自己的行李是否都在。

4. 集合登车

清点完行李后，小王提醒游客带好随身行李，引导游客前往乘车处，并给游客以必要的帮助。

游客上车时，地陪要站在旅游车车门的靠头一侧，协助游客上车。上车后，地陪应协助全陪或领队安排游客就座，并安置好随身行李。待游客全部坐稳后，先检查一下行李架上的物品是否安稳，再礼貌地清点人数。最后请司机开车，并再次提醒游客坐稳。

为了保证安全，原国家旅游局、交通运输部于 2016 年 4 月 11 日联合发文规范导游专座。如果旅游车没有设置导游专座，地陪应当事先选择汽车第一排的正座为导游专座，其上印有“导游专座”以提示游客不要占据该座位。当汽车高速行驶时，禁止导游人员在车内站立讲解。

三、赴饭店途中的服务

车辆启动后，地陪小王手持话筒，面带微笑地进行赴饭店途中的首次导游讲解。

微视频 4
途中服务

1. 致欢迎辞

“各位来自北京的朋友们，晚上好！有朋自远方来，不亦乐乎！在此，我代表青岛希望国际旅行社、司机和我自己欢迎你们来到美丽的海滨城市——青岛观光旅游。我是……”车厢里响起小王悦耳动听的声音。

欢迎辞通常包括以下内容：

（1）问候语。

（2）介绍旅行社、司机和自己。

（3）代表所在社欢迎游客到本地游览观光。

（4）表明工作态度和希望得到合作的诚挚愿望。

（5）预祝旅游愉快和顺利。

导游人员在致欢迎辞时，应当根据旅游团的性质和成员的文化水平、职业、年龄及居住地等情况的不同，采用恰当简练的、充满热情的、幽默风趣的语言，给游客以亲切、热情和信任的感觉。导游人员致欢迎辞没有固定的模式，应根据自身的才艺特长、性格特征，在长期的导游实践中，形成自己独特的风格。

2. 调整时间

如果旅游团是首站入境的外宾团，地陪在致完欢迎辞后，要介绍两国（两地）的时差，提醒游客调整到北京时间。如果入境旅游团有全陪，全陪在致欢迎辞后一般会介绍两国（两地）时差，协助游客调整时间，地陪就不必重复。

3. 首次沿途导游

首次沿途导游，是指游客在机场（车站、码头）前往下榻地或前往首个参观点的途中，地陪结合沿途情况所做的导游讲解工作。首次沿途导游依路途远近和时间长短而定，主要介绍当地概况、沿途风光、当地风情、下榻饭店的情况。

地陪必须做好首次沿途导游，以满足游客的好奇心和求知欲。首次沿途导游也是显示地陪的知识、技能和工作能力的大好机会，精彩成功的首次沿途导游会使游客产生信任感和满足感，在游客的心目中留下良好的第一印象。

4. 抵达饭店时的提醒工作

旅游车行驶至下榻的饭店，地陪应在游客下车前向全体成员讲清并请游客记住旅游车车牌号码、停车地点和再次集合的时间，然后提醒游客带好随身行李物品下车。

任务拓展

一、模拟实训：撰写欢迎辞

致欢迎辞是地陪做好导游服务的开端，就好像是一次演讲的开场白，一场戏剧的序幕，一篇文章的前言……游客们大都讲究第一印象，导游人员致欢迎辞是给游客留下第一印象的好机会，俗话说："好的开端是成功的一半"，所以致好欢迎辞是至关重要的。请同学们自选一著名旅游城市，撰写一篇接待香港游客到该城市的欢迎辞，并在班上进行讲解。

二、模拟实训：首次沿途导游讲解

将班上同学分成若干组，每组选出一人担任地陪、一人担任全陪或领队、一人充当司机，其他同学扮演游客（可以模仿不同身份、不同年龄、不同性别的游客），自设旅游目的地、接站地点（机场、车站或码头）和下榻饭店，请同学们模拟首次沿途导游。模拟过程中，扮演游客的同学可以随机提问。

三、模拟实训：接站实训

随机抽取部分同学扮演地陪和游客，分别进行认找旅游团、核实团队、清点行李、集合登车等环节的训练。

四、实地考察：熟悉机场、车站、码头训练

组织学生前往当地机场、火车站、长途汽车站或码头，熟悉这些场所周边环境、停车场、接站口及航班或车次、航次信息显示等情况。

任务三　入住饭店服务

任务目标

地陪应在旅游团抵达饭店后协助全陪或领队为游客尽快办理入店手续，入住房间，提取行李，让游客及时了解饭店的基本情况和住店注意事项，知道当天或第二天的活动安排。

任务描述

北京旅游团在青岛游览期间将入住青岛黄海饭店，小王作为地陪，将完成本次入住饭店的服务工作。

任务分析

该旅游团到达青岛的时间临近深夜（21∶53），车站到饭店大约需要半小时，游客普遍感觉比较疲惫。小王在带领游客进入饭店后，尽快办理了入住手续，协助全陪分发房卡，详细向游客介绍饭店及其功能区分布，并及时宣布次日的早餐时间和活动安排。最后与饭店确定叫早时间。

任务实施

小王拿出了如图 2–4 所示的地陪导游入住饭店服务流程图。

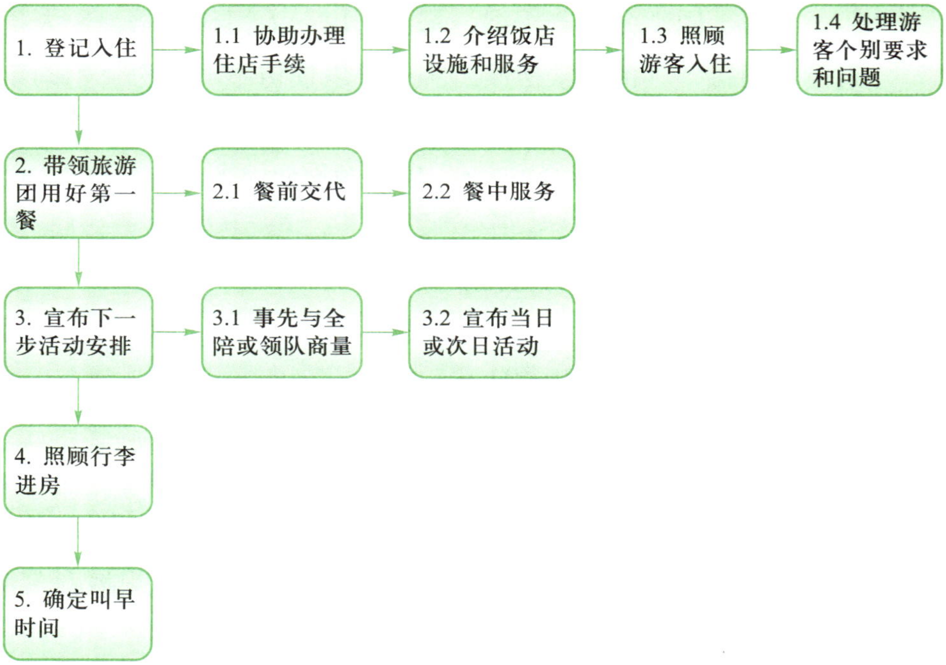

图 2–4　地陪导游入住饭店服务程序

微视频 5
入店服务

一、登记入住

1. 协助办理住店手续

地陪带领游客抵达饭店后，要协助全陪、领队办理住店登记手续。办理住店手续流程如下：

（1）请领队或全陪收齐游客证件，地陪将收起的证件与游客名单表一同交给饭店前台。

（2）请领队根据准备好的住房名单分发房卡，并把分房情况登记在分房名单表上。

（3）用完的证件由全陪或领队归还游客。

（4）地陪要掌握全陪、领队和团员的房间号，并将自己的联系方法（包括联系电话、自己在饭店的房间号等）告诉全陪和领队，以便有事时尽快联系。

2. 介绍饭店设施和服务

进入饭店后，由于时间很晚，小王用简短的语言向全团成员介绍了饭店内的设施和服务，包括：中西餐厅、娱乐场所、商品部、商务部、公共洗手间、医务室、自动取款机、外币兑换等，并说明住店的注意事项，如寄存贵重物品、房间内哪些物品属于有偿使用以及电话的使用方法和话费自理等。

3. 照顾游客入住

在游客拿到房卡后，小王立即协助游客找到房间，并确定已入住房间。由于该团行李是随团同时到达，小王还核对了行李，并督促饭店行李员及时将行李送至游客的房间。待游客全部进入房间后，小王立刻巡查一遍游客房间，以便及时发现并协助解决入住后出现的问题。

4. 处理游客个别要求和问题

由于游客对饭店不熟悉，入住过程中会遇到一些问题，如房间设施不会使用、电话无法开通、空调无法使用、行李投错或未到、房间不符合要求、房间卫生差、设施不全或损坏等，有时还可能出现游客要求调换房间等要求，地陪都应积极地协助解决。因此，在游客入住饭店后，地陪不要急于离开，应等游客全部入住一段时间后方可离开。

（1）要求调换房间。旅游团到一地旅游时，住房标准一般在旅游合同中明确规定，甚至在什么城市下榻哪家饭店都写得清清楚楚。所以，接待旅行社向旅游团提供的客房低于标准，或者用同等级的饭店替代协议中标明的饭店，游客都可能提出异议。若提供的客房低于标准，旅行社应负责予以调换。确有困难须说明，并提出补偿条件。

若客房内有蟑螂、臭虫、老鼠等，游客要求换房，应满足其要求，必要时应调换饭店；若客房内设备设施损坏，应要求饭店有关部门立即派人修理，如果一时修理不好应给游客换房；如果客房内设备，特别是卫生设备达不到清洁标准，应立即打扫、消毒；游客由于生活习惯要求调换不同朝向的同一标准客房，假如饭店内有空房，可满足其要求，或请领队在内部调配，无法满足时，应耐心解释，并向游客致歉。

（2）要求住更高标准的客房。游客希望住同一饭店中高于合同规定标准的客房时，地陪要与饭店联系，若有空房，可以满足其要求，但应事先告知游客要交付原定饭店退房损失费和房费差价。若饭店无空房，也要向游客说明原因并请求谅解。

（3）要求住单间。住双人间的游客要求住单间，如果饭店有，可以予以满足，但房费自理；如果是同房间游客闹矛盾或生活习惯不同而要求住单间，地陪应请领队调解或在内部调配。若调解、调配不好，饭店有空房，可满足其要求，但地陪要事先提醒，房费由游客自理，一般情况下是由提出换房者支付。

（4）要求购买房间中摆设。游客看上了客房内的某一摆设，要求购买，地陪可协助其与饭店有关部门联系。

二、带领旅游团用好第一餐

旅游团的第一餐一般都安排在饭店内进行。为了避免出现意外，地陪要提前到餐厅了解准备情况。如果游客有特殊要求，地陪要特别关注餐厅是否做了准备。针对本团有一名素食者和一名回族游客的情况，小王重点告知饭店餐厅，请他们注意饮食禁忌。

1. 餐前交代

游客在进入房间之前，地陪要向他们介绍饭店的就餐形式、地点、时间以及餐饮的有关规定（如是否含酒水）等。

2. 餐中服务

游客到餐厅用第一餐时，地陪应提前在餐厅门口等候，引领游客进入餐厅就坐，并将全陪或领队介绍给餐厅经理或主管，告知旅游团的特殊要求。就餐期间，地陪还要巡视游客餐桌，检查就餐情况，监督餐厅按标准上餐，同时征询游客的意见和建议，以便通知后续备用餐点做出调整。

三、宣布下一步活动安排

1. 事先与全陪或领队商量

地陪在宣布当日或次日活动之前，应当先与全陪或领队商量，达成一致。

2. 宣布当日或次日活动

地陪应向全体游客宣布有关当天或第二天活动的安排、集合的时间和地点，提醒游客做好必要的游览准备。为了表示尊重，也可以请全陪或领队来宣布，以树立他们在旅游团中的威信。

四、照顾行李进房

地陪安顿好游客入住，而行李尚未到达，这时要与旅行社行李员取得联系。待本团行李抵达饭店后，地陪要与旅行社行李员和饭店行李员一起核对行李，并把行李移交给饭店行李员，督促饭店行李员及时将行李送至客人房间。如果发现有个别游客的行李未到，应协助有关人员迅速寻找。

五、确定叫早时间

地陪在结束当天活动离开饭店之前，应与全陪或领队商定第二天的叫早时间，并请全陪或领队将时间通知全团，地陪则负责将叫早时间通知饭店总服务台，办理叫早手续。

任务拓展

一、讨论分析：团队接待中的“第一餐”

地陪小陈带一个新加坡团入住饭店，协助领队办理完入住手续后，小陈与领队约好 15 分钟后在二楼餐厅集中。15 分钟后领队来到餐厅，小陈已在餐厅等候，但却没见到游客。原来小陈以为领队会通知游客，而领队也认为小陈会通知游客，结果两人都没有通知。小陈和领队赶紧分头去打电话。等游客到齐后，小陈把领队介绍给主管服务员后才走开。用完餐后，领队通过餐厅服务员通知小陈，小陈匆匆赶来与餐厅结账。

（案例来自：张明清，窦志萍．导游服务案例选：技巧与提高［M］．昆明：云南大学出版社，2007.）

试分析地陪小陈的首次用餐服务，并给出正确的服务程序。

二、模拟实训：带团入住饭店

请出部分同学分别担任地陪、全陪、领队、饭店前台服务员和游客，分别模拟地陪协助全陪、领队办理入住手续、介绍饭店相关设施和服务、提醒游客入住饭店的注意事项等过程。

三、实地考察：熟悉当地某星级饭店情况

组织学生前往当地星级饭店，熟悉饭店周边环境、饭店停车场、饭店设施和有关服务等情况。

任务四　核对、商定日程

任务目标

完成入住饭店服务工作后，地陪要与全陪或领队在恰当的时间及合适的地点核对、商定活动日程，并将商定结果通知游客。地陪对游客、领队或全陪的修改意见要慎重对待，并采取相应的措施。

任务描述

地陪小王从旅行社接待计划书（表 2–1）可以得知，需要核对、商定的旅游活动安排如表 2–3 所示。

表 2–3　旅游活动安排

活动内容	入住饭店	用餐情况
5 月 1 日：北京—青岛，乘坐动车赶赴青岛	青岛黄海饭店	早餐：无 中餐：无 晚餐：无
5 月 2 日：游览百年青岛的标志栈桥、热门景点天主教堂，参观以葡萄酒历史与文化展示为主题的青岛葡萄酒博物馆，游览新青岛的象征五四广场和青岛奥林匹克帆船中心。 乘游艇观赏青岛黄金海岸	青岛黄海饭店	早餐：含 中餐：自理 晚餐：青岛黄海饭店
5 月 3 日：青岛—威海，早餐后乘车赶赴威海，游览定远舰，追忆当年甲午战争的悲壮场面	威海百纳中心大酒店	早餐：含 中餐：威海海鲜酒楼 晚餐：威海百纳中心大酒店
5 月 4 日：威海—蓬莱—烟台，早餐后乘车赶赴蓬莱，游览八仙过海的美丽传说——八仙渡景区，周围海域天高水阔、景色壮观、空气宜人	烟台维也纳酒店	早餐：含 中餐：蓬莱饭店 晚餐：烟台维也纳酒店

任务分析

核对、商定日程是旅游团抵达后地陪的一项重要工作，可视作两地（两国）间导游人员合作的开始。核对、商定日程是游客和领队或全陪的权利，体现了地陪对游客、领队或全陪的尊重。地陪通过这个环节，可以了解游客的兴趣和爱好，以便更好地提供服务；可以避免和弥补旅游活动安排中的漏洞，以便调整和进一步完善旅游接待计划。

任务实施

地陪核对、商定活动日程服务程序如图 2–5 所示。

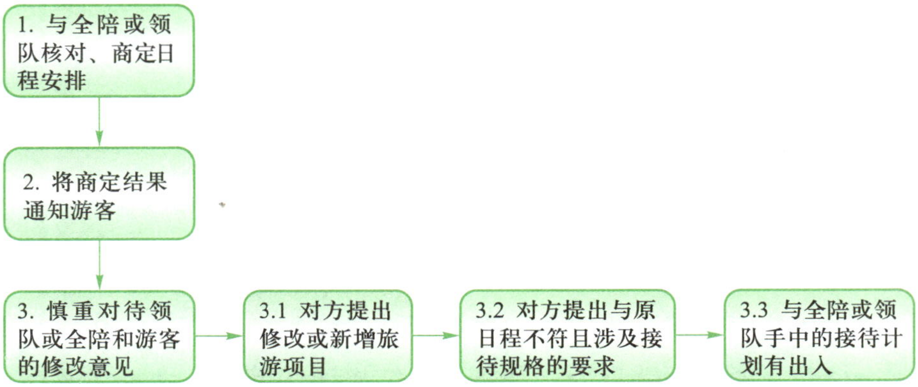

图 2–5　地陪核对、商定日程服务程序

一、与全陪或领队核对、商定日程安排

地陪小王在游客入住妥当后，与全陪或领队在饭店大堂认真核对了各自手中的接待计划，逐项落实了计划中的内容，未发现有不同之处。如果地陪、全陪或领队在核对日程过程中，发现有任何差异，一定要尽快找出原因，分清责任，达成一致意见。

二、将商定结果通知游客

商定完毕，地陪应立即将商定结果通知全体游客，也可以请全陪或领队通知游客。

三、慎重对待领队或全陪和游客的修改意见

1. 对方提出修改或新增旅游项目

遇到游客对原来的旅游活动日程提出修改意见或者要求增加新的旅游项目时，地陪要及时向旅行社有关部门反映情况，对游客合理且可能满足的要求应尽力予以安排。新增旅游项目如需增加费用，地陪应事先向全陪或领队和游客说明并按规定收取费用。对于无法满足的要求，要详细解释，耐心说服。

2. 对方提出与原日程不符且涉及接待规格的要求

对方提出与原日程不符且涉及接待规格的要求时，地陪一般应婉言拒绝，并向对方说明不便单方面违反合同。如果有特殊理由或者游客一再坚持，并经由领队提出时，地陪必须请示旅行社有关部门并按旅行社的指示办理，地陪个人不得擅作主张。

3. 与全陪或领队手中的接待计划有出入

地陪如发现与全陪或领队手中的接待计划有出入时，首先要向旅行社报告，查明原因，分清责任。如错在接待方，地陪应实事求是地说明情况，并向全陪或领队和游客致歉，及时纠正。如错在对方，地陪应对对方的失误表示理解，并安慰对方，不得指责对方。在出现分歧时，地陪应把握平等协商、耐心解释和合理解决的原则。

任务拓展

一、讨论分析：地陪的接待计划和领队的有出入

小李担任一台湾旅游团的地陪。旅游团入住饭店后，小李就和领队核对商定旅游团活动日程安排。在核对各自手中的计划书时，小李发现领队手中计划书上的游览景点与自己的不一致，领队的计划书上多了两个景点，而且领队坚持要按他手上的景点来安排日程。

你认为小李应该如何应对这一变化?

二、模拟实训：再现核对、商定日程的过程

由学生分角色担任地陪、全陪或领队和部分游客，模拟地陪与全陪或领队核对、商定旅游日程的全过程。

任务五　参观游览服务

任务目标

进入地陪导游服务工作的最关键的一个环节——参观游览服务，我们将紧随地陪小王一起完成出发前的准备工作、途中导游服务、景点导游服务、参观活动以及返程途中的工作五个参观游览服务步骤。

任务描述

根据旅游接待计划书的安排，5 月 2 日，北京旅游团就要开始在山东省内三地游览各大景点，地陪小王将努力做好参观游览服务工作。

任务分析

参观游览活动是地陪服务工作的中心环节，是整个旅游活动的核心。地陪必须认真准备、精心安排、热情服务、主动讲解，使游客能够详细了解参观游览对象的历史背景、景观特色、艺术价值、形成原因及游客感兴趣的其他问题，确保旅游团参观游览过程的安全、顺利。

任务实施

地陪导游参观游览服务程序见图 2-6。

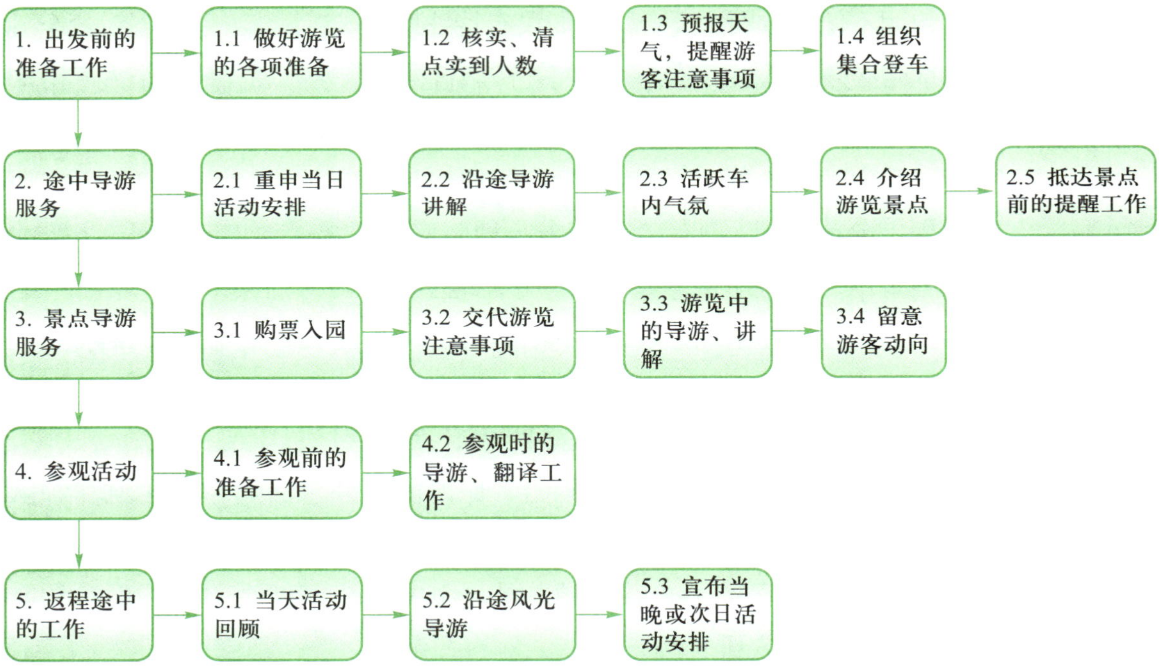

图 2-6　地陪导游参观游览服务程序

一、出发前的准备工作

为了使当日的参观游览活动能够顺利进行并取得成功，地陪应根据经验和实际情况，做好周全、细致的出发前的准备工作。

1. 做好游览的各项准备

（1）出发前，地陪要准备好导游旗、胸卡和必要的票证。

（2）与就餐餐馆协调，核实餐饮落实情况。

（3）地陪要提前 10 分钟到达集合地点，迎候游客。小王充分利用这 10 分钟时间，向早到的游客问候，询问住店情况，了解他们的要求和想法，征求他们的意见和建议。

（4）督促司机做好行车准备工作。小王一边和游客交流，一边提醒司机检查旅游车，做好出发准备。

2. 核实、清点实到人数

游客到达集合地点后，地陪不要急着招呼游客上车，应先清点人数。若有游客未到，地陪要尽快向全陪或领队及其他游客问明原因，设法找到；若有游客自愿留在饭店或不随团活动，地陪要了解其具体安排，并征询全陪或领队的意见，方可同意游客独自行动，并提醒其注意安全和记住地陪的联系方式，有必要的话要安排好游客在饭店的用餐事宜；若有游客因为健康原因不能随团活动，地陪要探望其病情，安排好用餐等事项，并通知接待旅行社和饭店的有关部门，派人予以照顾。

3. 预报天气，提醒游客注意事项

出发前，地陪小王向游客们预报了当天的天气情况、游览景点的地形特点和行走路线的长短等情况。如果当天有雨，地陪要提醒游客带好衣服、雨具并换上舒适方便的鞋。如果当天车程较长，地陪要提醒容易晕车的游客服用晕车药物。必要时，地陪还要提醒游客遵守当地的习俗或规定。

4. 组织集合登车

游客到达集合地点后，地陪小王清点完人数，就立即站在车门头侧，一面招呼大家上车，一面扶助老弱者登车。开车前，小王再次清点人数，与全陪确认无误后请司机开车。

二、途中导游服务

旅游车一旦离开饭店，当天的旅游活动就开始了，地陪的导游工作也随之展开。

1. 重申当日活动安排

开车后，地陪小王向全体游客问候，询问了昨晚的住宿和当天的早餐等情况，重申了当天的旅游活动安排，包括用餐安排、到达景点所需的时间和当日旅游活动中的注意事项。在这一环节，地陪还可以视情况介绍当天国内外重要新闻或当地重大新闻事件等。

2. 沿途导游讲解

在前往景点的途中，地陪要向游客介绍本地的历史沿革、经济发展、风土人情、沿途风光，回答游客提出的问题。为了做好沿途导游讲解，地陪平时要注意沿途风景的特点和变化特征，要将沿途重要建筑的特点、历史及有关该建筑的轶事熟记在心。

3. 活跃车内气氛

如果前往下一个景点旅途较长，地陪可以根据游客的情况就大家感兴趣的话题进行讨论，也可以组织一些娱乐活动以活跃气氛。

（1）旅途中调节气氛应遵循的原则。

① 选择有健康意义的活动内容。

② 尊重游客，勿取笑他人。

③ 参与活动的行为举止要文明。

④ 杜绝黄色笑话与黑色幽默。

⑤ 活动要适合。

⑥ 组织旅途活动不要重复。

（2）旅途中调节气氛的方法。

① 唱歌。唱歌是最简单也是最常用的方法。地陪可以先为客人演唱本地民歌，接着问客人其家乡有没有“名”歌，怎么唱的，然后请游客教唱，以此把游客的情绪调动起来，形成地陪和游客互动的场景。唱歌不拘形式，清唱、卡拉 OK 伴唱都行。如果气氛好，地陪还可以与游客对歌，目的是让客人愉快。不过，如果地陪五音不全，唱完一首歌后就可请客人唱，或者改用其他方法活跃气氛。

② 播放媒体。长途旅行时，地陪可在旅游车上播放媒体，轻松气氛，风光片、民俗介绍片、相声小品甚至轻松愉快的电视剧都行。但注意不要播放连续剧，以免游客不愿下车。

③ 脑筋急转弯。脑筋急转弯打破了人们的常规思维定式，给人一种意想不到的解答，并且它们通俗易懂、出人意料又诙谐机巧。若地陪能够运用得当，可以调节旅途气氛。

④ 绕口令或方言。如请客人数青蛙：“一只青蛙一张嘴，两只眼睛四条腿；两只青蛙两张嘴，四只眼睛八条腿……”以此类推，每人一句，一直数到十，凡量词或数词说错了就要挨罚。游客们的一些口误常常引来笑声一片。其中，地陪应注意绕口令的技巧：首先，这种游戏比较适合年轻游客；其次，绕口令不宜过于复杂和拗口，重在娱乐性和参与性。此外，地陪还可在途中适时教客人一些本地方言，客人几乎都很感兴趣。

⑤ 猜谜语。

在长途旅行中，猜谜语既能活跃旅途气氛，又可启迪智慧，还可融洽地陪和游客的关系，增加游客对地陪的信任度。地陪在组织猜谜语活动时，首先，选取的谜语不宜太难，否则游客猜不出来就会失去兴趣；其次，谜语最好有一定目的，能通过猜谜语引出当地的名人或特产等；再次，带学生团的时候可多用；最后，要密切关注游客的反应，游客猜不出来的时候要及时给出答案。

⑥ 讲故事和说笑话。讲故事和说笑话是地陪常用的技巧之一，也是展示地陪口才的一种手段。游客在听故事、听笑话的过程中得到精神的愉悦和放松，从而对地陪产生好感，也有利于导游工作的开展。但是，地陪在讲故事和说笑话的时候，要和途中风光导游及景点介绍有机结合起来，在整体导游讲解中起辅助作用。同时，地陪要特别注意，不要讲不健康的故事和笑话去迎合一些游客的低级趣味。

⑦ 近景小魔术。地陪可以学一些简单的小魔术，如“纸牌小魔术”“硬币小魔术”“扑克牌小魔术”，教客人变一变，既有趣，又能增强亲和力。

⑧ 其他。地陪可以根据团队情况安排其他能激发游客参与热情的活动。比如，如果地陪带的是散客拼团，客人来自四面八方，地陪可以让客人讲述自己家乡的情况；如果客人文化修养较高或年轻时尚，可开展热点问题讨论；如果是以妇女为主的团队，美容美发、情感问题、购物是很好的话题。只要地陪善于观察，并事先了解客人的职业背景，就一定能找到客人共同关心的话题，通过恰当地引导和激发，就能掀起团队讨论的高潮，增强团队热闹、团结、友好的气氛。

4. 介绍游览景点

在快要到达下一个景点前，地陪要简明扼要地介绍景点概况，包括历史沿革、形成原因、景观特色、艺术价值、逸闻趣事等，目的是激起游客游览景点的兴趣，同时也节省在景点的讲解时间。

5. 抵达景点前的提醒工作

旅游车进入景点后，在游客下车前，地陪要向游客说明该景点的停留时间以及参观游览结束后的集合时间和地点，要提醒游客记住旅游车的颜色、标志和车牌号，最后提醒游客带好随身物品并关好车窗。

三、景点导游服务

微视频 6
景点导游服务

地陪的景点导游服务是游客最为关注的，也是地陪接待工作的重中之重。由于游客多、场面复杂，给地陪的导游、讲解工作增加了难度，因此，地陪要充分发挥自己的讲解技巧和综合工作能力，引导旅游团按照事先设计好的行程安排顺利完成景点的游览活动。

1. 购票入园

到达景点下车后，地陪应迅速为游客购买门票或签单，带领旅游团进入景点。如果出现儿童超高需另购门票时，地陪应协同全陪向儿童家属或随行亲朋说明地陪可代购门票，但费用由游客补交。有些景点，若游客有资格免费参观游览，地陪应记录下免票情况并告知全陪，以便旅游活动结束后结算团费时，退还组团社门票款。

2. 交代游览注意事项

在景点示意图前，地陪应向游客介绍该景点的游览路线、所需时间、集合时间及地点，交代参观游览过程中的有关注意事项，提醒游客注意人身和财产安全并预防走失。如果有游客要求自由活动，需征得全陪同意，地陪要向其讲清参观游览结束后的集合时间和地点，并告知周围大致环境。

3. 游览中的导游、讲解

抵达景点后，地陪的主要工作就是带领旅游团沿着旅游路线对所见的景物进行导游和讲解。

在景点导游的过程中，地陪应保证在计划的时间与费用内，使游客能充分地游览、观赏，做到讲解与引导游览相结合，适当集合与分散相结合，劳逸适度，并应特别关照老弱病残的游客。

景点的讲解内容一般包括该景点的历史背景、特色、地位、价值等方面。地陪在讲解景点时，要把握因人而异、简繁适度、准确无误的原则，要充分利用各种导游讲解方法和技巧，使讲解的内容生动、形象、易懂，给游客留下深刻印象。

在景点游览过程中，一定要注意游览和讲解的有机结合，要留出充裕的时间让游客自己去体会；尤其是要留出足够的时间，让每一位游客都能拍摄到满意的照片。

4. 留意游客动向

在参观游览景点的过程中，地陪要随时留意游客的动向，观察周围环境的变化，和全陪或领队密切配合并随时清点人数，防止游客走失或意外事故的发生。

四、参观活动

参观也是旅游活动的重要组成部分，有助于游客对当地人民生活方式的了解。

1. 参观前的准备工作

（1）地陪要问清具体人数，弄清参观时间和内容。

（2）提前联系，落实专门接待人员。

（3）了解宾主之间是否有礼品赠送。若赠送外宾的是应税商品，则要提醒有关人员提供发票和完税证明，以备游客出关时海关查验。

2. 参观时的导游、翻译工作

到达参观点后，地陪要立即联系接待人员，并向游客介绍，提醒游客参观时的注意事项。

带外宾团时，地陪的翻译要准确。若发现参观点接待人员言语不妥或有泄露国家机密或经济情况的嫌疑，地陪在翻译前应予以提醒，请其纠正。如果来不及纠正，则可以改译或不译，但事后要向接待方说明。

五、返程途中的工作

当日所有景点游览结束后，地陪应引导游客上车，并再次清点人数，确保无人掉队。在返回途中，游客一般比较疲惫，原则上不宜做太长时间的讲解。

1. 当天活动回顾

地陪可引导游客回顾当天参观游览的内容，回答游客的询问，对游客特别感兴趣的内容可做补充讲解。

2. 沿途风光导游

如果是从原路返回，地陪可以对沿途风光做补遗讲解；若不从原路返回，则应做沿途风光导游讲解。如果发现游客显得疲惫，地陪在简单回顾当天活动内容后，不做沿途风光导游，而是让游客休息。

3. 宣布当晚或次日活动安排

返回饭店下车前，地陪小王向全体游客通报了晚餐时间、地点，预报了次日的活动安排、出发时间和集合地点等；提醒游客带好随身物品，然后下车在门口恭送游客。待全部游客下车后，他再次上车检查一遍车上是否有游客遗留物品。最后，小王来到饭店前台，告之叫早时间和早餐时间。

任务拓展

一、实地考察：熟悉当地某旅游景区（点）（俗称踩点）

组织学生前往当地某旅游景区（点）进行实地考察，为学生即将进行的模拟实训做好充分准备。考察的主要内容包括沿途的景观和重要建筑、景区（点）周边环境、景区（点）内的游览路线和景观分布情况等。

二、模拟实训：参观游览服务

模拟一次从学校到当地某一景区（点）的参观游览活动。

1. 实训准备

（1）做好实训的准备：旅游车（学校的校车）、车载话筒等。

（2）把学生分为几个小组（一个班分 3 ~ 4 组为佳），每个小组选 1 人担任地陪角色，1 人担任全陪或领队角色，其余学生均充当旅游团游客角色（可分别扮演国内或国外游客），每个小组可选一个或多个实训项目。

（3）选择好景区（点）和行车路线，选择的行车路线在当地要有代表性。

（4）教师对每个过程中需要讲解的内容要点提出明确要求。

（5）每组学生须一起共同完成所选项目的导游服务计划和讲解内容的文字准备。

2. 实训项目

（1）在校车停车点模拟集合游客登车的过程。

（2）模拟前往指定景区（点）的途中导游服务过程。

（3）模拟在景区（点）的现场导游服务过程（可按景观拆分，分别由不同的小组来完成）。

（4）如果景区（点）管理部门有接待的话，可以顺势做一次参观活动的模拟实训。

（5）模拟返回途中的导游服务工作。

3. 实训评价

活动结束后，以小组为单位填写“实训评价表”（表 2–4），评价标准和打分原则请参照表 2–5 所示的“导游实训评价标准”和表 2–6 所示的“导游实训评价等级和分值”。

表 2–4　实训评价表

项目		导游规范				讲解内容				语言表达				仪表礼仪				应变能力				团队合作				综合评价			
等级		A	B	C	D	A	B	C	D	A	B	C	D	A	B	C	D	A	B	C	D	A	B	C	D	A	B	C	D
地陪自评																													
小组互评	一																												
	二																												
	三																												
	四																												
教师评价																													

第（　　）小组，地陪：　　　　　　全陪或领队：　　　　　　组员：

表 2–5　导游实训评价标准

导游规范	熟知并能正确运用导游服务规范，导游服务程序正确完整。（20 分）
讲解内容	讲解内容全面、正确，条理清晰，详略得当，重点突出；讲解方法运用得当；讲解生动、有感染力；回答提问准确、熟练。（25 分）
语言表达	普通话标准，语速适中；用词准确、恰当、有分寸；内容有条理，富有逻辑性；表情及其他身体语言运用得当。（20 分）
仪表礼仪	穿着打扮得体、整洁，言行举止大方，符合导游员礼仪规范。（5 分）
应变能力	思维反应敏捷，情绪稳定，考虑问题周到；能够及时、妥善处理突发事件及特殊问题。（20 分）
团队合作	分工明确、沟通协调、配合默契、工作积极主动。（10 分）

表 2-6　导游实训评价等级和分值

评价等级标准	A 等（分）	B 等（分）	C 等（分）	D 等（分）
导游规范	20 ～ 17	16 ～ 14	13 ～ 12	12 以下
讲解内容	25 ～ 22	21 ～ 18	17 ～ 15	15 以下
语言表达	20 ～ 17	16 ～ 14	13 ～ 12	12 以下
仪表礼仪	5	4	3	3 以下
应变能力	20 ～ 17	16 ～ 14	13 ～ 12	12 以下
团队合作	10 ～ 9	8 ～ 7	6	6 以下
综合评价	100 ～ 85	84 ～ 70	69 ～ 60	60 以下

三、讨论分析：游览中一定要注意游客动向

地陪小孔带领一广东旅游团游览曲阜孔庙时，向游客强调不走回头路并介绍游览路线，要南门进、东门出。但由于人多，很多游客没有听清楚。美丽的景色，雄伟的建筑，使他们流连忘返，不停地拍照留念，有些游客不知不觉便脱离了队伍。小孔一路讲解，并没有经常清点人数，在东门游览结束时，发现少了数名游客，于是请全陪照顾旅游团回宾馆，自己则连同景区管委会的工作人员一起寻找，偏殿、厕所，每一道门坊都找遍了，仍不见游客。正在失望之际，全陪打来电话，游客找不到团队，就自己打车回宾馆了，现在正在大厅喝茶。

（案例来自：梁文生 . 导游实务［M］. 济南：山东科学技术出版社，2011.）

试分析，地陪小孔在这次服务中有哪些过失？

任务六　用餐服务

任务目标

用餐服务是整个旅游计划中的一个重要组成部分，地陪应安排好旅游团在当地的用餐，使游客不仅玩好，还要吃好。地陪用餐服务包括餐前准备、餐中服务、餐后服务三个环节。

任务描述

北京旅游团在山东旅游期间，团队用餐安排 3 次早餐 5 次正餐。游客中有一位素食者和一位回族游客。作为地陪的小王，将如何做好旅游团的用餐服务

工作呢?

任务分析

常言道：民以食为天。在旅游过程中，“吃”是游客保证旅游活动顺利进行的物质基础。随着生活水平的不断提高，游客对旅游中的用餐提出了更高的要求，不仅要吃饱，更要吃好、吃健康。一方面要求导游要以游客的利益为出发点，为游客安排经济实惠、健康安全的餐饮；另一方面要求导游要及时收集和反馈游客对餐饮的意见，做好沟通和协调，务必使游客在旅游过程中享受到满意的用餐服务。

任务实施

地陪导游用餐服务程序如图 2–7 所示。

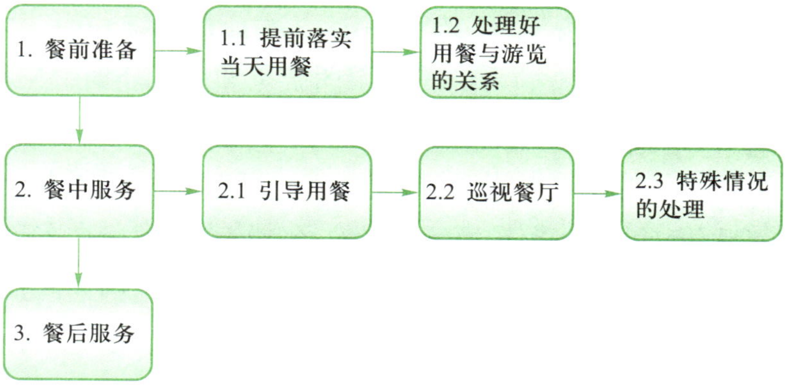

图 2–7　地陪导游用餐服务程序

一、餐前准备

1. 提前落实当天用餐

地陪要提前落实本团当天的用餐，对中、晚餐的用餐地点、时间、人数、标准、形式、菜品搭配以及特殊要求等要逐一核实并确认。由于时处“五一”旅游旺季，地陪小王还在每次用餐前 1 ～ 2 小时进行再次确认。

如果团队中有宗教信仰和特殊饮食习惯的游客，要事先做好准备。针对本团中有一位素食者和一位回族游客，地陪小王在每次落实用餐时，都要特别告知就餐饭店。

2. 处理好用餐与游览的关系

地陪在带团时，既要为游客提供适时、优质、安全的用餐，又要保证游客的行程。当这两者发生矛盾时，地陪要与游客进行充分协商，两权相利取其重，两害相权取其轻。也就是说，地陪要根据游览时间和活动内容的实际情况，安排好游客的用餐时间。

二、餐中服务

1. 引导用餐

用餐时，地陪要事先了解团队用餐的位置，待游客抵达餐馆后，带领游客入坐。当游客就坐后，应督促餐馆服务员迅速上茶水，并介绍餐馆的有关设施（如洗手间的位置等）、饭菜特色、酒水类别等。要向领队告知地陪、全陪的用餐地点以及用餐后全团的出发时间。在用餐之前，地陪还可以适当讲解一些当地的饮食文化等。

2. 巡视餐厅

地陪一般不与游客一起用餐（有专门的司陪餐）。用餐过程中，地陪要等上了 2～3 道菜后方可离开，中途至少还要巡视 1～2 次，解答游客在用餐中提出的问题，监督、检查餐馆是否按标准提供服务，解决可能出现的问题。用餐完毕，还要给游客留出一定的饭后放松、休息的时间。

3. 特殊情况的处理

（1）特殊的饮食要求。由于宗教信仰、生活习惯、身体状况等原因，来自于不同国家和地区的游客会提出饮食方面的特殊要求。例如，不吃荤，不吃油腻、辛辣食品，不吃猪肉或其他肉食，甚至不吃盐、糖，不吃面食等。具体处理如下：

① 旅游合同有明文规定：不折不扣地兑现。游客的特殊饮食要求在旅游合同中明文规定的，接待方旅行社须早做安排，地陪在接团前应检查落实情况，不折不扣地兑现。

② 旅游团抵达后提出：积极协助解决。旅游团抵达后提出，需视情况而定。一般情况下，地陪应与餐厅联系，在可能的情况下尽量满足；如确有困难，地陪可协助其自行解决。

（2）要求换餐。游客要求换餐，如将中餐变成西餐、将便餐变成风味餐等。

① 用餐前 3 小时提出换餐要求。旅游团若在用餐前 3 小时提出换餐要求，地陪要尽量与餐厅联系，按有关规定办理。

② 接近用餐时提出换餐要求。旅游团在接近用餐时提出换餐要求，一般不应接受要求，但地陪应做好解释工作。如果游客坚持换餐，地陪可以建议他们自己点菜，费用自理，并告知原餐费不退。对游客加菜、加饮料的要求应予以满足，但费用自理。

（3）要求单独用餐。由于旅游团的内部矛盾或其他原因，个别游客要求单独用餐。地陪要耐心解释，并告知领队请其调解、说服。如游客继续坚持，地陪可协助与餐厅联系，但餐费自理，并告知综合服务费不退。

（4）要求提供客房内用餐服务。如果游客生病，地陪或饭店服务人员应主动将饭菜端进客房以示关怀。如果健康的游客要求提供客房用餐服务，地陪要与餐厅联系，若有此项服务，可满足其要求，但应告知服务费自理。

（5）要求推迟晚餐时间。游客因生活习惯或其他原因要求推迟晚餐时间，地陪可与餐厅联系，视餐厅的具体情况处理。一般情况下，地陪要向游客说明餐厅有固定的用餐时间，过时用餐需游客自行另付服务费。若游客同意付费，可满足其要求。

（6）要求不随团用餐。游客因自身原因提出不随团用餐的要求，地陪要问清原因，一般可满足其要求，但要告知在别处用餐费用自理，原餐费不退。

（7）旅游团参加宴会的处理。旅游团在旅游过程中可能会参加一些由旅行社或当地其他部门组织的宴会。地陪在带领旅游团参加宴会时，要与全陪、领队、宴会组织方等相关联系人做好协调工作，保证定时定点地进行宴会用餐。若随团参加宴会，地陪要着装整洁大方，要遵守宴会礼仪和本地风俗，必要时承担翻译等服务工作，时刻牢记自己协调沟通的身份，切忌喧宾夺主。

（8）旅游团品尝风味餐的处理。风味餐作为当地的一种特色餐食、美食，是当地传统文化的组成部分，宣扬介绍风味餐是弘扬民族饮食文化的活动。地陪在随团品尝风味餐时，要向游客介绍风味餐的特色、吃法以及有关典故、民俗风情等。

旅游团品尝具有地方特色的风味食品有两种形式。一是旅游接待计划内安排的。地陪应事先了解本地主要风味餐馆的特色、历史渊源。进餐时，地陪要向游客介绍风味名菜，并与游客进行交流。二是旅游接待计划外的，是游客自发的自费品尝形式。地陪应予以协助，与有关餐厅联系，并提前告知原就餐餐厅。若游客邀请地陪参加，地陪要注意不要反客为主。若已预订风味餐，游客又决定不去，地陪应劝他们在约定时间前往餐厅，并告知若不去用餐须赔偿餐厅的损失。

（9）旅游旺季团餐服务。在旅游旺季，旅行社预订的餐馆常会人满为患，这个季节安排团餐一定要适时而定、灵活多变。地陪带团到一家指定餐馆，碰到人多需要排队等候时，地陪要立即与其他餐馆联系订餐，以避免就餐拥挤现象发生。另外，由于餐馆进餐人数多而导致饭菜质量下降或者等待上菜时间太长，地陪有权联系餐馆负责人要求餐馆做加菜等补偿。

三、餐后服务

用餐完毕后，地陪应尽快与用餐单位结账或签单，并严格按照实际用餐人数、标准、饮用酒水数量等，如实填写餐饮结算单。地陪还要提醒游客不要遗落自己的随身物品，并告知下一步活动安排、集合地点和时间。

任务拓展

一、讨论分析：为国外游客挑选中餐和风味餐

地陪小张将接待一个来自澳大利亚的旅游团，虽然团餐已做好了安排，但是小张考虑到游客可能会提出去品尝地道的中国菜或当地饮食，觉得应该有所准备。假设换成你是地陪，你将如何去考察本地的一些中餐和风味餐餐厅，并根据澳大利亚游客的特点为游客选择几个可以安排就餐的餐厅？

二、模拟实训：地陪用餐服务

某旅游团第一次用餐时，地陪发现有两位老年游客，一位有糖尿病，一位牙口不好，在就餐的时候表现出明显的不适。请出几位同学，分别扮演地陪、全陪、两位老年游客、餐厅经理、餐厅服务员等，练习地陪应该如何处理此类问题。

三、实地考察：熟悉当地某涉外餐馆

组织学生前往当地某涉外餐馆进行实地考察，考察的主要内容包括：前往餐馆的路线、餐馆周边环境、餐馆内设施、餐馆饭菜特色及服务水平等，考察结束要写出考察报告。

任务七　购物服务

任务目标

地陪应该在旅游合同允许的范围内，鼓励并正确引导游客购物。地陪导游购物服务包括：合理安排购物活动、积极正确地引导购物和购物时的服务三方面。

任务描述

地陪小王将在 5 月 2 日下午，带领北京旅游团去参观位于青岛红酒一条街的葡萄酒博物馆并购物。

任务分析

游客来到某地旅游，总希望购买一些具有当地特色的物品作为纪念品或者馈赠亲友；旅游购物越来越成为国内旅游消费的主要内容之一，因此，导游人员对待旅游购物要倍加重视。随着《旅游法》的出台，地陪的购物服务更应建立在“需要购物、愿意购物”的基础上，不能欺骗、强制购物。

任务实施

地陪导游购物服务程序如图 2-8 所示。

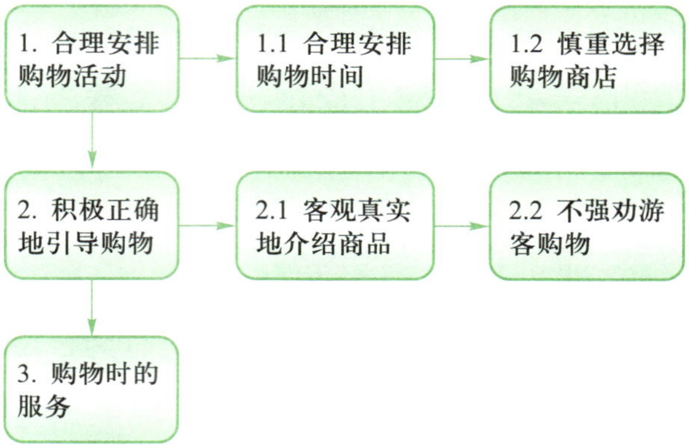

图 2-8 地陪导游购物服务程序

一、合理安排购物活动

1. 合理安排购物时间

首先，要控制购物的次数。购物次数过多，会引起游客心理上的抗拒，甚至影响团队正常的行程。无论是计划内、计划外或者自由活动的购物，一个旅游团一天最多只能安排一次。其次，要控制每次购物的时间。购物时间短会使游客无法认真选择，时间过长又会使不购物的游客心生不满。一般每次购物的时间应控制在 40 分钟左右。最后，要把握游览和购物的关系。要把行程中最佳的时段安排游览，在游览的间歇或游客疲倦时安排购物，这样既不影响行程，又满足了游客购物的需求。

2. 慎重选择购物商店

一定要选择正规的旅游定点购物商店。经过国家旅游行政管理部门认定的定点购物商店所出售的商品，无论是质量还是价格都是相对让人放心的。

二、积极正确地引导购物

《旅游法》第三十五条规定："旅行社组织、接待旅游者，不得指定具体购物场所，不得安排另行付费旅游项目，但是经双方协商一致或者旅游者要求，且不影响其他旅游者行程安排的除外。"

1. 客观真实地介绍商品

地陪应事先了解游客的购物意向和购买能力等，向游客推荐适合的旅游商品。推荐商品时，地陪应客观真实地介绍商品的特色及选购方法，突出商品的实用性、收藏性、装饰性和纪念性，要介绍商品的名称、产地、历史、文化内涵、生产过程、工艺特色等，激发游客购买的欲望，满足游客的审美需要。对于自己不熟悉的商品，地陪轻易不要发表意见，并据实告诉游客自己对该商品不了解。如果知道某些商店商品价格虚高，地陪必须事先提醒游客。

2. 不强劝游客购物

购物必须遵循客人自愿的原则，不得欺骗或强迫游客购物。游客在购物过程中由于质地、价格、款式等原因而表现出犹豫不决时，地陪如果鼓动客人购买，若客人事后后悔，会引起不必要的麻烦，容易导致对地陪产生不满心理。

三、购物时的服务

1. 关于游客权益

在购物活动中，地陪要始终维护游客的合法权益。游客在购物时，地陪要注意监督购物商店工作人员是否有欺诈行为并提醒游客不要上当受骗。对商店不按质论价、抛售伪劣商品、以次充好等行为，地陪有责任向商店负责人反映并交涉。在游客购买了假冒伪劣商品后，地陪有义务帮助游客退换商品。

2. 关于托运商品

入境游客购物时，地陪不仅要承担翻译工作，还要做好商品的促销。当他们要求办理托运时，要向他们介绍托运手续以及海关对游客携带物品出境的有关规定，并予以相应的协助。

3. 要求购买古玩或仿古艺术品

游客希望购买古玩或仿古艺术品，地陪应带其去文物商店购买，并及时提醒其保存发票，不要将物品上的火漆印去掉，以便海关查验。游客要在地摊上选购古玩，地陪应劝阻，并告知我国海关的规定。若发现个别游客有走私文物的可疑行为，地陪需及时报告有关部门。

4. 关于购买药材

游客想购买中药材、中成药时，要到质量可靠、有信誉的大药店购买。地陪应告知我国海关的有关规定：前往国外的，总值限人民币 300 元；前往港澳地区的，总值限人民币 150 元。寄往国外的中药材、中成药，总值限人民币 200 元，寄往港澳地区的，总值限人民币 100 元。入境游客出境时携带用外汇购买的数量合理的自用中药材、中成药，海关凭有关发票单和外汇兑换水单放行。麝香及已超出上述规定限值的中药材、中成药不准出境。

5. 关于退换商品

游客购物后发现是残次品、计价有误或对商品不满意，要求地陪帮助其退换商品时，地陪应积极协助，必要时应陪同前往。

6. 要求单独外出购物

游客要求单独外出购物时，地陪要予以协助，当好购物参谋，如建议其去哪家商场，为游客找好出租车并写便条（写明商场名称、地址、饭店名称等）让其带上。但在旅游团快离开本地时，地陪要劝阻游客单独外出购物。

7. 要求再去商店购买看中的商品

游客在某家商店相中某件商品，当时犹豫不决，回来后又决定购买，要求地陪协助。一般情况下，只要时间允许，地陪可写个便条（上写商品名称，请售货员协助之类的话）让其租车前往商店购买，也可陪同前往。

任务拓展

一、讨论分析：游客要购买不能出境的物品

游客 Jeffery 私下跟导游小李说想带点中药材回国，请小李为他介绍能购买到品质上乘的中药材的药店，还特别提出要买一点麝香带走。小李知道麝香属于不能带出境的中药材，便当即拒绝。后来 Jeffery 以小李不愿提供购物帮助为由提起投诉。

（案例来自：梁中正 . 导游操作实务［M］. 北京：旅游教育出版社，2011.）

如果你是小李，该如何处理此事?

二、实地考察：了解本地特色旅游商品

组织学生对本地的旅游定点商店进行摸底考察，重点了解本地的特色旅游商品。撰写一篇旅游购物的导游词，并在班上进行模拟讲解。

任务八　社交活动服务

任务目标

旅游团体的社交活动形式主要有会见、宴请、品尝风味餐、舞会等。

任务描述

北京旅游团临时决定将于 5 月 2 日晚接受其山东分公司的宴请。地陪小王该如何处理这一突发事件呢?

任务分析

旅行中丰富多彩的社交娱乐活动是参观游览活动的继续和补充，也是旅游生活中必不可少的一部分。地陪要努力为游客安排好文明、健康的各类社交活动。

任务实施

地陪导游社交活动服务程序如图 2–9 所示。

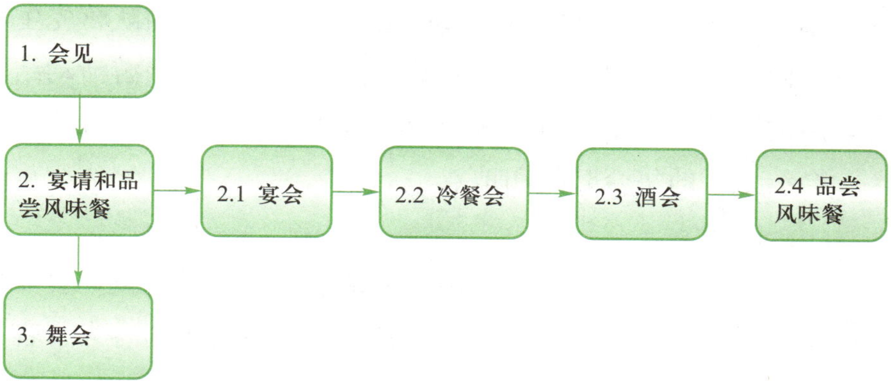

图 2–9 地陪导游社交活动服务程序

一、会见

游客（主要是专业旅游团的游客）会见同行或负责人，地陪可做必要帮助。会见时，地陪要做的工作是：

1. 事先了解会见时是否有互赠礼品

如果知道游客要送礼品，则要事先通知接待方。如果旅游团是海外团，接待方赠送的礼品又属应税物品，地陪应提醒接待方办妥必要的手续，以备游客出境时海关查验。

2. 承担翻译任务

必要时地陪可充当翻译。若是重要会见，特别是涉及政治问题、科技问题的，一般有专职翻译，地陪则应在一旁认真倾听，做好记录，起协助作用。

3. 游客会见亲友的服务

游客若会见在华亲友，地陪应协助安排，一般没有充当翻译的义务。

二、宴请和品尝风味餐

这类活动主要包括宴会、冷餐会、酒会和品尝风味餐等。地陪带领旅游团参加宴请或应邀品尝风味餐时要准时，服饰要整洁大方，注意礼节。地陪要做的具体工作是介绍主宾双方，当好翻译。翻译时要注意气氛，不要一边翻译一边吃东西或抽烟。

1. 宴会

宴会是一种比较正式的宴请活动，规模较小，多在晚间进行，往往有负责人出席。正式宴会多用请柬邀请，对着装有严格要求，要排座次。人们通过宴会，不仅获得饮食艺术的享受，而且可增进人际交往。

北京旅游团在 5 月 2 日 15 : 00 时，领队蒋先生收到该央企山东分公司负责人的邀请，将于当晚参加宴请。由于此时距离旅游团预订的晚餐时间已不足3小时，无法和预订的就餐饭店退餐。小王告知领队蒋先生及全体游客，不能退返团餐费用，但可以安排旅游车接送。在当天旅游活动结束后送游客去赴宴饭店的途中，小王还向游客介绍了饭店的相关情况及特色美食等，并告知游客宴会结束后的集合时间和地点。

2. 冷餐会

冷餐会是一种比较自由的宴请形式，不设座位，食品集中放在场地中央或两侧长桌上，由客人自取。冷餐会可招待更多的客人，客人到场或退场比较自由。

3. 酒会

酒会亦称鸡尾酒会，是一种自由的社交活动，备有多种酒水饮料和少量小食品，一般在下午或晚上举行，不设座位，时间短，客人到场或退场自由。

4. 品尝风味餐

品尝具有地方特色的风味餐，是游客在旅游过程中经常参加的形式自由的活动项目。风味餐有两种形式，一种是计划内的（在旅游接待计划中已安排，费用含在团费中），另一种是计划外的（游客自费品尝）。不管是地陪陪同游客品尝计划内风味餐，还是被邀请品尝计划外风味餐，地陪的作用主要是向游客介绍餐馆的历史、特点、名气，以及主要菜肴的特色、吃法、制作方法、来历等，切忌反客为主、主动敬酒、夹菜给客人或对菜肴评头品足。

三、舞会

由相关单位组织或者旅游团自己组织的社交性舞会，地陪一般应陪同前往。由游客自己购票的娱乐性舞会，地陪可代为购票，是否参加自便，无陪舞的义务。无论参加哪一种形式的舞会，地陪都必须向游客交代有关安全注意事项。

任务拓展

实地考察：了解本地一家比较著名的风味餐馆

组织学生对本地的一家著名风味餐馆进行考察，重点了解餐馆的历史、特点、名气，以及主要菜肴的特色、吃法、制作方法、来历等。撰写一篇介绍该餐馆的导游词，并在班上进行模拟讲解。

任务九　其他服务

任务目标

形式多样的娱乐活动、自由活动也是旅游团常有的活动内容。

任务描述

北京旅游团临时决定将于 5 月 3 日晚餐结束后，集体去威海韩国城购物，并请地陪安排旅游车接送。小王该如何处理这一突发事件呢?

任务分析

地陪要想做好娱乐活动、自由活动的服务，必须在确保安全的前提下，尊重游客的意愿，选择合适的活动项目，还必须做好组织安排和讲解介绍工作，要随时提醒游客注意安全。需要旅游车接送时，必须告知游客活动结束后的集合时间及地点。

任务实施

地陪导游其他活动服务程序如图 2–10 所示，包括娱乐活动和自由活动，其中娱乐活动又分参与性娱乐活动和欣赏性娱乐活动两种。

微视频 7
其他服务

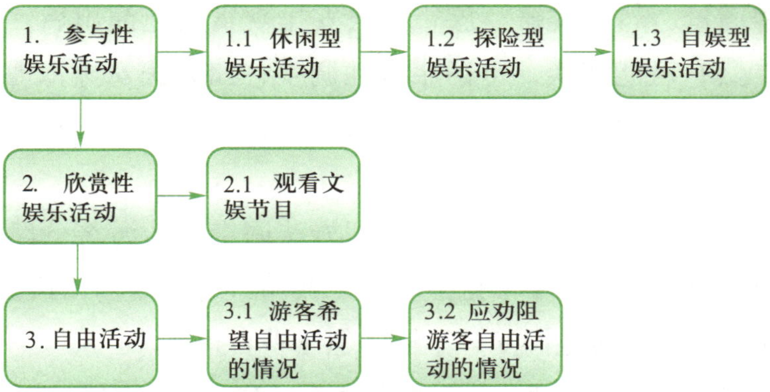

图 2–10　地陪导游其他活动服务程序

一、娱乐活动

安排娱乐活动，如欣赏地方戏曲、观看歌舞表演、参观工艺产品以及参加一些或休闲或刺激的活动，可以丰富旅游行程的内容，满足游客身心放松的心理诉求。为游客提供新颖、有趣且安全的娱乐项目，是地陪做好娱乐服务的关键。

1. 参与性娱乐活动

参与性娱乐活动一般可分为休闲型、探险型和自娱型三种。不管安排什么样的参与性娱乐活动，地陪务必重视安全问题，对于那些有潜在危险因素或者可能涉及敏感问题的活动要予以回避。

（1）休闲型娱乐活动。休闲型娱乐活动重在获得轻松愉快的体验，如草原骑马、海上垂钓、篝火晚会、火把游行以及少数民族的对歌会、泼水节、火龙节等。虽然此类活动危险性小，但地陪绝不可掉以轻心，要提醒游客在狂欢的同时提高警惕，防止发生意外。

（2）探险型娱乐活动。探险型娱乐活动重在寻求刺激，如蹦极、漂流、潜水、滑翔等。组织此类娱乐活动时，地陪要协助游客参与活动，同时不能忘记安全保障，多提醒，多检查，细心做好自己应该做的一切。

（3）自娱型娱乐活动。在旅行期间，游客们有时会自发组织自费聚餐和舞会等形式的自娱型娱乐活动。在这类活动中，地陪要见机行事，既不可强行陪同，也不能不理不睬。在游客自费聚餐时，地陪可协助联络、安排和推荐餐馆，除非游客执意邀请，一般不必陪同，参加时也不得反客为主。在游客自发组织舞会时，地陪可代为联络、购票，是否参加自便，但无陪舞的义务。地陪在参与游客的自娱型娱乐活动时，要做到不卑不亢、有礼有节，把握好分寸。

2. 欣赏性娱乐活动

观看文娱节目属于其中主要的一种类型。

（1）计划内的文娱活动。此类活动一般在合同中有明确规定，若无明文规定，地陪最好事先与游客商量，然后安排。旅行社已安排观赏文艺演出后，游客要求观看另一演出，若时间许可，又有可能调换，可请旅行社调换；如无法安排，地陪要耐心解释，并明确告知票已订好，不能退换，请游客谅解；游客若坚持要求观看别的演出，地陪可予以协助，但费用自理。

部分游客要求观看别的演出，处理方法同上。若游客分路观看文艺演出，在交通方面地陪可做如下处理：如两个演出点在同一线路，地陪要与司机商量，尽量为少数游客提供方便；若不同路，则应为他们安排车辆，但车费自理。

（2）计划外的娱乐活动。游客提出自费观看文艺演出或参加某种娱乐活动，地陪要给予协助，可帮助他们购买门票、要出租车等，通常不陪同前往。但是，如果游客要求去大型娱乐场所等情况复杂的场所，地陪需提醒游客注意安全，必要时应主动陪同前往。

（3）要求前往不健康的娱乐场所。游客要求去不健康的娱乐场所和过不正常的夜生活，地陪应断然拒绝并介绍中国的传统观念和道德风貌，严肃提出不健康的娱乐活动和不正常的夜生活在中国是禁止的，是违法行为。

二、自由活动

参加集体旅游的游客出于种种原因要求自由活动或单独活动时，地陪应在游客安全有保障、不影响全团行程的前提下，按“合理而可能”的原则妥善处理，并认真回答游客的咨询，提出建议，尽量满足他们的要求。游客如果自由活动的时间、内容及安全方面有不妥之处，地陪应婉言劝阻其外出，但要向游客耐心解释，说明原因，以免发生误会。

1. 游客希望自由活动的情况

（1）有些景点游客不想去，希望不随团活动，地陪要提醒其带上饭店的名片，写一便条（上写前往目的地的名称、地址及下榻饭店的名称和电话）交给游客，以便游客寻找出租车，提醒游客晚饭的用餐时间和地点等。

（2）到某一游览点后，个别游客希望不按规定的路线游览而希望自由游览或摄影时，若在游人不多、秩序不乱的环境下可满足其要求。但要提醒其集合的时间、地点和旅游车的车号，必要时留一字条，上写集合时间、地点和车号以及饭店名称和电话号码，以备不时之需。

（3）晚上如无活动安排，游客要求自由活动时，地陪应建议不要走得太远，不要去秩序乱的场所，不要太晚回饭店，要带好饭店的名片等。

2. 应劝阻游客自由活动的情况

（1）旅游团计划去另一地游览，或旅游团即将离开本地时，若有人要求留在本地活动，由于牵涉面太大，为不影响旅游团活动计划的顺利进行，地陪要劝其随团行动。

（2）如果当地治安不理想，地陪要劝阻游客外出活动，更不要单独活动，但必须实事求是地说明情况。

（3）地陪要劝阻游客去复杂、混乱的地方自由活动。

（4）不宜让游客单独骑自行车去人生地不熟、车水马龙的街头游玩。

（5）地陪要劝阻游客去不对外开放地区、机构参观游览。

（6）游河或湖，游客提出划船或在非游泳区游泳的要求时，地陪应予拒绝。

本任务描述中的北京旅游团在 5 月 3 日晚餐结束后，派领队蒋先生和地陪小王商量，准备集体去威海韩国城参观、购物，并请地陪安排旅游车接送。小王在和全陪、司机商量后，决定派车接送，但游客必须负担出车费用。小王首先联络了威海韩国城负责人，咨询清楚了商城晚间结束营业的时间；其次提醒游客大型购物场所人多、情况复杂，一定要注意安全；最后告知游客参观、购物结束后集合的时间和停车的地点。

任务拓展

模拟实训：介绍娱乐项目

（1）在当代世界文化中，中国传统戏剧已经成为识别中华民族个性的显著标志，请了解当地具有代表性的地方戏曲，撰写文娱活动的导游词，并在班上进行讲解。

（2）游客将参加武夷山大峡谷漂流活动，请你作为地陪介绍相关情况，并告知注意事项。

任务十　送团服务

任务目标

旅游团结束本地参观游览活动后，地陪应做到使游客顺利、安全离站。地陪的送团服务包括送团前的服务、离店服务和送行服务三个部分。

任务描述

北京旅游团将于 5 月 4 日结束在山东的参观游览。当晚，在烟台维也纳酒店用餐完毕稍事休息后，将去烟台火车站，乘 K286 次列车（发车时间 22∶33 分）离开。地陪小王应该做好票据、行李、退房等服务工作，致欢送辞，协助办理离站手续，与游客告别。

任务分析

送团服务是旅游团接待工作的最后阶段。如果说迎接是地陪树立好形象的开始，接待是保持良好形象的关键，那么送行则是对地陪良好形象的加深。地陪必须善始善终，以饱满的热情和良好的精神状态做好最后阶段的服务，使游客顺利、安全地离开。

任务实施

地陪导游送团服务程序如图 2–11 所示。

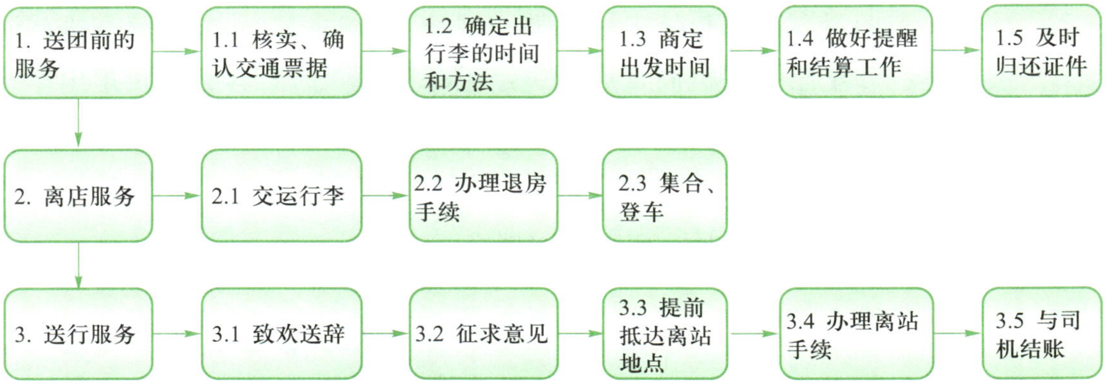

图 2–11　地陪导游送团服务程序

一、送团前的服务

微视频 8
送团服务

1. 核实、确认交通票据

旅游团离开本地的前一天，地陪应认真做好旅游团离开的交通票据核实工作，核对姓名、人数、去向、航班（车次、航次）、起飞（开车、起航）时间（时间要做到四核实：计划时间、时刻表时间、票面时间、问询时间），弄清起程的机场（车站、码头）的位置等事项。如果所乘交通工具的班次和时间有变更，地陪应向内勤或计调问清是否通知下一站接待社，以免造成漏接或空接；应提醒全陪向下一站交代有关情况。

如果旅游团是乘飞机从本站离境，地陪应提醒或协助领队提前 72 小时确认机票。

2. 确定出行李的时间和方法

如旅游团有大件行李需要托运，地陪应在该团离开本地的前一天与全陪或领队商量好出行李时间，并通知游客和饭店行李房。地陪要向游客讲清楚托运行李的具体规定和注意事项，如每人限带的行李重量、体积、件数；由游客自行办理托运但地陪应给予协助；不要将身份证件及贵重物品放在托运行李内；托运的行李必须包装完整、锁扣完好、捆扎牢固，并能承受一定的压力；禁止托运的物品要取出等。

出行李时，地陪应与全陪或领队、行李员一起清点，最后在饭店行李交接单上签字。

3. 商定出发时间

因司机比较了解路况，地陪应先与司机商定出发时间，然后征求全陪或领队的意见，确定后再通知全体游客集合出发的时间及地点。地陪要向游客强调准点出发的必要性，否则将极易引起误机（车、船）。

4. 做好提醒和结算工作

地陪应提醒游客尽早与饭店结清有关账目（如洗衣费、长途电话费、饮料费等）。若游客损坏了饭店的设备，地陪应协助饭店妥善处理赔偿事宜。地陪还要及时通知饭店有关部门旅游团的离店时间，提醒其与游客结清账目。

在离开旅游活动最后一站前，地陪还应与全陪办理好结算手续，并妥善保管好单据。

5. 及时归还证件

一般情况下，地陪不应保管旅游团的证件，如果临时要用应当场收取，用完后立即归还游客本人或领队。在离站的前一天，地陪要检查自己的物品，看是否保留有游客的证件、票据等，一经发现要立即归还，并当面点清。

对从本站离境的旅游团，地陪要提醒领队准备好全团护照和申报单，以便交边防站和海关检查。

二、离店服务

1. 交运行李

旅游团离开饭店前，地陪要按事先商定好的时间与饭店行李员办好行李交接手续。待游客的行李收齐、集中后，地陪应与全陪或领队一起清点行李的件数，检查行李是否上锁、捆扎是否牢固、有无破损等，然后交付饭店行李员，填写行李运送卡。

由于本团行李是随旅游车一起运输，地陪小王就叫饭店行李员直接把行李搬进旅游车的行李箱内。

2. 办理退房手续

在游客即将离开饭店时，地陪要到总服务台办理退房手续。按事先约定的时间，小王将游客集中在饭店大堂，收齐房卡后交饭店前台办理退房手续。同时，小王还不忘提醒游客随身带好个人物品和旅游证件，询问游客是否已经与饭店结清账目。

3. 集合、登车

离店手续办理妥当后，小王立即组织游客上车入坐并清点人数。游客到齐后，小王再次提醒游客查看个人证件、财物及行李物品是否带齐，有无遗忘。确定无误后，征得全陪小萧的同意，请司机开车。

三、送行服务

1. 致欢送辞

在赴机场（车站、码头）途中，地陪应向全体游客致欢送辞。欢送辞可以加深地陪与游客间的感情。致欢送辞时语气应真挚、富有感情。一般欢送辞包括：

感谢语：对全陪、领队、游客及司机的合作分别表示谢意。

惜别语：表达友谊和惜别之情。

征求意见语：诚恳征求游客的意见和建议。

致歉语：对行程中有不尽如人意之处，请求原谅，并向游客赔礼道歉。

祝愿语：期待再次相逢，表达美好的祝愿。

2. 征求意见

地陪小王在致完欢送辞后，向全体游客发放了“旅游服务质量意见反馈表”（也可以在前一天发放），请游客认真填写。如果“旅游服务质量意见反馈表”需要游客寄出，应事先向游客说明邮资已付。

3. 提前抵达离站地点

地陪要带团提前到达机场（车站、码头），要为游客办理相关手续留出充裕的时间。一般来讲，出境航班要提前 2 小时（有些繁忙的机场，如北京机场要求旅客提前 3 小时到达）；一般国内航班需提前 1.5 小时；乘火车等提前 1 小时。

旅游车到达机场（车站、码头）游客下车前，地陪要提醒游客带齐随身行李物品，照顾全体游客下车。待全团游客都下车后，地陪小王再次检查车内是否有游客遗落的物品，并请旅游车司机清理车厢，约好等候时间及地点。

4. 办理离站手续

（1）国内航班（车、船）的离开手续。

① 移交交通票据及行李票。到机场（车站、码头）等候大厅后，地陪应将交通票据和行李托运单或行李卡一一清点无误后交给全陪或领队，请其清点核实。

② 等旅游团所乘交通工具启动后，地陪方可离开送站地点。

（2）国际航班（车、船）的出境手续。

① 移交行李。送出境的旅游团，地陪要和领队、全陪一起（与旅行社行李员）交接行李，清点、核查后协助将行李交给每位游客，由游客自己携带行李办理托运手续。

② 地陪要向领队（或游客）介绍办理出境手续的程序。

③ 将返程交通票据交给全陪。

④ 在旅游团进入隔离区后，地陪、全陪方可离开送站地点。

5. 与司机结账

送走旅游团后，地陪要与旅游车司机结账，核实用车里程数并在用车单据上签字，保留好单据。

任务拓展

一、讨论分析：旅游服务质量意见反馈表

地陪在送别旅游团时，都会给每位游客发放“旅游服务质量意见反馈表”。通过游客填写的意见反馈表，旅行社可以了解游客在旅游期间的真实情况，了解地陪带团的过程，也是游客提出意见和建议的机会。请分析该表并回答下述问题：

（1）游客在哪些方面对地陪具有监督作用？

（2）地陪在为游客提供的导游服务中，哪些环节是必不可少的？规范化的服务是怎样的？

二、模拟实训：模拟送团服务

由学生分角色扮演地陪、全陪、领队、司机、游客、饭店总台服务员和行李员，教师准备一些交通票据、证件以及模拟用行李。分别模拟：① 送团前服务；② 离店服务；③ 在送站地点办理离站手续服务（分过站团和出境团）。

三、模拟实训：撰写欢送辞

撰写一篇送境外旅行团在本地机场出境的欢送辞，并在班级讲解。

任务十一 后续工作

任务目标

地陪应妥善处理好旅游团的遗留问题，进行工作汇报并做好相关的收尾工作。

任务描述

北京旅游团结束了山东三地的旅游，游客黄女士委托小王转交一封信给其在青岛的老同学戴先生。

任务分析

游客走了，地陪下团，但这并不代表导游工作结束了。送走旅游团后，地陪还要做好善后工作，包括：处理遗留问题；工作汇报和总结带团经验；结清账目并归还所借物品。在本任务中，地陪小王要按照转交信件和资料的要求，将游客托付的信件转交给接收人。

任务实施

地陪导游后续工作程序如图 2-12 所示。

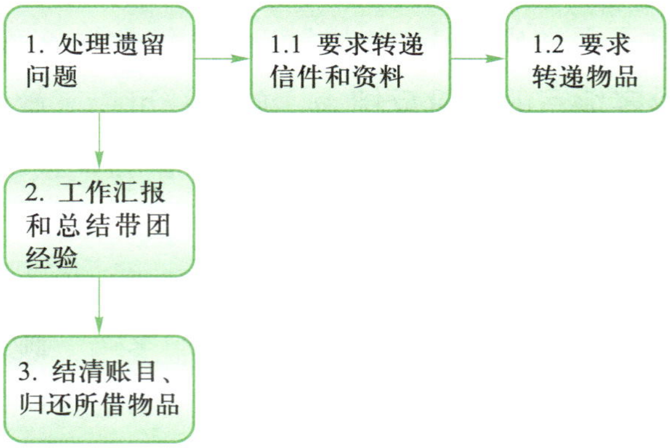

图 2-12 地陪导游后续工作程序

微视频 9
后续工作

一、处理遗留问题

下团后，地陪要认真、妥善地处理好旅游团的遗留问题，按有关规定和领导指示办理游客委托办理的事宜。

1. 要求转递信件和资料

如果游客要求地陪转递信件或资料，地陪应说服游客自己办理邮寄手续，但必须提供必要的协助。如果地陪答应转递，则应做必要的记录并留下委托者的详细通信地址；收件人收到信件或资料后，要出具收据，交旅行社保存。

对北京旅游团的游客黄女士委托转交信件给其在青岛的老同学戴先生一事，小王在下团的第二天上午就电话联系了戴先生，在约好的时间和地点将信件亲自交到戴先生的手中，并请其出具了收条。事后到旅行社时，将收条交给了有关部门保存。

2. 要求转递物品

如果游客要求地陪转递物品，地陪必须问清何物。若物品中包含有食品或药品，地陪应婉言拒绝，请其自行处理。若是应税商品，应促其纳税。若是贵重物品，地陪一般要婉拒。无法拒绝时，应请游客书写委托书，注明物品名称及数量并当面点清，留下通信地址，收件人收到物品后要写收条并签字盖章，地陪要将委托书、收条等一并交旅行社保存。

二、工作汇报和总结带团经验

带团结束后，结账前，地陪应尽快上交带团总结和游客所填写的《旅游服务质量意见反馈表》。在书面总结中，应写清主要开展的服务工作、游客对各方面接待服务的反应和个人感受，要求地陪实事求是地汇报带团情况，涉及游客意见时要尽量引用原话。如果旅游中发生重大事故或严重服务缺陷，地陪要单独整理成文字材料向旅行社和组团社汇报。

为了更好地提高自身导游业务水平，地陪在下团之后，还应对自己在本次带团的过程进行经验总结和分析。看看自己对哪些问题的处理较为妥当；在哪些方面还有所欠缺，需要吸取教训，及时改进提高。

三、结清账目、归还所借物品

地陪要按照旅行社的具体要求并在规定的时间内，填写清楚有关接待和财务结算表格，连同保留的各种单据、接待计划、活动日程表等，按规定上交有关部门存档，并到财务部门结清账目。如果在带团过程中发生了意外开支，地陪要详细注明增加开支的原因及处理过程。

地陪应按财务规定，尽快报销差旅费，领取带团补贴。

地陪应尽快归还出团时所借物品，如社旗、扩音器等。若应归还的物品有破损或丢失，应按旅行社规定办理。

任务拓展

一、讨论分析：如何正确对待财务结算工作

每次下团回旅行社结账对导游小夏来说都是一件痛苦的事情，一堆的票据、签单算得他头发晕，而且很少一次就能算得准、对上账的，因而旅行社的会计总是批评他，每到这时候小夏都很委屈：“我又不是学会计的，我对数字不敏感，让我再算一遍吧！”

（案例来自：《导游业务》，浙江省教育厅职成教研室组编，高等教育出版社，2010.）

请分析，小夏说的对吗？你如何对待结清账目工作？

二、实地考察

组织学生到当地某旅行社参观，重点关注旅行社有关管理规定。

项目三　全陪导游服务

项目导读

全程陪同导游人员，简称全陪，是指受组团旅行社委派，在领队和地方陪同导游人员（简称地陪）的配合下实施接待计划，为旅游团队提供全程陪同服务的工作人员。全陪作为组团社的代表，对所率领的旅游团队的旅游活动负有全责，因而在整个旅游活动中起主导作用。全陪的主要职责是负责旅游团队移动中各环节的衔接，监督接待计划的实施，协调领队、地陪、司机等旅游接待人员的关系，照顾好游客的旅行生活，维护游客在旅游过程中的人身和财物安全，处理各类突发事件，转达或处理游客的意见、建议和要求。因此，全陪导游服务是保证旅游团的各项活动按计划实施、旅行顺畅安全的重要因素之一。

全陪导游服务程序如图 3–1 所示。

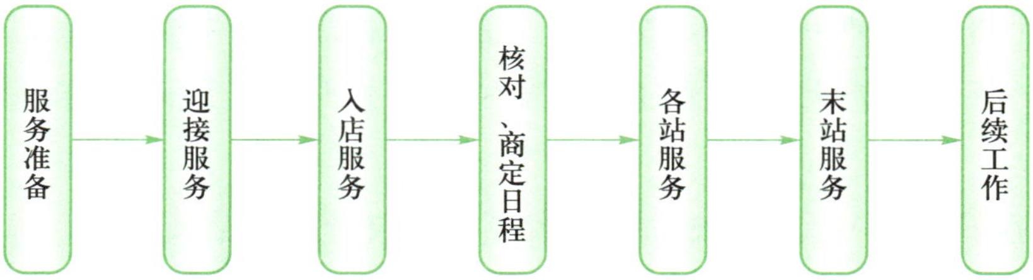

图 3–1　全陪导游服务程序

任务导入

4 月中旬的某天，导游小萧接到北京诚信旅行社计调小李的通知，要其带领驻京某央企的优秀员工旅游团于 5 月 1 日至 5 日赴山东做青岛—威海—蓬莱三地游。

任务一　服务准备

任务目标

准备工作是做好全陪服务的重要环节之一。全陪在准备阶段的主要任务是熟悉接待计划，做好物质、知识、形象及心理等方面的准备工作以及与沿途各地接社互通信息。

任务描述

小萧从组团旅行社计调小李的手中拿到了一份全陪接团计划书（表 3–1）及游客信息表（表 2–2）。

表 3-1　全陪接团计划书

国别	在中国旅游时间			团队等级	团队类型
中国	5 月 1 日—5 日			常规团	
境外组团社名称	团名	团号	联系人姓名	联系方式	领队姓名
				电话： 传真：	
国内组团社名称	团号		联系人姓名	联系方式	
北京诚信旅行社	12042203		小李	电话：138####5058 传真：010-########	
团队人员构成情况	团队人数：43 人，其中：男 23 人，女 20 人，老人 0 人，儿童 3 人				
用车情况	游客自行去北京南站，发车前 1 小时在北京南站地铁站 D 出口集合				
住宿标准	四星级饭店，标准间				
旅游线路	北京—青岛—威海—烟台—北京				
国内接待社情况	青岛：青岛希望国际旅行社　　地陪：小王　电话：133####1102 传真：0532-########				
	威海：同上				
	烟台：同上				

续表

中国境内行程安排			
时间	游览项目及景点	入住饭店	用餐情况
5 月 1 日	北京—青岛，G197 次列车 21：53 抵达青岛	青岛黄海饭店	无
5 月 2 日	游览百年青岛的标志栈桥、热门景点天主教堂，参观以葡萄酒历史与文化展示为主题的青岛葡萄酒博物馆，游览新青岛的象征五四广场和青岛奥林匹克帆船中心。 乘游艇观赏青岛黄金海岸	青岛黄海饭店	早、晚 中餐自理
5 月 3 日	青岛—威海，早餐后乘车赶赴威海，游览定远舰，追忆当年黄海大战的悲壮场面	威海百纳中心大酒店	早中晚
5 月 4 日	威海—蓬莱—烟台，早餐后乘车赶赴蓬莱，游览八仙过海的美丽传说——八仙渡景区，周围海域天高水阔、景色壮观、空气宜人	烟台维也纳酒店	早中晚
5 月 5 日	烟台—北京，K286 次列车 13：26 抵达北京		自理
注意事项 和特殊要求			
国内组团社计调	计调签名：小李　　　　联系电话：138####5058		
首站接团情况	接团时间：5 月 1 日 15：50 接团地点：北京南站地铁站 D 出口　　G197 次列车发车时间：16：50		

任务分析

这次小萧要带领一个 43 人旅游团，由北京前往山东青岛、威海、烟台三地参观游览，整个行程为期 5 天。该团是驻京某央企为该企业优秀员工安排的常规旅游团，企业安排了一名副总裁担任领队，协助导游的工作。小萧在拿到全陪接团计划书后，认真研读了接待计划及相关资料，了解了团队成员和组团社的情况，落实了各项接待事宜，有针对性地做好了物质、知识、形象和心理等方面的准备。

任务实施

全陪导游服务准备程序如图 3–2 所示。

一、熟悉接待计划及相关资料

全陪接到接待计划，标志着接待服务工作的开始。全陪要认真阅读接待计划和相关资料，以及往来函件（电子邮件、传真等），全面了解旅游团的基本情况，掌握该团重点游客的情况和该团的特点。

1. 了解旅游团情况

（1）记住旅游团的名称（或团号）、领队姓名、接待标准、团队人数、客源地等信息。如果是国内单位组织的集体旅游，要知道带队者的姓名及职务，本团即属这种情况。

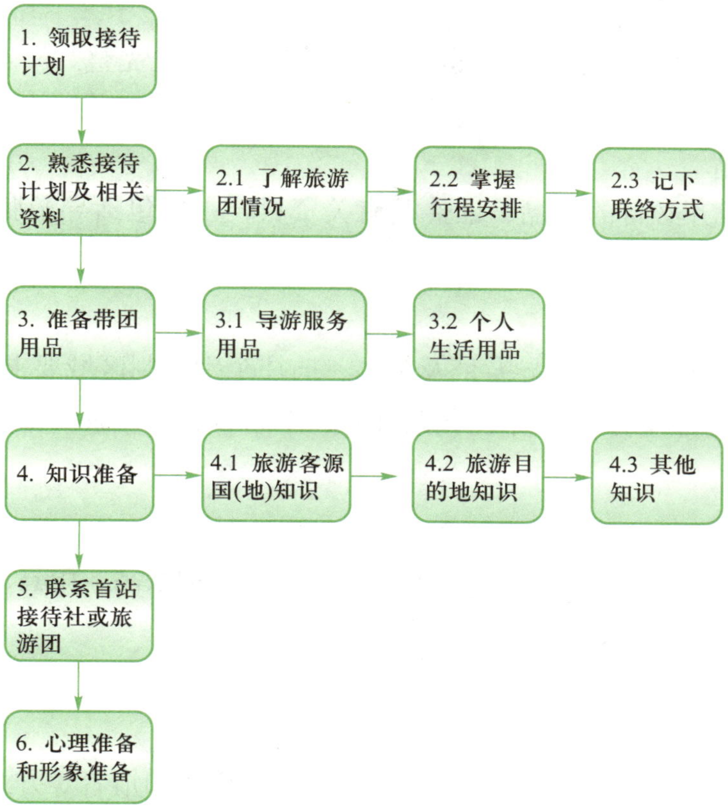

图 3-2　全陪导游服务准备程序

（2）熟悉旅游团成员的基本情况，包括姓名、性别、年龄、民族、职业、宗教信仰、生活习惯以及男女比例和搭配情况。

（3）掌握旅游团内较有影响的成员、需要特殊照顾的对象和知名人士的情况。

（4）听取该团负责人对接待方面的要求和注意事项的介绍。

（5）了解旅游团的收费情况。团员是否携带儿童，如有携带儿童，应了解儿童的收费情况。

（6）了解旅游团的一些特殊要求。如是否有特殊的饮食要求和特殊的活动安排，是否有残疾成员、高龄老人等情况，若有应提前了解相关特殊设施设备的使用。

2. 掌握行程安排

（1）掌握旅游团的行程计划、抵离各站的时间、交通工具以及交通票据是否订妥或是否需要确认、有无变更等情况。

（2）熟悉各站的主要参观游览项目，准备途中介绍或咨询解答的内容。

（3）了解行程中是否有不对外开放的地区或边境地区。若有，需提醒旅行社有关部门办妥相关的证明文件。

（4）了解各站安排的文娱节目、风味餐、额外游览项目以及是否收费等事宜。

（5）了解旅游团在各地下榻饭店的名称、位置及特色等情况。

3. 记下联络方式

记下各地接待社的名称、联系人的联系电话和传真号码以及地陪的联系电话。掌握全团成员的联系方式，即使暂时无法取得，也应在接触游客后补充完整。

二、准备带团用品

全陪上团前要带齐必备的物品、证件及有关资料，主要包括导游服务用品和个人生活用品。

1. 导游服务用品

主要包括：① 身份证、电子导游证及标志、前往个别管制区域要求办理的证明文件等；② 接待计划（含旅游日程）、行李卡、团队标志、全陪日志、旅游宣传品、组团社社旗和社徽等。

2. 个人生活用品

主要包括换洗衣物、盥洗用品、常用药品、化妆品、护肤品、雨具、通信设施（包括手机、备用电池、充电器）以及途中的饮食等。

三、知识准备

全陪在出发前可以通过阅读书面材料、上网查询、请教知情者等方式有针对性地进行知识准备。

1. 旅游客源国（地）知识

了解和充实客源国（地）的地理、历史、政治、经济、文化、礼俗和禁忌等方面的知识。

2. 旅游目的地知识

小萧重点查阅了沿途各站（青岛、威海、烟台）的政治、经济、历史、地理、民俗风情等情况，充实了旅游日程中相关景点的知识。如果接待的是专业旅游团，全陪还要准备相关的专业知识。

3. 其他知识

小萧收集了一些当前热门话题、国内外重大新闻等游客可能感兴趣的话题。针对本团的实际情况，小萧还准备了几套旅游途中活跃气氛的节目（要求和地陪大体相同）。

四、联系首站接待社或旅游团

如果接待的是境外团，全陪要在旅游团抵达本地的前一天同首站（入境站）地陪取得联系，了解其准备情况，并约好次日的会合时间和地点。如果接待的是国内团，全陪要在旅游团出发的前一天，同旅游团的游客取得联系（若是单位组织的集体旅游，则可以直接联系旅游团领队），约好次日集合登机（车、船）的时间和地点。

接团前一天，小萧就同旅游行程的第一站接待社——青岛希望国际旅行社取得了联系，互通情况，确认了首站地接社的相关接待事宜，并和青岛的地陪小王通了电话，了解了地陪导游服务工作的准备情况。

五、心理准备和形象准备

全陪的心理准备和形象准备大体与地陪相同（参见项目二任务一相关内容）。特别需要提醒的是，全陪必须全程陪同旅游团旅行、游览，外出时间较长，应带好足够的换洗衣物和个人卫生用品，确保在整个旅游过程中树立良好的形象。

任务拓展

一、讨论分析：从全陪接团计划书中掌握重要信息

请同学们熟读表 3–1“全陪接团计划书”和表 2–2“游客信息表”，通过教师提问和学生回答的形式，考查学生阅读、分析全陪接团计划的能力。

（1）在表 3–1 中，哪些项目提供了旅游团概况信息？根据这些信息，全陪应做些什么工作？

（2）在表 3–1 和表 2–2 中，哪些项目提供了旅游团成员信息？根据这些信息，全陪在今后的带团过程中应注意些什么？

（3）在表 3–1 中，哪些项目提供了旅游行程方面的信息？

二、模拟实训：全陪电话落实相关事宜

根据表 3–1“全陪接团计划书”和表 2–2“游客信息表”中的相关内容，每次抽调 4 名同学作为一个小组，分别扮演全陪导游小萧、旅游团领队蒋先生、青岛希望国际旅行社联系人、青岛地陪小王，分别进行下述模拟训练：

（1）小萧与青岛希望国际旅行社电话落实相关接待事宜。

（2）小萧与青岛地陪小王电话落实地陪接待服务工作的准备情况。

（3）小萧与旅游团领队蒋先生电话落实旅游团的相关情况，询问有何特殊要求，并确认接团地点等。

针对学生在每个模拟训练环节中的完成情况，可以采取教师评价、小组同学互评、全班同学评价等形式，指导学生们全面、准确地掌握全陪导游服务准备阶段的操作程序，避免在重要环节中出现疏漏。

三、模拟实训：做好全陪带团前的准备工作

导游小韩作为全陪，第一次带一个 20 人旅游团，由上海乘飞机前往昆明，并到大理、丽江、中甸等地参观游览。你觉得小韩应该重点做好哪些方面的准备工作？

任务二　迎接服务

任务目标

如果全陪接待的是境外团，首站接站服务就成为全陪直接面向游客服务的开始，全陪应在其入境站的机场（车站、码头）等候。如果接待的是国内团，全陪直接向游客提供的第一项导游服务就是转移服务，一般情况下，全陪应前往游客的单位或在商定的集合地点等候游客。

任务描述

北京旅游团将于 5 月 1 日乘坐 G197 次列车前往青岛，列车在北京南站 16∶50 发车，当晚 21∶53 抵达青岛火车站。作为全陪，小萧将带领旅游团从北京前往青岛。

任务分析

首站迎接游客是全陪第一次同游客见面的过程，在此期间，全陪的第一次亮相、第一次服务、一段精彩的欢迎辞都将给游客留下深刻的印象。同时，全陪的第一次及时、热情、周到的接待服务，是全陪同游客建立信任、友好关系的基础。

任务实施

全陪导游迎接服务程序如图 3–3 所示。

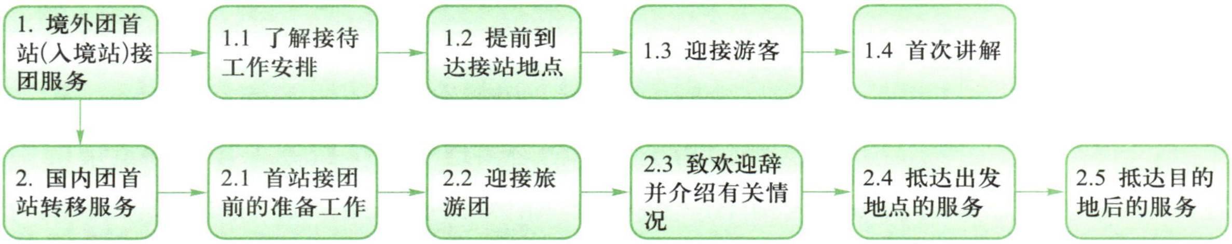

图 3–3　全陪导游迎接服务程序

一、境外团首站（入境站）接团服务

入境站接团，要使旅游团抵达后能立即得到热情友好的接待，让游客有宾至如归的感觉。此时，全陪要主动积极地与地陪做好协作和配合，促使顺利完成在入境站对游客的首次接待。入境站迎接境外团的过程包括：了解接待工作安排、提前到达接站地点、迎接游客和首次讲解。

1. 了解接待工作安排

接团前，全陪要向地接社了解本站接待工作的详细安排情况，包括在游览地的住宿安排、旅游车安排、旅游车车况、接站安排和行李运送安排等。如果需要地接社代订返程车票或代订去下一站车票时，全陪还需要了解车票落实情况。

2. 提前到达接站地点

全陪要提前半小时到接站地点和地陪一起迎候旅游团。在旅游团抵达之前，全陪要了解游客所乘航班（车次、航次）的具体信息，并时刻关注最新消息；观察接站地点的周边环境及人员流动情况，出现人员拥挤的情况时应重新寻找出站的路径；带好胸卡，站在出站口比较显眼的位置，和地陪一起高举导游旗和接站牌等候游客。

3. 迎接游客

飞机（火车、轮船）到达后，全陪要协助地陪尽快认找旅游团，与领队简单接洽，将地陪介绍给领队，并立即和地陪、领队一起核实实到人数。如果发现人数有变，应及时通告组团社，由组团社再通知各地接待社。全陪要和领队、地陪、行李员一起清点行李，并和地陪一起带领游客乘坐旅游车。

4. 首次讲解

待游客全部上车后，全陪要在地陪之前向游客做首次讲解并致欢迎辞。全陪首次讲解的内容包括：① 致欢迎辞；② 简要介绍旅游行程安排；③ 介绍注意事项（调整时差、货币兑换、交通情况、安全状况等），特别是要反复强调有关法律法规上与客源国（地区）不同的规定等。

全陪应代表组团社和自己向旅游团致欢迎辞。欢迎辞的内容与地陪的欢迎辞基本相同，但侧重点有所不同，全陪在致欢迎辞时要努力与地陪的欢迎辞不冲突，要言简意赅。

最后，全陪要将地陪介绍给全团游客，并请地陪为游客提供导游服务。

二、国内团首站转移服务

如果首站迎接的是国内团，全陪向游客提供的服务主要是转移服务。包括：接团前的准备工作、迎接旅游团、致欢迎辞、首站转移工作等。

1. 首站接团前的准备工作

在出发的前一天，全陪要核实旅游团所乘交通工具和票据，要与旅游团游客或旅游团负责人以及旅游车司机取得联系，并与司机一起提前半小时到达接站地点，迎候旅游团。

2. 迎接旅游团

接到旅游团后，小萧与旅游团领队蒋先生核实了有关情况，问候了全团游客并核实实到人数。如果人数有变化，与计划不符，应尽快与组团社联系。

如果安排有旅游车接送游客去出发地点，要和旅游团领队一起清点行李，并协助全团游客的行李上车；要提醒游客带好随身物品，热情引导游客登车，并礼貌地清点游客人数；待游客全部登车后，要再次确认游客人数，并示意司机开车。

3. 致欢迎辞并介绍有关情况

在接站地点，全陪小萧首先代表组团社——北京诚信旅行社向旅游团致欢迎辞，向全团游客简明扼要地介绍了行程，还向游客们说明行程中应注意的问题和一些具体的要求。

全陪欢迎辞的内容应包括：问候、表示欢迎、自我介绍以及介绍司机、提供热情服务的真诚愿望、希望得到合作、预祝旅途愉快顺利等。

4. 抵达出发地点的服务

抵达出发机场（车站、码头）后，全陪要再次核对团队人数，清点行李数量，要收齐游客的有效身份证件，清点并集中游客需要托运的行李，协助游客办理乘机（车、船）手续及行李托运手续，发还游客的有效身份证件，带领游客有序通过安检，进入候机（车、船）大厅等候登机（车、船）。

飞机起飞（列车发车、轮船起航）前，全陪要与地接社地陪联系，通报自己的航班（车次、航次）号、起飞（开车、起航）时间和团队临时性的变化等信息。

飞机起飞后，要注意观察游客动向，及时发现游客的需求，提醒空乘人员提供更优质的服务。列车发车或轮船起航后，全陪要勤走动、多观察，及时发现游客的特别需要，提供必要的协助。

5. 抵达目的地后的服务

当飞机（火车、轮船）抵达目的地后，全陪要提醒游客带齐所有物品，手持导游旗，带领全团下飞机（火车、轮船），打电话告知地陪旅游团已经抵达，并询问地陪所在位置；带领游客提取托运行李；清点团队人数无误后，带领全团走出机场（车站、码头），在出口处认找地陪，并与地陪核对旅游团的主要资料，以免其错接；带领全团跟随地陪前往旅游车停放处，照顾游客放置行李，上车后要注意再次清点人数；旅游车开车后，要向游客介绍地陪，并请地陪致欢迎辞。

任务拓展

一、讨论分析：旅游团少了一名游客

全陪小刘在约定地点接到了旅游团，清点人数时，发现少了一人，后与该游客电话联系，得知其因父亲突发疾病住院治疗，不能随团出行。这时小刘该怎么办？

二、模拟实训：撰写全陪欢迎辞

作为全陪，你将带领一个全由本地市民组成的 25 人旅游团，乘飞机前往成都，参观游览成都市区、都江堰、汶川、松潘、九寨沟、黄龙等地，请就此情况撰写一篇欢迎辞（含行程安排、注意事项的简要介绍）。

三、模拟实训：全陪接团服务

每次从班上选取 4 名同学分别担任全陪、地陪、领队、旅游车司机，其他同学扮演游客。分别模拟：

（1）全陪赴当地机场迎接一个来自美国的旅游团。

（2）全陪带旅游车去游客单位迎接一个国内旅游团，该旅游团将乘飞机前往旅游目的地。

实训内容包括：接团前准备工作、认找旅游团、清点人数、移交行李、照顾游客上车、致欢迎辞等。

任务三　入店服务

任务目标

为使旅游团进入饭店后尽快完成住宿登记手续、住进客房、取得行李，全陪应积极主动地协助领队、地陪的入住饭店服务工作。

任务描述

北京旅游团，5 月 1 日晚抵达首站旅游地——青岛，将入住青岛黄海饭店，小萧作为全陪，将协助地陪小王完成本次入住饭店的服务工作。

任务分析

由于该旅游团到达青岛的时间临近深夜（21∶53），加上长时间的火车旅行，游客普遍感觉比较困乏。因此，全陪小萧一边加快节奏，一边按部就班地办理住宿登记手续，并和领队蒋先生一起安排和指导游客尽快入住，并特别注意快速解决游客入住饭店后的各种问题。

任务实施

全陪导游入店服务程序包括：办理住店手续；协助领队分房；热情引导游客进房；清点行李、照顾行李进房；照顾好游客的住宿；照顾好团队用餐。

一、办理住店手续

如果是境外团，全陪要向总台提供团名、团队名单表、旅游团住房要求等，填写入住登记单或协助海外领队办理入住手续。如果是国内团，全陪应主动地与地陪一起向总台服务员提供国内旅游团全体成员的身份证件及住房要求，由全陪办理旅游团的住店登记手续。

二、协助领队分房

拿到房卡后，全陪不但要协助领队根据准备好的分房名单分发房卡，而且要掌握全团游客的房间号，并与领队互通各自房号以便联系。如无领队，且旅游团是单位组团，则请旅游团的团长分配住房；如无领队，且旅游团又是散客拼团，则由全陪负责分配住房。在分发房卡的时候，全陪要提醒游客在总台办理贵重物品及钱款的寄存手续，并将自己的房号告知全团游客。

三、热情引导游客进房

分发完房卡，全陪小萧就和地陪小王一起热情引导游客进入房间。在游客进入房间的过程中，若发现客房设施、卫生等方面的问题，全陪、地陪要及时向总台反映并协助处理。无论是全陪还是地陪都要注意，除非工作需要，一般不要进入游客房间，尤其是异性游客房间，能通过电话解决的，尽量通过电话解决。

四、清点行李、照顾行李进房

如果旅游团安排有专门的行李车运送行李，全陪应与地陪、领队、行李员一起进行行李清点交接，督促饭店行李员负责把行李分送到游客房间，关注游客取得行李的情况。本次任务中，游客是随身携带行李。

五、照顾好游客的住宿

如果地陪不随旅游团住在同一个饭店，全陪则要负起全责，照顾好旅游团，协调、处理各种问题。全陪要将自己的房间号告知游客，以方便游客与自己联系。全陪还要掌握饭店总服务台的电话号码和地陪的紧急联系方式。本次任务中，旅游团在青岛参观游览期间，地陪小王不住在饭店，小萧自动担起了照顾游客住宿的责任。

六、照顾好团队用餐

全陪要提前到达用餐地点等候用餐的游客，在游客用餐期间，全陪要主动询问游客用餐情况。如果发生餐饮质量问题或数量、标准与计划不符等情况，应及时通知地陪，并一起向餐厅有关人员交涉，尽快解决问题。如果有游客提出特殊要求，全陪应协同地陪及时与餐厅联系，帮助解决，尽量满足游客的要求；如果确实无法满足，应向游客说明原因并致歉。

本次任务中，全陪小萧特别关注了素食者和回族游客的饮食安排是否合乎要求。

任务拓展

一、案例分析：饭店没有预订客房

导游员小王担任某旅游团的全陪，带团前往南京、苏州、上海等地旅游。当旅游团抵达第三站上海时，依照接待计划，旅游团会入住一家相当不错的饭店，住房由小王所在旅行社自订。然而，当小王和地陪来到该饭店总台时，总台电脑上却没有这个旅游团的客房预订。没有订房，旅游团无法入住，小王一时紧张起来。她马上打电话给自己所在的旅行社询问情况。旅行社计调员查阅了该团的档案，发现该团起初是安排入住该饭店的，但后来因价格原因取消了预订，而预订了另外一家开张时间不长但更豪华且价格相对便宜的饭店，可不知何故没有在接待书上更改过来。小王立即给旅行社预订的那家饭店打了个确认电话，在得到证实后，她就立即向客人做了说明并请求原谅，然后就把旅游团带到后来预订的那家饭店。可是客人们都显得很不高兴，对小王的工作态度产生了怀疑。

试分析小王在这起事件中应负何种责任。如果换作是你，你应该怎样避免此种情况发生？

（案例来自：叶华胜 . 导游业务（第二版）[M]. 北京：人民邮电出版社，2010.）

二、模拟实训：带团入住饭店

请出部分同学分别担任全陪、地陪、团队负责人、饭店前台服务员和游客，模拟全陪带一单位自组旅游团入住饭店的过程，包括：办理入住手续、分房、引导游客进房、照顾行李进房以及游客在进入房间后的各种问题的处理等。

任务四　核对、商定日程

任务目标

旅游团安排妥当后，全陪要和地陪、领队一起核对、商定日程，并将商定结果通知游客。

任务描述

本次任务中，全陪小萧拿到的旅游活动安排见表 3–2，需要与地陪小王进行核对、商定。

表 3–2　旅游活动安排

活动内容	入住饭店
5 月 1 日：北京—青岛，乘坐动车赶赴青岛	青岛黄海饭店
5 月 2 日：青岛，游览青岛海滨风景区	青岛黄海饭店
5 月 3 日：青岛—威海，早餐后乘车赶赴威海，游览定远舰，追忆当年黄海大战的悲壮场面	威海百纳中心大酒店
5 月 4 日：威海—蓬莱—烟台，早餐后乘车赶赴蓬莱，游览八仙过海的美丽传说——八仙渡景区，周围海域天高水阔、景色壮观、空气宜人	烟台维也纳酒店

任务分析

核对、商定日程是全陪工作中一个非常重要的环节，处理好了会减少旅游纠纷，处理不好会带来很多麻烦，所以应引起全陪的高度重视。商谈日程对入境旅游团尤为重要，国内组团社与境外旅行社确认的日程安排由于时间关系，双方都可能有某些变化，从而使全陪手中的接待计划与领队持有的旅行计划之间可能出现差异。所以双方商定日程不仅是一种礼貌，也是工作必需。

任务实施

在游客入住饭店后，全陪应主动和地陪、领队核实各自手中的计划和日程安排是否一致。

如果行程安排中有多家地接社的话，每到一地全陪都要与领队、地陪核对、商定该站的活动日程。本次任务中，小萧需要注意两点，一是三地的旅游接待都是由青岛希望国际旅行社负责；二是该团是单位组团，在核对、商定日程时应注意听取领队蒋先生的意见。

详细日程商定完毕后，针对境外团，全陪应请领队向全团正式宣布；至于境内团，则由全陪本人亲自宣布。

一、与地陪、领队确认实到人数、名单和住房要求

根据接待计划，全陪与领队、地陪一起确认实到人数、名单以及住房要求。如果和原计划有出入，全陪应立即报告组团社联系人，由组团社联

系人通知各地接待社。如情况紧急，全陪应迅速通知下一站，然后再告知组团社。

二、日程修改的原则

核对、商定日程时，应以组团社的接待计划为依据，尽量避免大的修改。对于小的不涉及接待标准和费用变化的变动，应把握“服务第一、宾客至上、遵循合同、平等协商”的原则。而对领队提出的无法满足的要求应耐心解释，争取其谅解。对领队持有的一些有较大出入的提议，如全陪不能定夺，应及时反馈给组团社，请组团社领导指示。

三、核对机票、签证

在带境外团时，全陪还需要做以下工作：① 与领队核实出境机票，并协助确认机票；② 检查游客的签证有效期是否与团队在华日期相符合；③ 如果领队自带我国境内段机票，应尽快交与地接社核实航班号，并确认机位。

任务拓展

一、案例分析：地陪的计划表上多了一个景点

小张担任一旅游团的全陪。旅游团到了目的地后，小张就和地陪、领队商谈日程安排。在商谈过程中，小张发现地陪手中计划表上的游览点比自己接待任务书上所确定的游览景点多了一个景点，而且地陪坚持要按他手中的景点来安排行程。为了让领队和游客没有意见，小张答应了。在游览结束后，领队和游客较满意。但小张回到旅行社报账时却被经理狠狠批评了一顿，并责令他赔偿这个景点的门票费用。

（案例来自：浙江省教育厅职成教教研室组．导游服务［M］．北京：高等教育出版社，2010.）

试分析在此案例中，全陪小张错在何处？正确的处理步骤应该是怎样的？

二、模拟实训：领队要求参观刘公岛

全陪在和地陪、领队一起商定日程时，领队提出增加一日行程赴刘公岛参观，全陪能否答应领队的要求？请出几组同学（每组 3 人），分别扮演全陪、地陪和领队，还原几种应对实景。教师要对每组同学的表现给予点评。

任务五　各站服务

任务目标

各站服务是指全陪在旅游目的地为游客提供的服务，是全陪工作的主要组成部分，包括抵站服务、转移途中的服务、游览过程中的服务以及离站服务四个环节。

任务描述

北京旅游团将要前往山东青岛、威海、烟台三地，在这三地的地接社都是青岛希望国际旅行社。作为全陪，小萧在这三地要做哪些工作呢?

任务分析

全陪在各站服务中，应使接待计划得以全面、顺利实施；各站之间有机衔接；各项服务适时、到位；保护好游客人身及财产安全，使突发事件得到及时有效的处理；协助安排好游客在各地的食、住、行、游、购、娱等各项活动。

任务实施

全陪导游各站服务程序如图 3–4 所示。

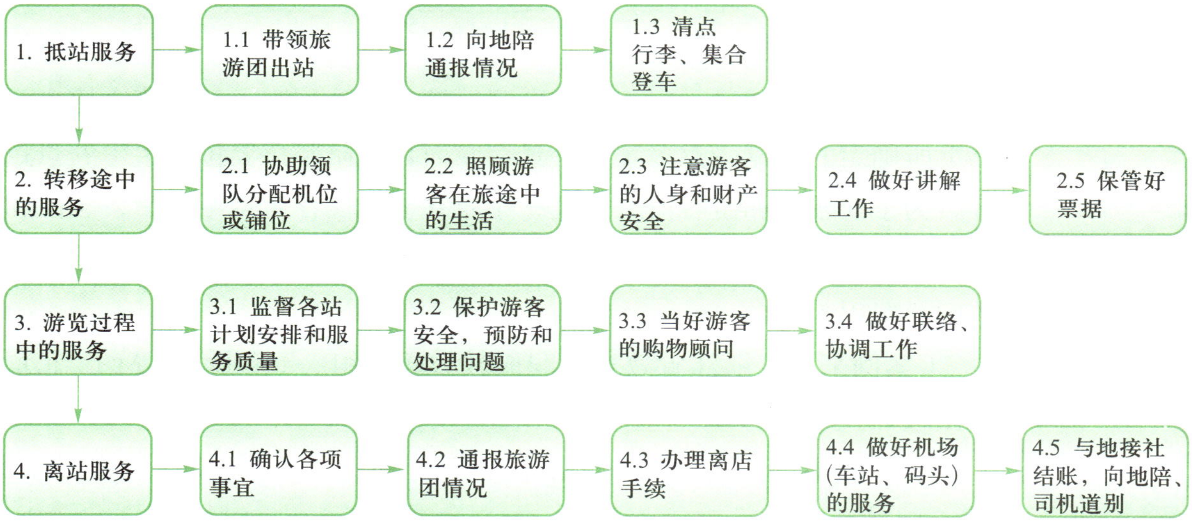

图 3–4　全陪导游各站服务程序

一、抵站服务

1. 带领旅游团出站

当所乘交通工具即将抵达下一站时，全陪要提醒游客整理并带齐个人随身物品，下机（车、船）时注意安全。凭行李票领取托运的行李，如果发现游客行李丢失或损坏，要立即与有关部门联系处理并安抚好游客。出港（站）时，全陪要高举导游旗走在旅游团的最前面，以便地陪认找旅游团，并尽快同地陪取得联系。

2. 向地陪通报情况

与地陪见面后，全陪要向地陪介绍本团领队和旅游团情况，告知旅游团的饮食要求、游客的兴趣爱好、游客的特性、个别较挑剔游客的个性和要求以及旅游团在上一站旅游的情况等，以便地陪能采取更主动、更有效、更有针对性的工作方法。

3. 清点行李、集合登车

与地陪、领队一起清点游客行李，移交给地接社行李员；协助地陪组织游客登上旅游车，提醒游客注意安全并负责清点人数。本任务中，游客行李随旅游车一起运输，小萧协助地陪、司机一起帮助游客将行李放入行李箱内。

二、转移途中的服务

在向下一站转移途中，全陪要提醒游客注意人身和财物安全，安排好游客在旅途中的生活，努力使游客旅行充实、轻松、愉快。无论乘坐何种交通工具，全陪都要和其他工作人员积极配合，争取他们的支持，共同做好途中的安全保卫和生活服务工作。

1. 协助领队分配机位或铺位

不管乘坐飞机、火车还是轮船，都需要让领队提前分配机位（铺位），全陪要协助领队工作，特别是乘坐火车或轮船使用卧铺时，更要合理分配铺位，防止出现矛盾，一般要坚持弱势群体优先、其他公平分配的原则。

2. 照顾游客在旅途中的生活

全陪要负责照顾好游客的食、行、娱工作。如果乘坐火车（轮船）途中需要就餐时，上车（船）后，全陪要尽快找餐车（餐厅）负责人联系，按该团餐饮标准为游客订餐。如该团有餐饮方面的特殊要求或禁忌，应提前向负责人说明。针对本团，自始至终都要注意素食者和回族游客的饮食禁忌问题。

如果旅游团中有晕机（车、船）的游客，全陪要给予特别关照；游客突患重病，全陪要立即采集急救措施，并争取司机、乘务人员的协助。

3. 注意游客的人身和财产安全

旅游团在乘坐交通工具过程中，特别是乘坐火车（轮船）时，全陪要提醒游客注意安全，谨慎或避免与陌生人接触，妥善保管好自己的贵重物品和证件。全陪要随时关注周围情况，发现问题要立刻与公安或保卫人员联系。

4. 做好讲解工作

如果是在汽车上（或火车专列或包车厢）进行较长时间的旅行时，全陪要提供相应的讲解服务。讲解内容一般是途经城市和目的地城市的概况等能引起游客兴趣的话题。此外，为防止长途旅行出现团队气氛沉闷的情况，全陪还可以组织一些游客感兴趣的文娱活动，消除游客的寂寞和疲劳。在旅行途中，全陪还要主动与游客交谈，增进感情，了解他们的心理活动和要求，与游客建立起良好的合作关系。

5. 保管好票据

全陪要保管好行李托运单据，抵达目的地后请地陪协助提取行李；还要妥善保管好交通票据，以便行程结束时回旅行社报账。

三、游览过程中的服务

1. 监督各站计划安排和服务质量

游客主要是按照组团社提供的接待计划来评价旅游产品的供给质量，因此，全陪要监督各地的旅游活动安排是否适时、到位。如果发现活动安排与上几站有明显重复、旅游行程过紧或过松等，全陪要及时向地陪指出，并给出调整意见。

通过监督和向游客了解等方式检查各地在提供交通、住宿、饮食、导游服务等方面的质量。若发现有降低质量标准的现象和问题，全陪要及时向地陪提出，争取改进和补偿，必要时可与当地接待社交涉或报告组团社。

2. 保护游客安全，预防和处理问题

在游览活动中，地陪的主要精力是在前面引导、讲解；全陪要注意观察周围的环境，留意游客的动向，主动殿后，并随时清点人数，提醒游客跟上团队，以免走失或发生意外，协助地陪圆满完成讲解任务。

在整个行程中，全陪都要时时处处提醒游客注意人身和财物安全，保管好随身携带的物品和证件，注意饮食卫生，排除安全隐患。如遇突发事件，全陪应协助地陪依靠当地领导和有关部门妥善处理。

3. 当好游客的购物顾问

和地陪相比，由于全陪自始至终和游客相处，感情上更融洽些，也更能赢得游客的信任，特别是在购物时，游客会更多地向全陪咨询，请全陪帮忙拿主意。在这种时候，全陪一定要从游客的角度出发，结合自己所掌握的旅游商品方面的知识，为游客着想，当好购物顾问，使游客买到称心如意的物品。对于海外游客，全陪还要提醒他们中国海关关于中药材、烟酒以及古玩、文物等物品出关的规定。

4. 做好联络、协调工作

全陪要做好旅游线路上各站间，特别是上、下站之间的联络工作，及时通报情况，并落实接待事宜。若实际行程和计划有变更或调整，全陪要及时通知下一站。

在整个旅游行程中，游客、领队、地陪、司机、全陪之间难免会出现一些矛盾或摩擦，这些矛盾和摩擦处理不好，也会影响旅游行程的顺利进行，因此，全陪要努力做好沟通工作，消除矛盾和摩擦，力争圆满完成带团任务。

四、离站服务

在每一地的游览活动结束后，离开前，全陪都要做好提醒、确认工作，并尽可能地协助地陪、领队办理有关团队的离站事宜，为本站的送站和下一站的接站工作顺利衔接做好准备。

1. 确认各项事宜

全陪要提醒本站地陪提前落实离站的交通票据，并核实离站的准确时间。如果离站时间因故变化，全陪要立即通知下一站接待社或请本站接待社通知，以防止空接和漏接事故的发生。

2. 通报旅游团情况

全陪应在离开上一站之前向下一站通报旅游团的情况，内容包括旅游团离开上一站和抵达下一站的确切时间，所乘的航班（车次、航次），有无人员变动、游客的要求、全陪的意见及建议等。

3. 办理离店手续

协助领队、地陪妥善办理离店事宜；协助游客与饭店结清相关费用；向游客讲清托运行李的有关规定并提醒游客检查、带好旅游证件；协助领队、地陪清点托运行李，办妥行李交接手续；妥善保管好地陪交给的交通票据和行李托运单。

4. 做好机场（车站、码头）的服务

包括领取登机牌、协助游客办理行李托运等相关手续、带领游客进行安全检查、引领游客到指定地点上飞机（火车、轮船）。如果航班（车次、航次）延误或取消，全陪要协同机场（车站、码头）工作人员和该站的地陪安排好游客的食宿和交通事宜，安抚游客情绪，防止出现混乱。

5. 与地接社结账，向地陪、司机道别

按规定与接待社办妥财务结算手续，并妥善保管好费用单据。向地陪、司机道别、致谢。

任务拓展

一、讨论分析：游客遗落贵重物品在饭店

全陪小王接待的某旅游团计划于10月1日晚20：00乘飞机由Q市飞往X市，旅游团进入候机大厅正要通过安检时，团员张小姐神色慌张地告诉小王，她将一条钻石项链落在饭店枕头下面，要求立即返回饭店。

试分析在此情况下，全陪导游小王应该如何处理?

二、模拟实训：航班因天气原因被取消了

2018 年 9 月 16 日，作为全陪的你结束了在福州的带团任务，将带领旅游团乘飞机返回上海。但因台风“山竹”影响，多家航空公司宣布取消一批上海往返相关城市的航班，上海虹桥站开往福州等地多趟动车停运。接航空公司的通知，旅游团所乘的从福州到上海的飞机航班被取消。游客情绪低落，对你大吵大闹、十分不满，在这种情况下，作为全陪的你应如何处理?

（1）全陪应向旅游者道歉并说明这是由于天气原因造成的，请旅游者能给予谅解，稳定游客情绪。

（2）立即问清第二天飞机的起飞时间、班次，并安排行李等事项。

（3）尽快解决游客的食宿问题。

（4）通知游客第二天起床、早餐、行李托运的时间及发车的时间、地点。

（5）通过旅行社计调部门通知下一站。

请学生分别担任全陪、地陪、计调员、饭店接待员和游客，模拟全陪处理航班取消事件的过程。

任务六　末站服务

任务目标

末站服务是全陪整个服务工作的最后环节，全陪应使旅游团顺利离开末站（离境站），并留下良好的印象。

任务描述

北京旅游团将于 5 月 4 日晚乘坐 K286 次列车返回，5 日 13:26 抵达北京南站，结束旅行。

任务分析

到末站服务这个环节，意味着旅游团的参观游览活动基本结束，此时游客极易放松警惕性，这就要求全陪更要一丝不苟、善始善终，通过自己优质的服务加深游客对整个行程的良好印象。

任务实施

全陪末站服务包括境外团在离境站的送团服务和境内团的返程服务。全陪导游末站服务程序如图 3–5 所示。

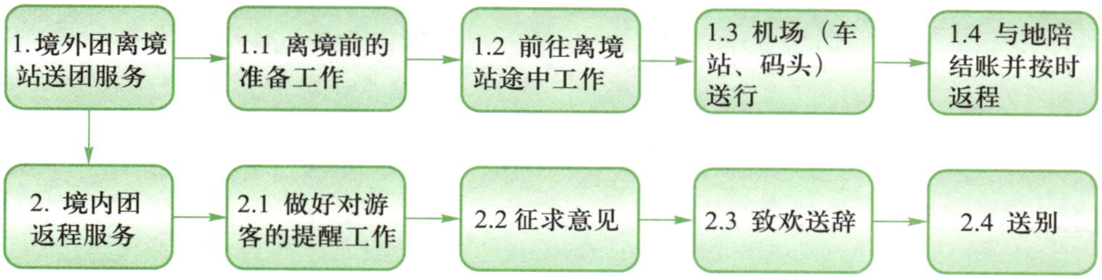

图 3-5 全陪导游末站服务程序

一、境外团离境站送团服务

1. 离境前的准备工作

全陪要配合地陪、领队共同做好境外团离境前的准备工作。包括：

（1）落实交通票据。全陪要与领队核实出境机票，并协助确认机位。如果旅游团在华时间较短或入出境不在同一站，这一工作应提前到入境时进行。

（2）提醒游客办理各种手续。全陪要提醒游客备齐旅游证件、海关申报单、购物发票、换汇水单，尤其是古玩、文物及贵重药材的购物证明等，并提醒游客随身携带这些材料，不要放置在托运行李中。离站前提醒、帮助游客与饭店结清各种账目。

2. 前往离境站途中工作

送团当天，全陪要和地陪一起将游客送到机场（车站、码头）。在途中，还需做好如下工作：

（1）征求意见。全陪应主动征求游客对全程旅游服务工作的意见和建议；对全体游客在途中给予的合作表示感谢；对旅游过程中出现过的服务缺陷向游客表示歉意，设法做好弥补工作，求得游客的谅解，并欢迎他们再次来中国旅游。请领队或游客填写“游客意见反馈表”（表 3–3）并在表上签名。全陪要保管好征求意见表并交与组团社备案。

表 3–3 游客意见反馈表

尊敬的游客：

欢迎您参加诚信旅行社组成的团队外出旅游（对境外团可改成：欢迎您来到中国旅游），请在离开前利用几分钟的时间填写这份调查表，然后把它交给您的全陪导游。您的评价和印象是我们将来改进旅游产品和提升服务水平的最好的信息来源。谢谢您！期待再次相逢。

团号			人数	
全陪姓名			地陪姓名	
游客代表	（电话：	）	领队姓名	
游览路线				
项目	很好	好	一般	差
行程安排				
住宿安排				

续表

项目	很好	好	一般	差
餐饮安排				
交通安排				
司机服务态度				
全陪服务态度				
全陪服务水平				
地陪服务态度				
地陪服务水平				
团队气氛				
购物安排				
娱乐安排				
总体评价				

（2）致欢送辞。全陪在送游客去机场（车站、码头）的途中要致欢送辞。全陪的欢送辞应有别于地陪，内容包括：回顾整个旅程生活，尤其是旅程中难忘的人和事；感谢游客与领队、地陪、司机的支持，尤其是要感谢游客和领队的配合；肯定领队的功绩，提高领队在游客心中的地位，增强与客源地旅行社之间合作的信心；留下美好祝福，期待与游客再次相逢。

（3）再次提醒。在即将到达机场（车站、码头）前，全陪要再次提醒游客检查自己的各种票据是否带齐，是否有遗落物品等。

3. 机场（车站、码头）送行

全陪要严格按规定保证旅游团提前 2 小时到达机场（要注意个别机场新的规定）。若发生地陪没按预定时间和全陪一起送别游客，全陪要果断采取紧急措施保证团队按时到达机场（车站、码头）。

抵达出境站后，全陪要向领队或游客介绍如何办理出境手续；要和地陪、领队、行李员一起清点行李，并请游客自带行李进入隔离区办理出境、登机（车、船）手续。

与游客一一握手告别，并与地陪一起目送游客进入隔离区后方可离开。

4. 与地陪结账并按时返程

在送走旅游团后，全陪要与离境站的地陪做好结账工作。境外团的结账通常为“计划拨款”，全陪应认真填写“旅行社旅游团费用结算表”（表 3–4）。如果采取现结方式，则应当面点清钱款，并向接待社收取发票。

全陪要及早落实自己的返程交通票据，应于送团出境的当日或次日返回组团社所在地，如因故不能按期返回，要向旅行社领导请示。

表 3-4　××旅行社旅游团费用结算表

<table>
<tr><td colspan="2">团　　号</td><td colspan="2"></td><td>国　　别</td><td></td><td>旅游团名称</td><td></td></tr>
<tr><td colspan="2">领队姓名</td><td colspan="4"></td><td rowspan="3">人数
（　　）</td><td rowspan="3">其中：
成人（　　）
儿童（　　）</td></tr>
<tr><td colspan="2">全陪姓名</td><td colspan="4"></td></tr>
<tr><td colspan="2">地陪姓名</td><td colspan="4"></td></tr>
<tr><td colspan="2">抵达时间及工具</td><td colspan="6">年　月　日　时　分乘　机（车）到后用　餐</td></tr>
<tr><td colspan="2">离开时间及工具</td><td colspan="6">年　月　日　时　分用　餐后乘　机（车）离</td></tr>
<tr><th colspan="2">服务项目</th><th>人数</th><th colspan="2">标准（人天）</th><th>人民币</th><th>外汇</th><th>备注</th></tr>
<tr><td rowspan="8">成人费用明细</td><td>房费</td><td></td><td colspan="2"></td><td></td><td></td><td></td></tr>
<tr><td>门票</td><td></td><td colspan="2"></td><td></td><td></td><td></td></tr>
<tr><td>车费</td><td></td><td colspan="2"></td><td></td><td></td><td></td></tr>
<tr><td>餐费</td><td></td><td colspan="2"></td><td></td><td></td><td></td></tr>
<tr><td>导服</td><td></td><td colspan="2"></td><td></td><td></td><td></td></tr>
<tr><td>索道</td><td></td><td colspan="2"></td><td></td><td></td><td></td></tr>
<tr><td>国内段交通费</td><td></td><td colspan="2"></td><td></td><td></td><td></td></tr>
<tr><td>离境交通费</td><td></td><td colspan="2"></td><td></td><td></td><td></td></tr>
<tr><td rowspan="2">儿童费用</td><td></td><td></td><td colspan="2"></td><td></td><td></td><td></td></tr>
<tr><td></td><td></td><td colspan="2"></td><td></td><td></td><td></td></tr>
<tr><td rowspan="2">全陪费用</td><td></td><td></td><td colspan="2"></td><td></td><td></td><td></td></tr>
<tr><td></td><td></td><td colspan="2"></td><td></td><td></td><td></td></tr>
<tr><td colspan="2">合　　计</td><td></td><td colspan="2"></td><td></td><td></td><td></td></tr>
<tr><td colspan="2">金额大写</td><td colspan="6">拾　万　仟　佰　拾　元　角　分整</td></tr>
<tr><td colspan="8">注：</td></tr>
</table>

二、境内团返程服务

1. 做好对游客的提醒工作

全陪要提醒游客检查自己的行李物品是否带齐，需要托运的物品是否打好包，证件和票据等是否随身携带；要提醒游客不要携带违禁物品登机（车、船）。

2. 征求意见

向游客征求团队对此次行程的意见和建议，并填写“游客意见反馈表”（表 3-3）。全陪要保管好反馈表并交与组团社备案。

3. 致欢送辞

向游客致欢送辞，可以加深全陪与游客之间的感情，内容依旧以回顾、惜别、感谢、祝愿为主，与地陪的欢送辞各有侧重，全陪的欢送辞应总结团队的整个行程，更全面、更客观。

4. 送别

返回本地后，全陪要礼貌地与游客告别，并目送所有游客离开后，才能返回单位。

任务拓展

一、讨论分析：游客委托转交物品

某境外旅游团离境前，一位老年游客找到全陪小李，要求他将一个密封的盒子转交一位朋友，并说："盒里是些贵重东西，本来想亲手交给他的，但他来不了饭店，我也去不了他家。现在只得请你将此盒转交给我的朋友了。"全陪为了使游客高兴，接受了他的委托，并认真地亲自将盒子交给了他的朋友。可是，半年后，该老年游客写信给旅行社，询问为什么李先生没有将盒子交给他的朋友。当旅行社调查此事时，小李说已经把盒子交给了老人的朋友了，并详细地介绍了整个过程。旅行社领导严肃地批评了小李。

（1）旅行社领导的批评对不对？为什么？

（2）怎样正确处理游客的转交贵重物品的委托要求？

二、模拟实训：境外团办理离境手续

组织学生模拟带境外团来到机场，模拟离境站的送团服务过程。

三、实地考察：国际机场国际出站口

教师带领学生赴机场，了解国际机场国际出站口情况。

任务七　后续工作

任务目标

全陪在送走旅游团后，首先要处理好旅游团的遗留问题，其次是要对本次带团活动进行认真总结。

任务描述

全陪小萧于 5 月 5 日完成本次带团任务，在回到北京后要立即处理带团的后续工作。

任务分析

后续工作，既是整个旅行活动的收尾工作，也是全陪对自己带团过程的小结。做好后续工作，对全陪今后的带团工作会起到促进作用，全陪需要格外重视。

任务实施

全陪导游后续工作程序如图 3–6 所示。

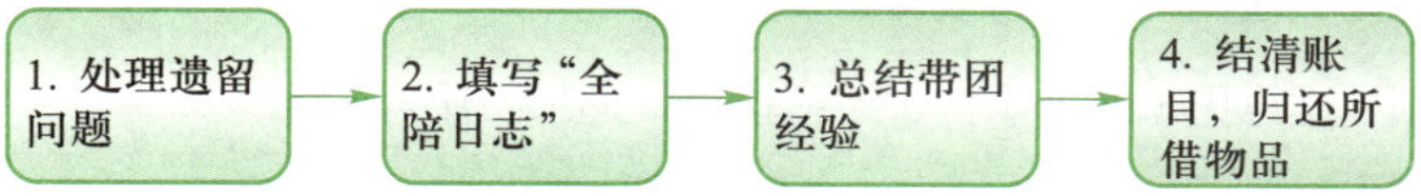

图 3–6　全陪导游后续工作程序

一、处理遗留问题

全陪在下团后，应认真处理好旅游团的遗留问题。对旅游团遗留的重大、重要问题要先请示旅行社有关领导，再做处理。

全陪还要认真对待游客委托代办的事情。全陪应根据旅行社领导的指示，依照导游工作规范，积极快速地办妥；如果确有困难无法完成或不能尽快完成，全陪要及时向游客讲明原因。

二、填写“全陪日志”

全陪应认真、按时填写“全陪日志”或其他旅游行政管理部门（或组团社）所要求的资料。全陪日志分日记式和总结式两种。

日记式作为参考资料由全陪自己保存。全陪需要详细记录团队行程过程中每天的具体安排、发生的事情以及解决办法和效果等。

总结式（表 3–5）需要在行程结束后上交旅行社存档。内容包括：① 旅游团的基本情况；② 旅游日程安排及飞机、火车、航运交通情况；③ 各地接待质量；④ 发生的问题及处理经过；⑤ 游客的反映及改进意见等。表 3–5 中的总评价为合格的条件是各站评价均为合格；总评价为不合格的条件是总评价中客户评价和服务质量两项出现“不满意”或“比较差”。

表 3-5　总结式全陪日志

<table>
<tr><td>单位 / 部门</td><td colspan="2"></td><td>团号</td><td></td></tr>
<tr><td>全陪姓名</td><td colspan="2"></td><td>组团社</td><td></td></tr>
<tr><td>领队姓名</td><td colspan="2"></td><td>国籍</td><td></td></tr>
<tr><td>接待时间</td><td colspan="2">年　月　日至　　年　月　日</td><td rowspan="2">人数</td><td rowspan="2">名（含　　岁儿童　　名）</td></tr>
<tr><td>途经城市</td><td colspan="2"></td></tr>
<tr><td colspan="5">团内重要游客、特殊情况及要求</td></tr>
<tr><td colspan="5">领队或游客的意见、建议和对旅游接待工作的评价</td></tr>
<tr><td colspan="5">该团发生问题和处理意见（意外事件、游客投诉、追加费用等）</td></tr>
<tr><td colspan="5">全陪意见和建议</td></tr>
<tr><td colspan="5">全陪对全程服务的评价：　合格（　　）　　不合格（　　）</td></tr>
<tr><td>行程状况</td><td>顺利（　　）</td><td>较顺利（　　）</td><td>一般（　　）</td><td>不顺利（　　）</td></tr>
<tr><td>客户评价</td><td>满意（　　）</td><td>较满意（　　）</td><td>一般（　　）</td><td>不满意（　　）</td></tr>
<tr><td>服务质量</td><td>优秀（　　）</td><td>良好（　　）</td><td>一般（　　）</td><td>比较差（　　）</td></tr>
<tr><td>全陪签字</td><td colspan="2">部门经理签字</td><td colspan="2">质管部门签字</td></tr>
<tr><td>日期</td><td colspan="2">日期</td><td colspan="2">日期</td></tr>
</table>

三、总结带团经验

每次完成带团任务后，全陪应对自己的工作做全面分析，总结出自己带团过程中的经验和教训。做得好的方面，可以在今后的工作中继承和发扬，对不好的方面要找出原因，避免再次发生。全陪只有在一次次的带团中正视并改进自己的不足，才能不断提高自己的导游服务水平，不断自我完善。

四、结清账目，归还所借物品

全陪在返回单位后，要尽快与旅行社财务部门结清账目，把从社里借出的物品如数归还。

任务拓展

一、模拟实训：工作总结

全陪小萧结束了山东青岛—威海—蓬莱三地游的全陪工作，你认为他需要从哪几方面小结自己的工作？请同学们分组模拟进行工作总结。

二、实地考察：处理遗留问题

采访当地全陪导游，请他们谈谈在导游工作中如何处理遗留问题的，完成采访报告。

项目四　出境旅游领队服务

项目导读

出境旅游领队是指依法取得从业资格，接受具有出境旅游业务经营许可的旅行社（组团社）的委派，从事出境旅游领队业务的人员。

领队业务是指为出境旅游团提供旅途全程陪同和有关服务；作为组团社的代表，协同境外接待旅行社（以下简称“接待社”）完成旅游计划安排，以及协调处理旅游过程中相关事务等活动。

领队作为组团社的代表，既是出境旅游团的领导者和代言人，又是其服务人员、游客合法权益的维护者和文明旅游的引导者，在团结旅游团全体成员、组织游客完成旅游计划方面起着重要作用。其主要职责有：出发前向旅游团介绍旅游目的地国家或地区的概况及注意事项，陪同旅游团全程参观游览活动；监督和配合旅游目的地国家或地区的全陪、地陪全面落实旅游合同；负责旅游团与旅游目的地国家或地区接待旅行社的联络与沟通；转达游客的意见、要求与建议乃至投诉，维护游客的合法权益，必要时出面斡旋或帮助解决；全面关心游客，做好旅游团的组织工作，维护旅游团内部的团结，调动游客的积极性，保证旅游活动顺利进行。

出境旅游领队服务程序如图 4-1 所示。

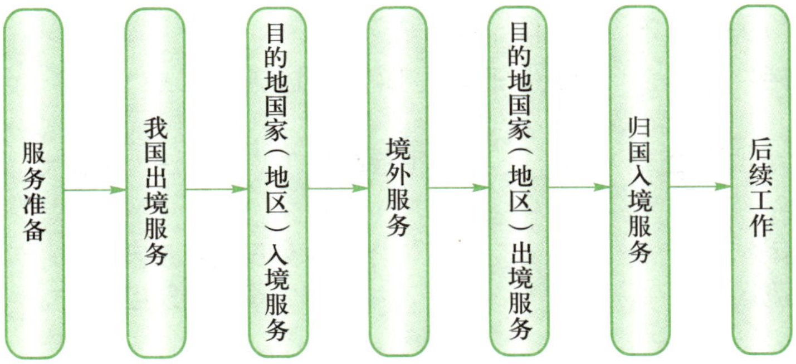

图 4-1　出境旅游领队服务程序

任务导入

7 月下旬的某天，导游小李接到北京某国际旅行社出境旅游计调小张的通知，要其带领一学生旅游团于 8 月 1 日至 6 日赴日本参加“东京—北海道温泉美食六日游”。

任务一　服务准备

任务目标

出境前的准备工作是做好出境领队服务的一个必不可少的环节。领队在准备阶段的主要任务是熟悉出团资料，做好物质、知识等方面的准备工作以及开好出团说明会。

任务描述

小李从组团旅行社出境旅游计调小张的手中拿到了一份领队接团计划书及游客信息表，还有“出境旅游行程表”“中国公民出国旅游团队名单表”（表4–1）、游客的证件和机票等出团资料。

表 4–1　中国公民出国旅游团队名单表

<table>
<tr><th rowspan="2">序号</th><th colspan="2">姓名</th><th rowspan="2">性别</th><th rowspan="2">出生日期</th><th rowspan="2">出生地</th><th rowspan="2">护照号码</th><th rowspan="2">发证机关及日期</th></tr>
<tr><th>中文</th><th>汉语拼音</th></tr>
<tr><td>领队</td><td></td><td></td><td></td><td></td><td></td><td></td><td></td></tr>
<tr><td>1</td><td></td><td></td><td></td><td></td><td></td><td></td><td></td></tr>
<tr><td>2</td><td></td><td></td><td></td><td></td><td></td><td></td><td></td></tr>
<tr><td>3</td><td></td><td></td><td></td><td></td><td></td><td></td><td></td></tr>
<tr><td>…</td><td>…</td><td>…</td><td>…</td><td>…</td><td>…</td><td>…</td><td>…</td></tr>
<tr><td>20</td><td></td><td></td><td></td><td></td><td></td><td></td><td></td></tr>
<tr><td colspan="5">年　月　日由　　口岸出境</td><td colspan="3">总人数：　（男　　人，女　　人）</td></tr>
<tr><td colspan="5">年　月　日由　　口岸入境</td><td colspan="3"></td></tr>
<tr><td colspan="3">授权人签字
组团社盖章</td><td colspan="2">旅游行政管理部门
审验章</td><td colspan="3">边防检查站
加注（实际出　　人）　出境验讫章</td></tr>
<tr><td colspan="5">旅游路线：
组团社名称：
接待社名称：</td><td colspan="3">联络员姓名及电话：
联络员姓名及电话：
中华人民共和国文化和旅游部印制</td></tr>
</table>

任务分析

这次小李需要带团赴日本旅游的是来自北京的中学生旅游团。小李深知充分做好出境前的准备工作是确保整个行程能顺利完成的首要保障，因此，在拿到出团资料后，小李首先仔细研读了出团资料，核对了出团的证件、名单、机票和相关表格，做好了出团所需的知识和物质准备，并提前一周召开了出团说明会。

任务实施

领队出境前的准备工作程序如图 4-2 所示。

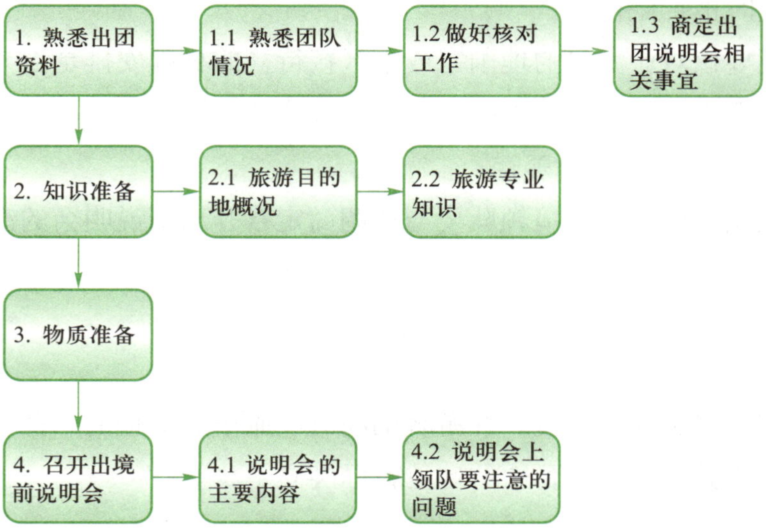

图 4-2　领队服务准备程序

一、熟悉出团资料

1. 熟悉团队情况

出境旅游计调小张向出境旅游领队小李介绍了团队情况并移交团队资料，领队小李随即认真阅读出团资料，尽快熟悉团队情况。领队应熟悉的团队情况包括下列几个方面。

（1）团队基本情况。包括团名、团号、人数（男、女、儿童人数），以及团员的姓名、性别、年龄、职业、宗教信仰、饮食禁忌、生活习惯等。

（2）团内重点团员的情况。包括旅游团内较有影响的成员、需要特殊照顾的对象和知名人士的情况。

（3）团队的完整行程。“出境旅游行程表”将在出团说明会上发给每一位游客，表中应列明旅游线路、时间、景点；交通工具的安排；食宿标准 / 档次；购物、娱乐安排及自费项目；组团社和接团社的联系人和联络方式；遇到紧急情况的应急联络方式。

（4）团队的特殊安排和特别要求。包括会见、座谈、特殊饮食要求等。

2. 做好核对工作

领队在接受带团任务后，一项最重要的准备工作是核对相关资料，主要包括：

（1）“中国公民出国旅游团队名单表”（一式四联，即出境边防检查专用联、入境边防检查专用联、旅游行政部门审验专用联和旅行社自留专用联）以及出入境登记卡、海关申报单、交通票据、接待计划书等。

（2）旅游者护照、签证、机票、全团卫生防疫注射情况、保险及客人交费情况，如果发现问题，应及时报告旅行社。

同时，还要核对旅游目的地国家或地区接待社的日程安排是否与组团社计划一致，若发现问题应及时报告组团社，请组团社与有关接待社交涉。

3. 商定出团说明会相关事宜

在移交出团资料时，出境领队要与计调商定召开出团说明会的准确时间、地点以及具体内容。

二、知识准备

领队的知识准备非常必要。在游客询问有关旅游目的地的一些基本情况时，领队如果能做到对答如流，其在游客心目中的地位就已确立了。

1. 旅游目的地概况

领队要熟知旅游目的地的政治、地理、历史、文化、风俗习惯、物产等情况。

2. 旅游专业知识

领队应熟知海关知识和旅行常识等旅游专业知识。

三、物质准备

主要包括护照与机票及复印件、机场税款和领队证、团队费用、社旗、行李标签、多份团队分房表、托运行李所用不干胶标签、目的地国家（地区）报警或救助电话号码、小礼品、无线 Wi-Fi 及领队个人物品等。

四、召开出境前说明会

按照《旅行社出境旅游服务规范》，旅行社组织的出境旅游团都要在出发前召开说明会。

1. 说明会的主要内容

（1）代表旅行社对全体游客致欢迎辞。

（2）向游客发放“出境旅游行程表”“旅游服务质量评价表”、团队标志、行李牌等。详细说明旅游行程安排，要强调旅游目的地的实际旅游日程以各地接待社安排为准，以及自费项目属于游客自愿参加等。

（3）介绍旅游目的地国家（地区）的基本情况、风俗习惯和相关的法律法规知识，向游客讲明注意事项并提出要求，引导游客文明旅游。

（4）说明过海关的手续和程序，以及出入境时海关的相关规定。

（5）告知游客外币兑换与手续。在出团说明会上，领队要告知游客旅游目的地国家（地区）所使用的外币名称、单位等，与人民币、美元、欧元等货币之间的兑换比例，并告知在银行、饭店等地可以办理货币兑换。

（6）要提醒游客随身携带旅游证件和身份证，带齐必备的生活用品，在境外时要注意人身和财物安全。

（7）公布分房名单。

（8）告知游客出发时的集合时间和地点。

（9）向游客详细说明各种由于不可抗力／不可控制因素导致组团社不能（完全）履行约定的情况，以取得游客的谅解。

（10）最后要向游客反复强调在旅行过程中的基本要求，如集体观念、统一行动、遵守时间、团结友爱、支持领队工作等。

如果有的游客因故未能参加说明会，领队应在游客到达机场后向其介绍说明会上谈及的各项内容。

2. 说明会上领队要注意的问题

（1）出团说明会上，领队是第一次面对自己的团队游客，要求领队以整洁的着装、良好的精神面貌出现，言谈要礼貌，举止要大方，给游客以信心和亲近感。

（2）要着重强调时间观念。领队在讲话中要特别着重强调时间问题，尤其是出发时间。

（3）将自己的联络方式（如手机号码、微信号等）告诉游客，尤其是要将自己的名片发给每位游客，以便游客尽快熟悉自己，并可以随时与自己取得联系。

任务拓展

一、讨论分析：签证有效期不足半年

2017 年 5 月 4 日，济南市民李先生一家三口在本市某旅行社报名参加了日本大阪 5 日行旅游团，每人费用 4980 元。出发当天在出境检查时李先生的孩子被告知因护照有效期不足半年，无法出境。导致李先生一家的赴日计划未能成行。

试分析：

（1）上述案例中，旅行社是否应承担责任？

（2）领队在出境前应做好哪些工作，避免此种情况再次发生？

二、模拟实训：特别的准备工作

针对本次参加“东京—北海道温泉美食六日游”的旅游团，请学生以书面和课堂介绍的形式，回答讲解领队应当特别需要做好哪些方面的准备工作。

三、实地考察：了解旅行社出境团的管理情况

教师带领学生赴当地一家具有境外游资质的旅行社参观学习，重点关注接团计划书和游客信息表，以及“出境旅游行程表”“名单表”等相关资料，并以书面形式回答下述问题：

（1）哪些项目提供了旅游团概况信息？根据这些信息，领队应做些什么工作？

（2）哪些项目提供了旅游团成员信息？根据这些信息，领队在境外的陪同过程中应注意些什么？

（3）哪些项目提供了旅游路线和交通方面的信息？

任务二　我国出境服务

任务目标

出境领队要提前到达出境口岸的集合地点等候游客，一是协助游客办理出境手续，其中包括出关手续和卫生检疫；二是协助游客办理登机手续和行李托运手续。

任务描述

旅游团将于 8 月 1 日乘坐 CA925 航班由北京首都机场飞往东京，飞机起飞时间为上午 9∶25（北京时间），当日 13∶55（东京时间）抵达东京成田机场。作为领队，小李将带领自己的旅游团由北京前往东京。

任务分析

本团是中学生团，绝大多数成员都是第一次出国旅游。青少年活泼、好动，对什么都感兴趣，领队务必讲清中国海关出境的有关规定。

任务实施

我国出境服务程序如图 4–3 所示。

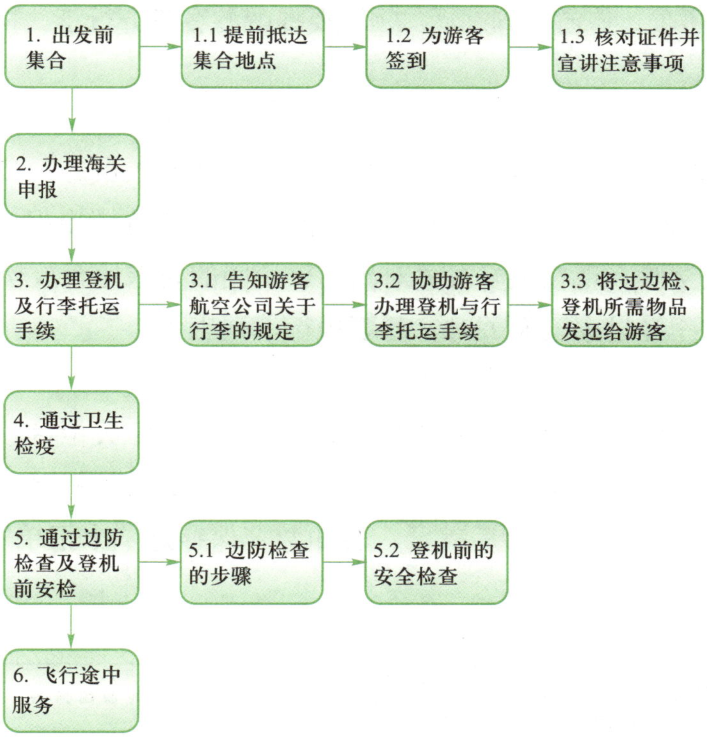

图 4-3　我国出境服务程序

一、出发前集合

1. 提前抵达集合地点

按规定，领队小李比约定的旅游团集合时间早 10 分钟赶到了出境口岸机场的集合地点，也就是北京首都机场的 T3 航站楼内地铁出口处，并立即竖起组团社的领队旗，以便游客能容易找到自己；并检查了自己的手机工作正常，可以随时接听游客的电话。

如果所带的是老年团，领队还应更早一点抵达集合地点，通常老年游客会早早赶到集合地点。如果游客中有前来送行的亲朋好友，领队应主动与其打招呼，并请其放心。

2. 为游客签到

领队小李对已抵达游客逐一进行签到确认。如果临近规定的集合时间，尚有团队成员未到，领队要主动与未能及时赶到的游客电话联系并进行催促。

3. 核对证件并宣讲注意事项

在全团成员到齐后，领队要再次确认每位游客是否带齐有效证件并仔细核对其证件和签证，向游客宣讲出境注意事项，告知我国海关有关规定（明确需要向海关申报的物品及数额、我国海关禁止出境的物品）以及办理登机手续、海关手续以及边防检查手续等的步骤，并希望大家配合。

如果集合地点不在出境的机场（车站、码头），还需要安排旅游车送旅游团前往出境的机场（车站、码头）。在乘坐旅游车的途中，领队需要做途中讲解，再次介绍过关的手续和程序，并强调在境外期间的注意事项。旅游车到站后，领队要提醒游客带齐行李、物品等，不要遗落。

二、办理海关申报

根据我国海关规定，我国出境人员，除享受免验待遇的人员外，在出入境时，都应填写“中华人民共和国海关进出境旅客行李物品申报单”（以下简称“申报单”，见图 4–4），并将全部行李物品向海关交验。现在很多海关对出境旅游团的要求比较放松，不需要申报。

领队在带领旅游团经过中国海关时，需要进行下列工作：

（1）告知游客中国海关禁止携带出境的物品。

（2）请携带无须向海关申报物品的游客从绿色通道穿过海关柜台，进入等候。

（3）领队带领携有向海关申报物品的游客从红色通道到海关柜台前办理手续。交验本人护照，由海关人员对申报物品查验后盖章，告知游客保存好“申报单”，以便回国入境时海关查验。

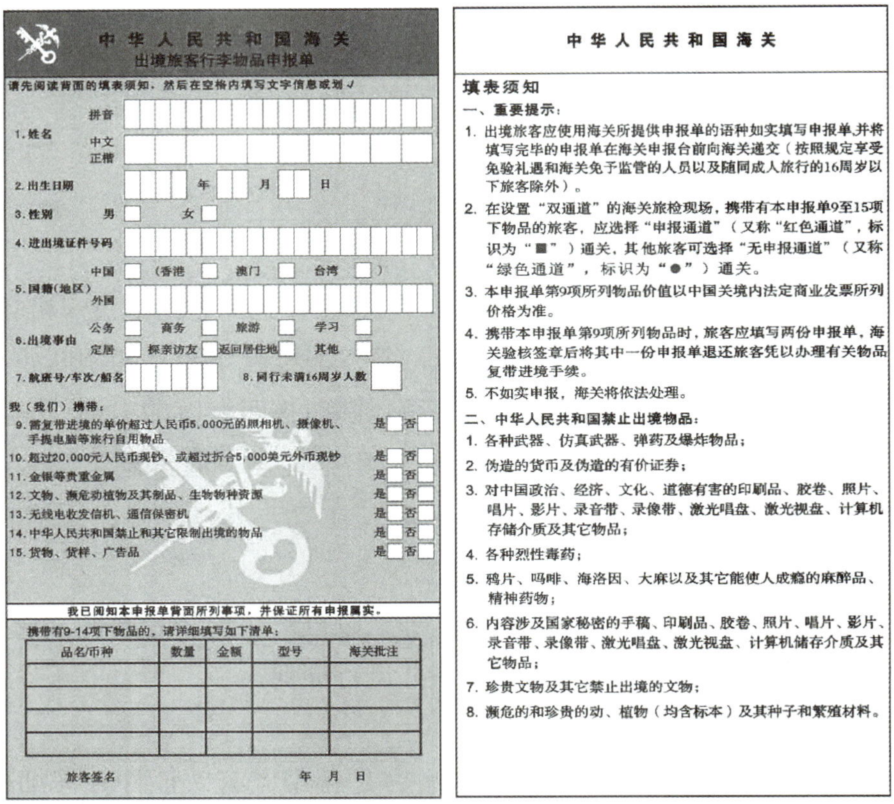

中华人民共和国海关
出境旅客行李物品申报单

请先阅读背面的填表须知，然后在空格内填写文字信息或划 √

1. 姓名　拼音　中文正楷
2. 出生日期　年　月　日
3. 性别　男　女
4. 进出境证件号码
5. 国籍（地区）　中国（香港　澳门　台湾）　外国
6. 出境事由　公务　商务　旅游　学习　定居　探亲访友　返回居住地　其他
7. 航班号/车次/船名
8. 同行未满16周岁人数

我（我们）携带：

9. 需复带进境的单价超过人民币5,000元的照相机、摄像机、手提电脑等旅行自用物品　是　否
10. 超过20,000元人民币现钞，或超过折合5,000美元外币现钞　是　否
11. 金银等贵重金属　是　否
12. 文物、濒危动植物及其制品、生物物种资源　是　否
13. 无线电收发信机、通信保密机　是　否
14. 中华人民共和国禁止和其它限制出境的物品　是　否
15. 货物、货样、广告品　是　否

我已阅知本申报单背面所列事项，并保证所有申报属实。

携带有9-14项下物品的，请详细填写如下清单：

品名/币种	数量	金额	型号	海关批注

旅客签名　　年　月　日

中华人民共和国海关

填表须知

一、重要提示：

1. 出境旅客应使用海关所提供申报单的语种如实填写申报单,并将填写完毕的申报单在海关申报台前向海关递交（按照规定享受免验礼遇和海关免于监管的人员以及随同成人旅行的16周岁以下旅客除外）。
2. 在设置“双通道”的海关旅检现场，携带有本申报单9至15项下物品的旅客，应选择“申报通道”（又称“红色通道”，标识为“■”）通关，其他旅客可选择“无申报通道”（又称“绿色通道”，标识为“●”）通关。
3. 本申报单第9项所列物品价值以中国关境内法定商业发票所列价格为准。
4. 携带本申报单第9项所列物品时，旅客应填写两份申报单，海关验核签章后将其中一份申报单退还旅客凭以办理有关物品复带进境手续。
5. 不如实申报，海关将依法处理。

二、中华人民共和国禁止出境物品：

1. 各种武器、仿真武器、弹药及爆炸物品；
2. 伪造的货币及伪造的有价证券；
3. 对中国政治、经济、文化、道德有害的印刷品、胶卷、照片、唱片、影片、录音带、录像带、激光唱盘、激光视盘、计算机存储介质及其它物品；
4. 各种烈性毒药；
5. 鸦片、吗啡、海洛因、大麻以及其它能使人成瘾的麻醉品、精神药物；
6. 内容涉及国家秘密的手稿、印刷品、胶卷、照片、唱片、影片、录音带、录像带、激光唱盘、激光视盘、计算机储存介质及其它物品；
7. 珍贵文物及其它禁止出境的文物；
8. 濒危的和珍贵的动、植物（均含标本）及其种子和繁殖材料。

图 4-4　中华人民共和国海关进出境旅客行李物品申报单

三、办理登机及行李托运手续

1. 告知游客航空公司关于行李的规定

在办理登机手续及行李托运手续之前，领队要告知全团游客航空公司免费托运行李、行李赔偿等有关规定。

2. 协助游客办理登机与行李托运手续

（1）集体办理登机手续。领队要收齐全团所有游客的护照、机票到航空公司值机柜台的“团队”专用柜台办理登机手续和行李托运手续。领队应要求游客配合将拟托运的行李在柜台前顺序排列，以方便托运清点。领队要逐一检查行李是否上锁、是否包装完好，并填挂好行李标签。领取到登机牌后，领队还要为全团游客分配机位。

（2）游客单独办理登机手续。有些航空公司因考虑行李查询方便等原因，可能会要求乘客必须单独办理托运行李和乘机手续。此时，领队要告诫游客注意事项，并带领全团游客来到航空公司值机柜台前由游客自己办理乘机手续，领队则在一旁协助。

3. 将过边检、登机所需物品发还给游客

集体办理乘机手续后，领队应将游客的证件、机票、登机牌等物品逐一发还给每一位游客。

四、通过卫生检疫

带领旅游者到卫生检疫柜台前，接受卫生检疫人员对黄皮书的查验。如有游客未办黄皮书，应在现场补办手续。

五、通过边防检查及登机前安检

1. 边防检查的步骤

（1）指导游客填写《边防检查出境登记卡》。为便利旅客出入境，增强中国公民的民族自豪感，提高口岸通行效率，公安部决定进一步简化中国公民出入境边防检查手续。从2007年10月1日起，包括内地公民、港澳台居民及华侨在内的所有中国公民，出境时一律免填《边防检查出境登记卡》（以下简称《登记卡》）。

（2）接受边防出境检查。游客需出示本人护照（内含有效签证）、机票、登机牌及《登记卡》接受检查。检查完毕后将《登记卡》留下，并在护照上加盖出入境验讫章，将护照、机票、登机牌交还旅客，边检手续完成。

2. 登机前的安全检查

安检之前领队应提前告知游客准备好登机牌、机票、护照交安全检查员查验。

六、飞行途中服务

飞行途中，领队应协助机组人员向旅游者提供必要的帮助和服务。主要工作有：

（1）如果游客要求调整座位，领队可以在旅游团成员之间或者同其他乘客协商解决。

（2）如果游客有特殊用餐要求，领队可以在空乘人员送上餐食之前将游客的要求转告。

（3）及时回答游客的问询；对于不懂外语的游客，领队可以提供必要的翻译服务。

（4）帮助游客填写目的地国家或地区的入境卡和海关申报单。

任务拓展

一、讨论分析：带团出境过安检受阻

十一黄金周期间，领队孟先生带一个“澳洲七日游”的旅游团一行 32 人，乘澳航班机从上海飞悉尼，在上海通过海关检查时受阻，原因是一位患风湿病的老人拿了七瓶医院熬制的液体中药，想随身携带上机。

老人急得要哭了：“我不想出门旅游，花钱太多，我女儿一定要我去澳大利亚，说那边风景好、人少、气候好，对我身体有好处。我有痛风病，临出发前，特地去医院看病，让医生开了七瓶中药，每天服一瓶，这样走路时膝关节就不会痛……”海关人员请老人出示医生处方或病历以及医院证明，老人均拿不出上述证明，无论怎样说都无效，老人由于着急，情绪失控哭喊着说花了 1 万多元一定要上机。最后，海关检查人员找到领队，让他帮助老人让机场包装行李服务处将其中六瓶中药用坚硬的材料包装好，再与办理托运行李柜台的工作人员商量，将托运的行李找出来，把包装好的中药打包在行李内，重新托运。老人随身携带一瓶中药上机。

（案例来自：黄恢月，仉向明．出境旅游领队工作案例解析［M］．北京：旅游教育出版社，2012.）

试分析：

（1）谁该对此事件负有主要责任？

（2）海关人员阻止老人随身携带液体中药的依据是什么？

（3）该事件中领队错在何处？

二、模拟实训：我国出境服务

实训内容包括：机场集合；办理海关申报；通过边检等相关手续。

把学生分组，每组选 3 人分别扮演领队、海关工作人员、边防检查人员，其余学生扮演游客。

可以通过书面测验和情景模拟来检测学生对知识和技能掌握的程度。

任务三　目的地国家（地区）入境服务

任务目标

到达旅游目的地国家（地区）后，领队要带领旅游团办理好卫生检疫、证件检查、海关检查等入境手续，与前来迎接的接待社导游会合。

任务描述

旅游团将于 8 月 1 日乘坐 CA925 航班由北京首都机场飞往东京，并于东京时间 13 : 55 抵达东京成田机场。作为领队，小李将带领自己的旅游团入日本国境，与当地接待社导游会合。

任务分析

对于首次出国旅游的学生们来说，第一次踏上他国领土，兴奋是难免的，忙中出错也是有可能的。因此在下飞机前，领队要提醒同学们检查随身携带的行李和物品，注意拿好护照和行李牌，依次下机。

任务实施

旅游团抵达目的地国家或地区机场后，要办理入境手续，其顺序大致与我国出境时检查顺序相反。

目的地国家（地区）入境服务程序如图 4–5 所示。

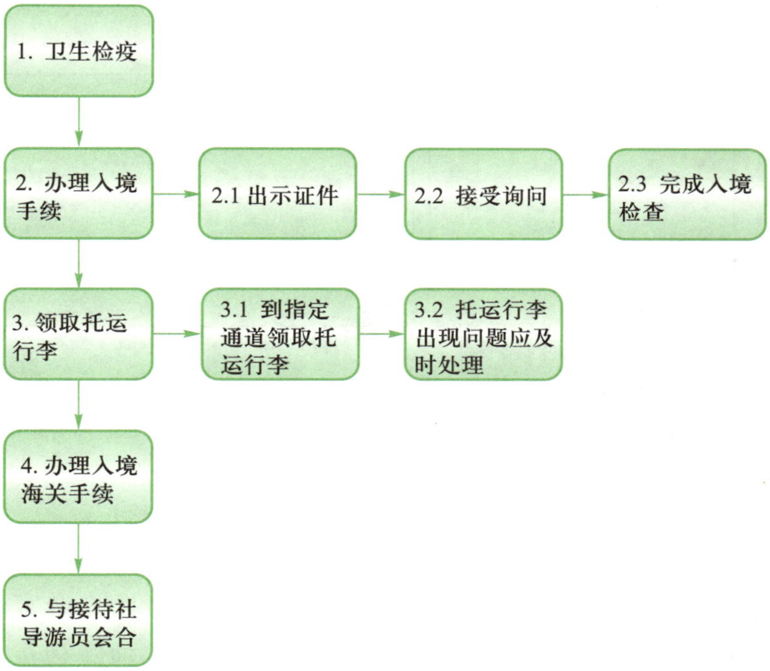

图 4–5　目的地国家（地区）入境服务程序

一、卫生检疫

每个国家的卫生检疫的形式都各有不同，有的需要查验黄皮书和健康申报单，有的不需要，只是对入境游客进行检视，发现患病游客时加以询问。

二、办理入境手续

许多国家的入出境是由其“移民局”把守，领队带领旅游团沿“移民入境（IMMIGRATION）”标志前行，即可找到入境检查柜台。领队要带领旅游团在有“外国人入境（FOREIGNER）”标志的任一通道前排队，提醒游客不能插队抢行，不能拍照，不要大声喧哗。

1. 出示证件

游客向入境检查人员交付护照、签证、机票、入境卡（参见图 4–6“日本入出境登记卡”）。有时入境检查官员要求领队出示当地旅行社的接待计划或行程表。如果旅游团所持的是团队签证，则需要听从入境边检站工作人员的指挥，到指定柜台办理。此时，领队应走在旅游团最前面，以便将团体签证交上，并准备回答入境检查官员的提问，做好入境手续的沟通解释工作，确保全团成员顺利入境。

“日本入出境登记卡”（图 4–6）中左边部分填写的是离境信息，会被入境检查官员撕下订在护照上，以便离开日本时查验。

如果是在公路上过境，领队应事先收齐全团证件，让游客坐在原位上，请移民局派人员上车检查，一般只核查人数，并不检查行李。

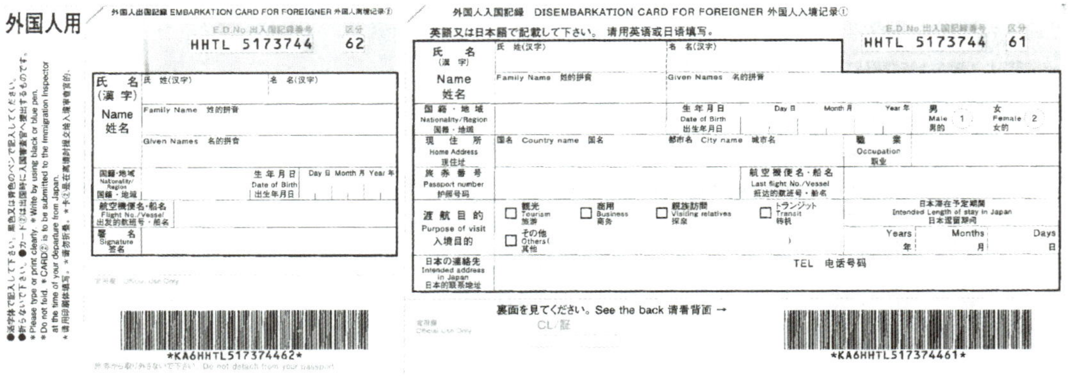
外国人用
外国人出国記録 EMBARKATION CARD FOR FOREIGNER 外国人离境记录②
HHTL 5173744 62
氏名（漢字） 氏 姓(汉字) 名 名(汉字)
Name 姓名 Family Name 姓的拼音 Given Names 名的拼音
国籍·地域 Nationality/Region 国籍·地域
生年月日 Date of Birth 出生年月日 Day 日 Month 月 Year 年
航空機便名·船名 Flight No./Vessel 出发的航班号·船名
署名 Signature 签名
●活字体で記入して下さい。黒色又は青色のペンで記入してください。
●折らないで下さい。●カード②は出国時に入国審査官へ提出するものです。
＊Please type or print clearly. ＊Write by using black or blue pen.
＊Do not fold. ＊CARD② is to be submitted to the Immigration Inspector at the time of your departure from Japan.
＊请用印刷体填写。＊请勿折叠。＊卡②是在离境时提交给入境审查官的。
＊KA6HHTL517374462＊

外国人入国記録 DISEMBARKATION CARD FOR FOREIGNER 外国人入境记录①
英語又は日本語で記載して下さい。请用英语或日语填写。
HHTL 5173744 61
氏名（漢字） 氏 姓(汉字) 名 名(汉字)
Name 姓名 Family Name 姓的拼音 Given Names 名的拼音
国籍·地域 Nationality/Region 国籍·地域
生年月日 Date of Birth 出生年月日 Day 日 Month 月 Year 年
男 Male 男的 1 女 Female 女的 2
現住所 Home Address 现住址 国名 Country name 国名 都市名 City name 城市名
職業 Occupation 职业
旅券番号 Passport number 护照号码
航空機便名·船名 Last flight No./Vessel 抵达的航班号·船名
渡航目的 Purpose of visit 入境目的 観光 Tourism 旅游 商用 Business 商务 親族訪問 Visiting relatives 探亲 トランジット Transit 转机 その他 Others（ ） 其他
日本滞在予定期間 Intended Length of stay in Japan 日本逗留期间 Years 年 Months 月 Days 日
日本の連絡先 Intended address in Japan 日本的联系地址 TEL 电话号码
裏面を見てください。See the back 请看背面 →
CL/証
＊KA6HHTL517374461＊

图 4-6　日本入出境登记卡

2. 接受询问

入境检查官员可能会就入境的原因进行简单询问。领队及游客面对询问不必紧张，要从容回答。如说不清楚，可将当地负责接待的旅行社的总经理姓名及电话告之。

3. 完成入境检查

入境检查官员经审验无误，在护照上加盖入境章，并将护照、机票退还。至此，领队及游客即通过入境关，正式进入旅游目的地国家（地区）。

三、领取托运行李

1. 到指定通道领取托运行李

过移民局边检后，领队要带领游客到航空公司的托运行李领取处认领自己的行李。从机场行李区的电子指示牌上可以找到旅游团所乘航班的行李通道位置。领队应确认自己及每位游客都拿到了托运的行李后，才可以带领游客一起去办理入境海关手续。

2. 托运行李出现问题应及时处理

如果托运行李遗失或损坏，要立即持行李牌与机场行李部门进行交涉。若确认丢失，需填写行李报失单，交航空公司解决。领队应记下机场服务人员的姓名及联系电话，以备日后查询。如果行李被摔坏，领队要协助游客请机场行李部门或航空公司代表开具书面证明，证明损坏或遗失是航空公司的原因引起，以便日后向保险公司索赔。

行李领出清点无误后，带领旅游团前往海关处通关。

四、办理入境海关手续

通常游客在办完入境边检手续、提取行李后，才能进入海关检查区域。海关检查一般为例行检查，领队带领游客经过海关时，把申报单（参见图 4-7“日本海关申报单”）交付海关人员后，即可直接走出。海关工作人员权力较大，可以直接对当事人进行验身检查。领队应告诫游客，如海关人员进行抽查，应当服从配合检查而不要与其争执。

当所有游客通关后，领队应立即收取他们的护照，统一保管。

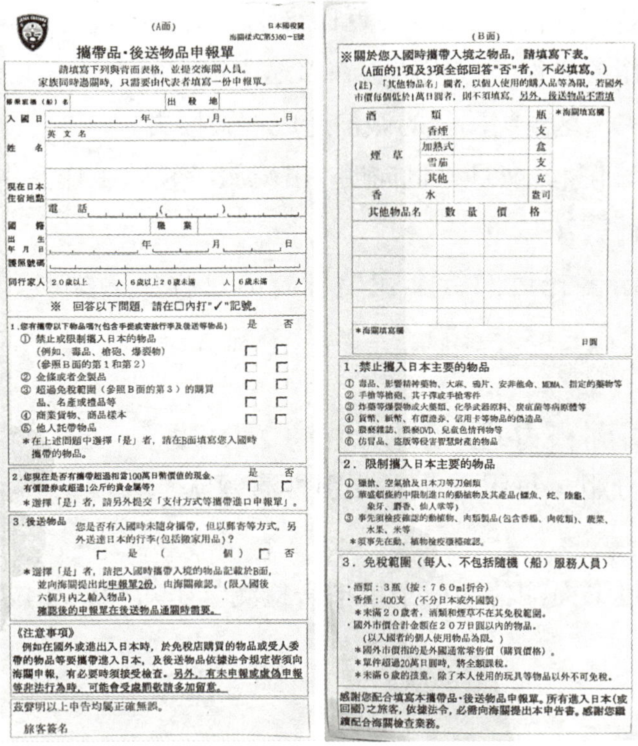
(A面)

日本國稅關
海關様式C第5360-E號

攜帶品·後送物品申報單

請填寫下列與背面表格，並提交海關人員。
家族同時通關時，只需要由代表者填寫一份申報單。

搭乘班機（船）名　　出發地
入國日　　年　　月　　日
姓名　英文名
現在日本住宿地點
電話　（　　）
國籍　　職業
出生年月日　　年　　月　　日
護照號碼
同行家人　20歲以上　人　6歲以上20歲未滿　人　6歲未滿　人

※ 回答以下問題，請在□內打"✓"記號。

1. 您有攜帶以下物品嗎?(包含手提或寄放行李及後送等物品)　是　否
① 禁止或限制攜入日本的物品
(例如、毒品、槍砲、爆裂物)
(參照B面的第1和第2)
② 金條或者金製品
③ 超過免稅範圍（參照B面的第3）的購買品、名產或禮品等
④ 商業貨物、商品樣本
⑤ 他人託帶物品
*在上述問題中選擇「是」者，請在B面填寫您入國時攜帶的物品。

2. 您現在是否有攜帶超過相當100萬日幣價值的現金、有價證券或超過1公斤的貴金屬等?　是　否
*選擇「是」者，請另外提交「支付方式等攜帶進口申報單」。

3. 後送物品　您是否有入國時未隨身攜帶，但以郵寄等方式，另外送達日本的行李(包括搬家用品)?
□ 是（　　個）□ 否
*選擇「是」者，請把入國時攜帶入境的物品記載於B面，並向海關提出此申報單2份，由海關確認。(限入國後六個月內之輸入物品)
確認後的申報單在後送物品通關時需要。

《注意事項》
例如在國外或進出入日本時，於免稅店購買的物品或受人委帶的物品等要攜帶進入日本，及後送物品依據法令規定皆須向海關申報，有必要時須接受檢查。另外，有未申報或虛偽申報等非法行為時，可能會受處罰敬請多加留意。

茲聲明以上申告均屬正確無誤。
旅客簽名

(B面)

※關於您入國時攜帶入境之物品，請填寫下表。
(A面的1項及3項全部回答"否"者，不必填寫。)
(註)「其他物品名」欄者，以個人使用的購入品等為限，若國外市價每個低於1萬日圓者，則不須填寫。另外，後送物品不需填

酒類			瓶	*海關填寫欄
煙草	香煙		支	
	加熱式		盒	
	雪茄		支	
	其他		克	
香水			盎司	

其他物品名	數量	價格

*海關填寫欄
日圓

1. 禁止攜入日本主要的物品
① 毒品、影響精神藥物、大麻、鴉片、安非他命、MDMA、指定的藥物等
② 手槍等槍砲、其子彈或手槍零件
③ 炸藥等爆裂物或火藥類、化學武器原料、炭疽菌等病原體等
④ 貨幣、紙幣、有價證券、信用卡等物品的偽造品
⑤ 猥褻雜誌、猥褻DVD、兒童色情刊物等
⑥ 仿冒品、盜版等侵害智慧財產的物品

2. 限制攜入日本主要的物品
① 獵槍、空氣槍及日本刀等刀劍類
② 華盛頓條約中限制進口的動植物及其產品(鱷魚、蛇、陸龜、象牙、麝香、仙人掌等)
③ 事先須檢疫確認的動植物、肉類製品(包含香腸、肉乾類)、蔬菜、水果、米等
*須事先在動、植物檢疫櫃檯確認。

3. 免稅範圍（每人、不包括隨機（船）服務人員）
· 酒類：3瓶（按：760ml折合）
· 香煙：400支（不分日本或外國製）
*未滿20歲者，酒類和煙草不在其免稅範圍。
· 國外市價合計金額在20万日圓以內的物品。
(以入國者的個人使用物品為限。)
*國外市價指的是外國通常零售價（購買價格）。
*單件超過20萬日圓時，將全額課稅。
*未滿6歲的孩童，除了本人使用的玩具等物品以外不可免稅。

感謝您配合填寫本攜帶品·後送物品申報單。所有進入日本(或回國)之旅客，依據法令，必需向海關提出本申告書。感謝您繼續配合海關檢查業務。

图 4-7　日本海关申报单

五、与接待社导游员会合

领队小李带领自己的团队顺利办完上面的各项手续后，就举起了领队旗，带领全体游客来到机场出口，与前来迎接的导游员会合。与当地的导游员见面后，小李立即与其交换了名片，确认了手机电话并将对方的手机号码保存，随后进行了简短的工作交流。

领队与地接导游员的交流内容应包括：告知对方旅游团人数是否有变化，问清是否直接去下榻饭店及机场与下榻饭店的距离与行驶时间，与地接导游员约定时间商讨旅游团游览日程和游览项目。

在走出机场、上车前，小李清点了人数，并请所有游客清点自己的托运行李和随身行李。

任务拓展

一、讨论分析：游客托运的行李丢失了

领队黄先生带团前往欧洲，第一站抵达奥地利首都维也纳时，发现一位游客的行李丢失。在机场工作人员指引下，该领队带领游客找到“LOST AND FOUND”（行李遗失服务处），由于相关业务不熟悉，不知道如何与工作人员联系（正确的方法是先打指定的电话号码致电报失，然后进入行李遗失服务处与工作人员联系办理手续），浪费了很长时间。在与工作人员取得联系后，又因为语言障碍造成双方沟通困难，将应当当场填写的行李报失表格带回了饭店。因为欧洲行程安排紧凑，待他 10 天后返回维也纳机场出境时再与机场交涉，为时已晚。由于领队工作的失误，造成游客在旅途中极大的不便，此事在回国后经过数月交涉才得以解决，这对组团社的诚信造成很大损失。

（案例来自：黄恢月，仉向明．出境旅游领队工作案例解析［M］．北京：旅游教育出版社，2012.）

请问，游客托运的行李在出境游的过程中丢失时，正确的报失程序是怎样的？

二、模拟实训：办理他国入境海关手续

把学生分组，每组选 2 人分别扮演领队、入境国海关工作人员，其余学生扮演游客。

可以通过书面测验和情景模拟来检测学生对知识和技能掌握的程度。

任务四　境外服务

任务目标

领队在境外带团期间所要进行的主要工作包括：与当地导游员密切配合；安排团队入住宾馆；带领团队游览观光；协同导游员安排用餐；带领团队完成购物；带领团队观看演出；带领团队城市间转移；完成团队工作记录；完成回程机票确认；完成其他计划内容。

任务描述

领队小李带领旅游团于8月1日下午抵达东京，即将开始在日本的旅游活动。在日本旅游活动期间，小李将努力做好境外陪同服务。

任务分析

为确保旅游计划的实施和完成，领队要尽力配合当地导游员的工作；要始终维护游客的权益，关心游客；要监督和配合当地的全陪、地陪全面落实旅游合同；要做好当地接待旅行社的联络和沟通工作。

任务实施

领队境外服务程序如图4–8所示。

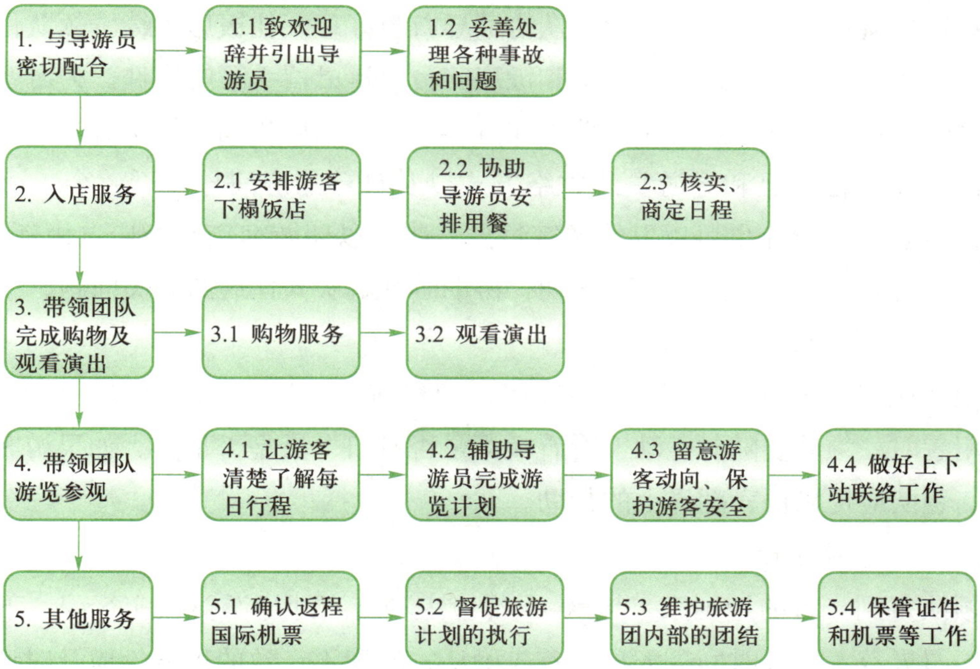

图4–8　领队境外服务程序

一、与导游员密切配合

领队作为客源国组团社的代表和旅游团的代言人，要维护游客的合法权益，协助和监督目的地国家（地区）接待社履行旅游计划，积极协助当地导游员，为游客提供必要的帮助和服务。

1. 致欢迎辞并引出导游员

在带领旅游团离开机场上车前，领队小李再次清点了旅游团人数和行李，并照顾其上车。待全体游客登上旅游车后，小李开始致欢迎辞，并向全体游客介绍当地导游员。领队的欢迎辞大致应包括以下四项内容：

（1）代表组团社感谢游客参加旅游团。

（2）对游客经历漫长的旅程顺利抵达目的地表示祝贺，并预祝在当地的旅行顺利愉快。

（3）表达领队本人愿为游客提供良好服务的真诚愿望。

（4）向游客介绍当地导游员。

2. 妥善处理各种事故与问题

在境外游览活动期间，一旦发生事故，无论责任在哪一方，领队都应先取得当地导游员和接待社的帮助，及时、妥善地处理事故和问题，力求使损失和影响减少到最低程度。

二、入店服务

1. 安排游客下榻饭店

在境外游览期间，通常是由领队协助导游员办理入住饭店手续。领队根据分房名单填写房号并复印两份，复印件交导游员和饭店前台，自己留手写的原件。为游客安排房间，提醒游客房间内付费内容以及支付小费等注意事项。领队要告知全体游客次日的叫早、早餐、出发时间，还应把自己和导游员的联络方式以及自己的房间号告诉游客，让游客心里感到踏实。饭店前台的卡片也可以发给游客每人一张，以便游客离开饭店自由活动后能安全返回。领队还要检查行李是否进入客人房间，协助游客解决入住后的有关问题。

2. 协助导游员安排用餐

领队应与导游员一起照顾游客用餐。用餐前，领队要将国外的一些用餐规矩告诉游客。游客用餐时，领队要随时走动，看看饭菜是否可口、量是否足够。如果游客要购买啤酒、饮料等，领队应提供语言翻译上的帮助。

3. 核实、商定日程

领队每到一目的地国家（地区），都应主动与当地导游员核实行程。下榻饭店、游览景点、停留天数、离开时间等大项应首先确认，发现不一致的地方，应及时请导游员与接待社联系，取得一致意见；若有必要，应报组团社，请求帮助协调。对行程表所涉及的住宿、用餐、购物、观看演出等诸多细节也要一一进行沟通。

导游员有时会对行程提出修改意见，领队应坚持“调整顺序可以，减少项目不行”的原则，必要时要报告国内组团社。当导游员推荐自费项目时，不能超过接待计划或行程所列自费项目，并要征求全体游客的意见，以游客自愿参加为原则。对游客强烈要求的项目，要努力争取，予以满足，若一时难以满足，应耐心做好沟通、解释工作。

三、带领团队完成购物及观看演出

1. 购物服务

在境外遇有购物项目时，领队既要配合当地接待社和导游员，又要维护游客的利益。

（1）领队要时时将为游客提供购物的帮助放在首位，不能只顾自己购物而疏忽了团内游客，更不能和导游员、商店串通一气坑害游客。

（2）领队要将旅游目的地国家（地区）的退税规定，提前向游客介绍。游客购物时，要提醒游客索要发票。

（3）游客购物时，领队要提醒游客注意商品的质量与价格，谨防上当。

（4）若当地导游员安排购物次数过多、时间过长，领队要及时交涉。

2. 观看演出

在旅游团观看演出期间，领队和导游员应当自始至终坚守岗位。在观看节目前，领队应将有关演出时的限制事宜先告知游客，如禁止拍照、摄像、吃零食、喝饮料等。一些正规的芭蕾舞、歌剧等演出，还会对观众的服装有要求，领队及导游员也应提前告诉游客。

四、带领团队游览参观

1. 让游客清楚了解每日行程

每到一地，领队及导游员就应将本地的行程计划告诉全团游客。如果由于交通、天气等原因而对行程进行调整，领队在与导游员磋商后，要将调整后的日程及时通告全体游客。

每日上车后，领队和导游员的第一个任务就是把当日行程告知游客，并且要多次提及。当天游览任务结束时，领队或导游员要将次日的全部行程、出发时间和注意事项等提前告诉游客。

2. 辅助导游员完成游览计划

旅游团行进途中的导游和景点导游讲解是当地导游员最主要的工作，领队一是要监督其完成这项工作，二是要在导游员的导游讲解过程中给予必要的辅助。

3. 留意游客动向、保护游客安全

每到一景点时，领队及导游员应告诉游客在该景点停留的时间、参观游览结束后集合的时间和地点以及注意事项。领队要随时清点人数，以防游客走失；还要留意周围的环境和游客的动向，保护游客安全。一般来说，领队应走在团队的最后面，与导游员形成首尾呼应之势。

4. 做好上下站联络工作

当旅游团行程计划有变更时，领队一定要提前与下一站的地接社联系，告知变更情况。

五、其他服务

1. 确认返程国际机票

按照国际惯例，对于往返和联程机票，如果在某地停留时间超过 72 小时，无论是否已定妥后续航班机位，游客都需要提前至少 72 小时在该地办理后续航班的机位再确认手续。领队在境外旅游期间，可以自己打电话给航空公司办理确认，也可以请导游员或境外接待社代为办理确认。

2. 督促旅游计划的执行

督促旅游计划的执行是领队的主要任务。领队要时刻不忘自己是中国组团旅行社派出的代表，有权力对境外的旅行社执行接待计划的情况和接待质量进行监督。一旦发现当地导游员没有按计划安排游览项目，或提供与旅游协议规定质量不相符的服务，领队应立即向其指出，督促其改进，也可与当地接待社交涉，必要时可报告国内组团社。

另外，领队也是游客的代表，可以代表游客对境外旅行社或导游员提出合理要求，并要时时处处维护游客的合法权益。

3. 维护旅游团内部的团结

领队应认真履行工作职责，维护旅游团内部的团结，协调游客之间的关系，妥善处理各种矛盾。与接待社导游员也要团结协作，使旅游计划顺利进行。

4. 保管证件和机票等工作

在境外期间，领队要做好旅游团集体签证、团员护照、机票、各国入境卡、海关申报单等的保管工作。

任务拓展

一、讨论分析：境外导游员强制游客参加自费旅游项目

某具有出境游资格的国际旅行社打出广告，声称以“低廉的价格，优质的服务”为游客提供旅游产品。某公司为了激励员工，决定组织一次境外旅游活动。经过与该旅行社的洽谈和协商，该公司决定全额支付旅游费用，并按照旅行社的要求，为每一位员工支付了 800 元的境外自费项目，同时书面约定，所有参团员工不需要在境外支付其他任何费用，除非他们主动提出参加某些项目。组织的旅游团到达境外后，境外导游员给游客一份自费项目目录和价格，供每一位游客选择，境外导游员同时规定，每一位游客交纳自费项目费用 1 600 元，

否则不再提供服务。在整个过程中，领队一言不发。由于身处异地，游客被迫按照境外导游员的要求，每人支付了 1 600 元的自费项目费用。回国后，游客向组团社提出返还 1 600 元的要求，但遭到拒绝，后又向旅游管理部门投诉。

（案例来自：叶华胜 . 导游业务［M］. 北京：人民邮电出版社，2010.）

针对上述案例，请同学分析讨论：

（1）案例中的领队错在何处？

（2）旅游管理部门应当如何处罚该国际旅行社和领队？

（3）游客已经交纳的 1 600 元自费项目费用是否应当返还？为什么？

二、讨论分析：带新、马、泰团的注意事项

领队小张带团去新、马、泰旅游，考虑到这些目的地的特殊性，为减少带团工作中不必要的麻烦，领队小张应告诉游客：

（1）进出上述海关时应注意哪些问题？

（2）游客在海外购物时应注意什么？

（3）在境外怎样树立防盗防抢意识？

三、模拟实训：致欢迎辞并引出导游员

模拟领队带领旅游团走出旅游目的国机场出口时与当地导游员会面的场景。将学生分组，每组选 2 人分别扮演领队、导游员，其余学生扮演游客。

可以通过书面测验和情景模拟来检测学生对知识和技能掌握的程度。

任务五　目的地国家（地区）出境服务

任务目标

在境外某一国家（地区）的游程结束后，领队要带领全团游客办理旅游目的地国家（地区）的离境手续。

任务描述

旅游团将于 8 月 6 日乘坐 CA926 航班从东京返回北京。预计东京起飞时间 15：15，于北京时间 18：40 降落于北京首都国际机场。

任务分析

领队带领旅游团离开某一国家（地区）时，一般是先办登机手续，再过边检、海关。

目的地国家（地区）出境服务程序如图 4–9 所示。

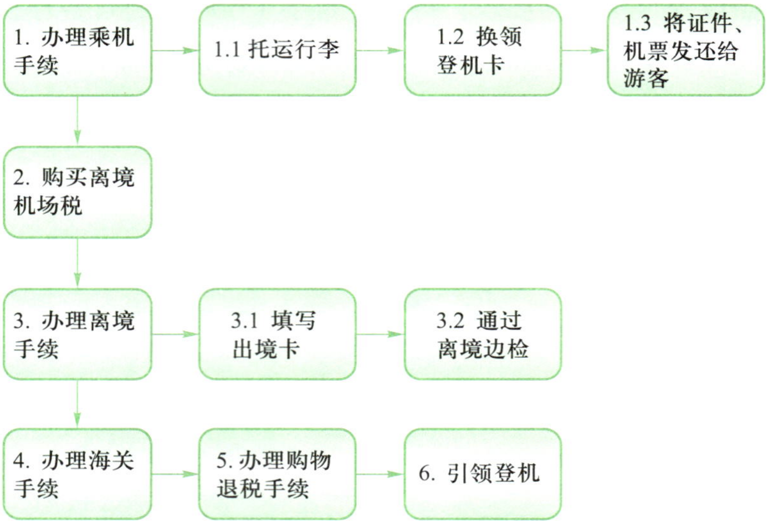

图 4–9　目的地国家（地区）出境服务程序

一、办理乘机手续

在境外各国（地区）机场办理乘机手续，与出中国国境时在国内的航空公司柜台办理手续基本一致。一般来说，境外接待社的导游员应当负责帮助所接待的旅游团办理出境乘机手续。

1. 托运行李

领队要带领游客先通过行李安全检查，再在航空公司值机柜台前办理行李托运手续。

2. 换领登机卡

领队要主动报告全团乘机人数，交付全部的护照和机票。办完乘机手续，要当面点清护照、机票、登机卡、行李牌。

3. 将证件、机票发还给游客

领队要向游客介绍下一步要办的离境手续，并将护照、机票、登机卡逐项发还给游客。

二、购买离境机场税

通常国外机场收取的机场税，在购买机票时会一起付清，但有些国家的国际机场需要在乘机前现场购买，领队在出团前就要对机场税的购买情况有所了解。如果需要在现场购买机场税，一般情况下是由境外接待社负责支付机场税，由接待社的导游员代为购买，领队要督促导游员将机场税凭据发给游客。

三、办理离境手续

1. 填写出境卡

许多国家的出境卡与入境卡印刷在一张纸上，游客在入境时就已经填写完成。如果游客不慎将夹在护照中的出境卡丢失，就需要再补填一张。领队在入境时就要提醒游客最好不要丢失出境卡，因为在有些国家（如新加坡）一旦丢失出境卡，后果会很严重。

另外，持另纸团队签证的旅游团，在离开他国国境时，通常不需要填写出境卡。

2. 通过离境边检

在进入离境边检区域前，领队要带领全团游客与当地导游员道别，并要代表大家向导游员道谢。

进入边检区域后，领队要带领游客在出境检查柜台前排队，依次办理出境手续。游客向边检官员交上护照、机票、登机卡后，站立等候查验。如查验无误，边检官员将在护照上盖离境印章，或在签证上盖“USED”（已使用）的印章，然后将所有物品交还游客，离境手续即告完成。

四、办理海关手续

通过海关前，领队应当向游客说明海关的规定以及海关申报的利害关系，要求游客主动向海关申报限制携带出境的物品。领队应帮助游客填写海关申报单并协助游客与海关人员进行交涉。

无申报物品的游客，无须填写海关申报单，径直走过海关柜台即可。但多数国家的机场海关，会以抽查的方式进行检查，如发现游客携带了限制出境的物品而没有申报，则会加以处罚。

五、办理购物退税手续

许多国家或地区都有对游客购物实行退税的规定。到底是先办理乘机手续还是先办理海关退税手续，在各个离境机场的规定都不尽相同，领队可先向机场查询并告知游客。领队还必须掌握各国的退税规定和操作方式，以便为游客提供帮助。

通常办理是：带领办理购物退税的游客到海关退税处出示申请退税的商品和发票，待海关人员在免税购物支票上盖章后，再持该支票到离境处的退税柜台取回退还的美元。

六、引领登机

领队应注意收听机场的广播，或向机场内的咨询台询问，或从电脑大屏幕上查询所搭乘航班的登机闸口或登机时间是否改变，在确认后要将闸口及登机时间告诉游客，并提醒游客切勿因逛免税商店而误了登机时间。为了避免出现误机事件发生，领队要提前赶到登机闸口，清点人数，尽快与未能及时赶到的游客联系。

任务拓展

一、讨论分析：他为什么在机场被警察带走

某旅行社赴新、马、泰三国 10 日游。行程中乘坐国泰航空公司的航班，由新加坡飞中国香港，再由香港转机回内地某城市。在香港转机过安检时，经 X 光检查，旅行团中的一位刘先生随身携带的旅行包中有两件飞机上的救生衣。安检官员问他："你的旅行包里有什么东西？"刘先生摇摇头说："没什么东西，是自己穿的衣服。"安检官员责令他将旅行包打开，将身上的物件全部拿出来……检查的结果是，旅行包里除了有两件鲜艳的救生衣外，还有一些飞机上用的非一次性餐具、刀子、叉子以及乘客喝热饮料用的玻璃杯。安检官员立即将刘先生扣留并报警。两分钟不到，来了两名警察将他带走。当该团领队王小姐询问安检官员，这位刘先生是否还能随团上机时，得到的回答是："这位乘客违反了法律，先拘留再经相关法院审判后才有结果。"

（案例来自：黄恢月，仉向明．出境旅游领队工作案例解析［M］．北京：旅游教育出版社，2012.）

试问：

（1）游客刘先生错在何处？

（2）组团社和领队是否也负有责任？

（3）这件事给我们的教训是什么？

二、模拟实训：目的地国家（地区）出境服务

实训内容包括：提醒工作；协助退房和运送行李；致欢送辞；送站相关手续的办理。

准备好道具：旅游车（学校的校车）、车载话筒、学校实习宾馆大堂、模拟的机场安检及行李托运窗口；将学生分组，每组选 4 人分别扮演地陪、全陪、领队、行李员，其余学生扮演游客。

可以通过书面测验和情景模拟来检测学生对知识和技能掌握的程度。

任务六　归国入境服务

任务目标

旅游团所乘飞机抵达中国境内机场时，领队需带领旅游团办理入境手续，包括：接受检验检疫、接受入境边防检查、领取托运行李、接受海关检查。

任务描述

旅游团将于 8 月 6 日乘坐 CA926 航班从东京返回北京。预计于北京时间 18∶40 降落于北京首都国际机场。

任务分析

经过六天的旅行生活，同学们安全回到祖国，一边是舟车劳顿的疲乏，一边是马上要回到亲人身旁的期待。此时领队更应关注每一位游客的状况，提醒他们注意安全，检查随身携带行李、物品和证件，按照次序下飞机。

任务实施

领队归国入境服务包括如下程序：

一、接受检验检疫

和出境程序基本相同，在“中国检验检疫”柜台前交验健康申明卡。如无意外，即可通过检验检疫。

二、接受入境边防检查

下飞机后，领队要带领游客在边检柜台前排队，接受边防检查站的入境检查。游客将护照交入境检查员，入境检查员核准后在护照上加盖入境验讫章，退还护照，完成入境边检手续。

由于本团当初是持“中国公民出国旅游团队名单表”和另纸团体签证出境的，领队小李则带领旅游团通过团队通道，游客按“名单表”中的顺序排队办理入境手续。

注：为便利旅客出入境，增强中国公民的民族自豪感，提高口岸通行效率，公安部决定进一步简化中国公民出入境边防检查手续。从 2007 年 1 月 1 日起，包括内地公民、港澳台居民及华侨在内的所有中国公民，入境时一律免填边防检查入境登记卡。

三、领取托运行李

领队及游客可按行李大厅的电子指示牌标志，在行李转盘上找到自己的托运行李。如果有游客发现托运的行李遗失，领队要协助游客与机场行李值班室进行联系、登记。通常在查找 21 天后仍无下落的话，就应当由所搭乘的航空公司负责赔偿。

四、接受海关检查

领队要事先向游客说明我国海关禁止携带入境的物品和允许入境但需要

申报检疫的物品。

如果游客有需要申报的物品，应在入境飞机上就填写好海关申报单。对没有物品需要申报的游客，无须填写海关申报单，可直接携带行李到海关柜台前接受检查。

出境时游客经过申报的旅行自用物品，如照相机、摄像机、个人电脑等，游客复带入境应出示出境时填写的申报单。

五、告别

团队抵达指定的分散地点后，领队要致欢送辞，并以各种方式与游客告别。

任务拓展

一、讨论分析

某公司经理去南非考察旅游，乘坐航班由约翰内斯堡出发经香港转机抵达上海虹桥国际机场。入境时，未向海关申报任何物品，直接选走绿色通道。机场海关在对其行李进行检查时，发现在其随身携带的拉杆行李箱中有象牙 1 根、象牙手镯 3 只、象牙印章 9 枚、白腿大羚羊角 2 对。

请问：该游客能否携带这些物品入境？从该案例中我们能得到哪些警示？

二、模拟实训

根据课堂相关内容，将学生分成小组，分角色扮演游客、领队、海关检查人员、卫生检疫检查人员、机场工作人员、边防检查人员，针对领队的入中国国境服务进行模拟训练。

针对学生在每个模拟训练环节中的完成情况，可以采取教师评价、小组同学互评、全班同学评价等形式，指导学生们灵活运用理论知识分析问题、解决问题，避免在实践工作环节中出现疏漏。

任务七　后续工作

任务目标

出境领队在送走旅游团后，应妥善处理好旅游团的遗留问题，进行工作总结并做好相关的后续工作。

任务描述

小李将参加“东京—北海道温泉美食六日游”的旅游团送走之后，稍事休息，就开始了带团的后续工作。

任务分析

带游客回国并不意味着出境领队的工作就此全部结束，其还应当做好入境后的后续工作，包括：和计调交接工作、汇报和处理遗留问题、报账和归还所借物品、与游客保持联络等。

任务实施

领队后续工作程序如图 4–10 所示。

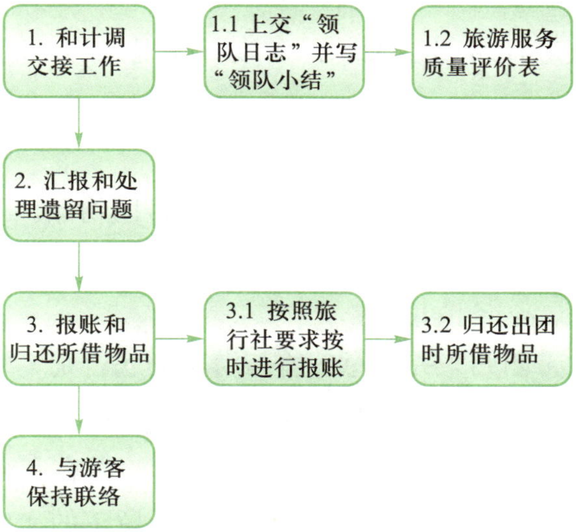

图 4–10　领队后续工作程序

一、和计调交接工作

1. 上交“领队日志”并写“领队小结”

领队要按照要求坚持每日填写“领队日志”，记载团队从出发到归来的每天主要情况。日志内容包括：住宿、用餐、游览、导游、当日交通工具的运用等。“领队日志”是团队运行的原始记录，领队应将其交给计调并归入该团的档案中。

领队在送走团队后，还要写“领队小结”，内容包括：

（1）团队名称、人数、行程，游客对本次旅游活动的反映和意见。

（2）游客下次旅游的意向。

（3）带团的得失等。

2. 旅游服务质量评价表

“旅游服务质量评价表”通常是在出团说明会上发给游客，领队在旅程中回收后应带回给计调。“旅游服务质量评价表”集中了游客对旅行社提供的境外旅游、食宿、导游等多项服务的评价意见，有助于旅行社改进工作。

二、汇报和处理遗留问题

带团结束后，领队要将游客有价值的提议、重大事情的处理过程以及尚待解决的问题，整理后向旅行社汇报。领队要在旅行社领导的指导下，认真办理游客的委托事宜，做好事故的善后处理工作，帮助游客向有关保险公司索赔等。领队还要协助旅行社处理可能出现的投诉问题。

三、报账和归还所借物品

1. 按照旅行社要求按时进行报账

领队应在带团结束后，在旅行社规定的时间内及时到旅行社财务部门进行报账。

2. 归还出团时所借物品

领队要尽早交还出团时所借出的带团物品。

四、与游客保持联络

领队带团归来并不意味着与游客彻底告别，要将游客作为旅行社的人脉资源加以重视，争取将一次性游客变成“回头客”。领队可以通过打电话、发短信或者通过 E-mail 以及 QQ、微信等沟通工具与游客交流感受、表达问候并感谢游客参加了旅游团，加深游客对领队及旅行社留下的良好印象，提高游客选择本旅行社其他旅游项目的可能性。

任务拓展

一、模拟实训

根据课堂相关内容，将学生分成小组，分别扮演游客、领队、旅行社计调、旅行社领导、旅行社财务人员，针对领队的后续工作进行模拟训练。

针对学生在每个模拟训练环节中的完成情况，可以采取教师评价、小组同学互评、全班同学评价等形式，指导学生们灵活运用理论知识分析问题、解决问题，避免在实践工作环节中出现疏漏。

二、实地考察

教师带领学生去当地一家旅行社实地考察，考察内容包括：“领队日志”和“领队小结”的填写和管理、旅行社财务报销流程、旅行社旅游产品售后服务情况等。

项目五　散客导游服务

项目导读

散客旅游是指由旅游者自行安排旅游行程，零星现付各项旅游费用的一种旅游形式。一般分为全自助和半自助两种。散客可以不委托旅行社，自定食宿、行程，也可以由旅行社提供一定的旅游服务，如订房、订票，直至全委托。散客旅游体现了游客个性化消费的倾向。

散客导游服务是旅行社在接受了散客或小包价旅游团某方面的委托，派遣导游员为其提供的导游服务。散客导游服务与团队旅游在接待工作和接待程序上有许多相似的地方，但也有不同之处。导游员要掌握散客服务的特点，有针对性地提供导游服务。

散客导游服务程序如图 5-1 所示。

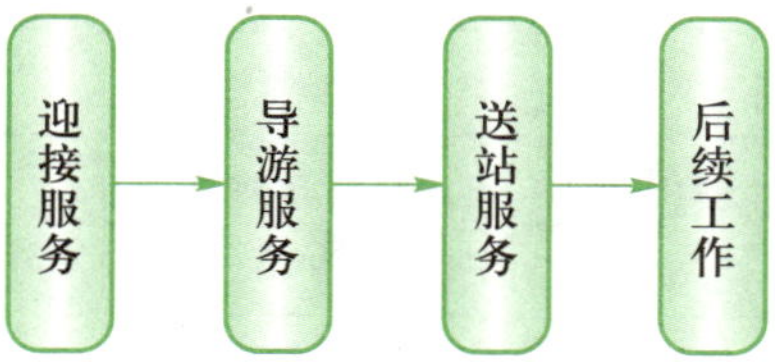

图 5-1　散客导游服务程序

任务导入

某旅行社推出“中秋节农家采摘”一日游，报名踊跃。旅行社总经理把 34 位散客交给了导游员小王来接待。

任务一　迎接服务

任务目标

迎接服务是散客到达旅游目的地之前向旅行社办理的单项委托服务，导游员的主要任务是按散客委托要求将其从交通港口接送到游客预订的饭店。迎接服务包括服务准备、接站服务、入住饭店服务以及相关后续工作。

任务描述

导游员小王拿到接待计划后，仔细查看了一下游客信息，发现这个团的客人来自各行各业，干什么的都有。

由于散客旅游团队成分复杂、矛盾较多，对接团导游能力要求很高，导游员所承受的困难和压力也很大。因此，做好散客团队导游工作，是对导游人员专业能力的严峻考验。

任务分析

任务实施

散客迎接服务程序如图 5-2 所示。

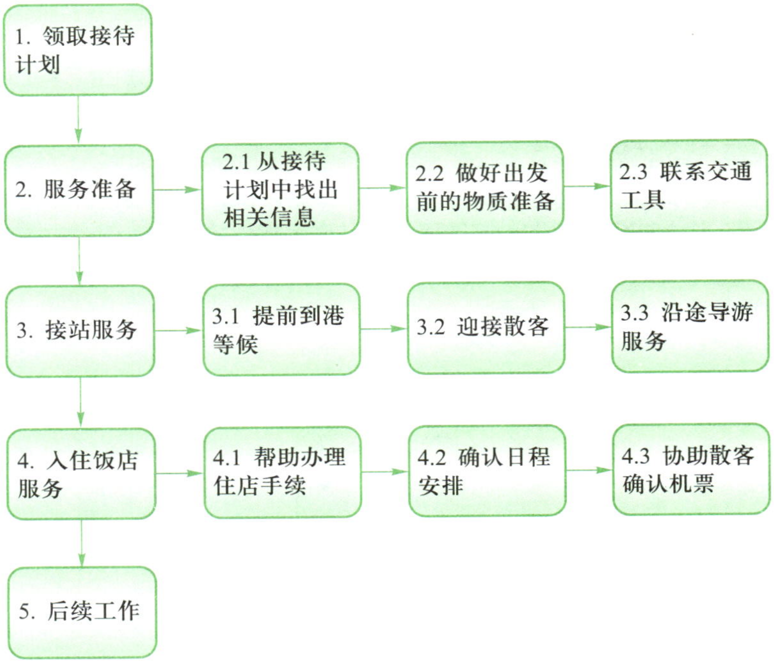

图 5-2　散客迎接服务程序

一、服务准备

旅行社一般有专门的散客部门来操作散客接待业务。柜台工作人员在接到散客委托后，先通知散客计调，请其按要求配备地陪导游员和服务车辆，并填写“旅游委托书”（也就是接待计划），地陪导游员按照“旅游委托书”的内容进行准备工作。

1. 从接待计划中找出相关信息

导游员要认真阅读接待计划，明确迎接的日期、航班（车次、航次）的抵达时间、游客姓名和人数、下榻的饭店、服务项目、是否与其他游客合乘一辆旅游车至下榻的饭店以及服务方式（分散客包价团、单项委托服务和选择性服务等）。

2. 做好出发前的物质准备

导游员要准备好写有散客姓名或散客旅游团欢迎标志的接站牌；随身携带导游证、导游旗；检查所需票证，如离港机（车、船）票、就餐单、游览券等。

3. 联系交通工具

导游员要与计调部确认旅游车司机姓名和电话，并与司机取得联系，了解车型、车号和车况，约定出发的时间和地点。

如果不安排专门的旅游车，散客需要乘坐出租车的话，导游员要提前熟悉周边地形，设计合理的行车路线，防止出现差错。

二、接站服务

1. 提前到港等候

导游员要提前到达交通集散地等候。如果散客或散客旅游团是乘火车或轮船而来，导游员应提前 30 分钟抵达接站地点；如果散客或散客旅游团是乘飞机而来，导游员应提前 20 分钟到达机场。

2. 迎接散客

在航班（火车、轮船）抵达的时候，导游员应站在旅客出口易于被游客发现的位置举牌等候，以便游客前来联系，导游员也可以根据散客的特征上前询问。

确认接到应接的游客后，导游员应主动问候，介绍所代表的旅行社和自己的姓名，对游客表示欢迎。询问游客在机场（车站、码头）是否还有需要办理的事项，并给予必要的帮助。询问游客行李件数，帮助游客提取和清点行李，引导游客上车。

如未接到应接的散客或散客旅游团，第一，导游员要询问机场（车站、码头）的工作人员，确认本次航班（火车、轮船）的游客确已全部进港且在隔离区内已没有出港的游客；第二，要与司机配合，在尽可能的范围内至少寻找 20 分钟；第三，与游客下榻的饭店联系，查询游客是否已自行抵达饭店，如果得知游客已自行入住饭店，导游员应前往游客下榻的饭店，主动与其联系，表示歉意，并按计划和程序安排游客的有关服务事项，然后向旅行社报告；第四，如果确实找不到迎接的游客，应同旅行社计调人员联系，报告迎接的情况，核实游客或旅游团抵达的日期或航班（车次、航次）有无变化；第五，当确认迎接无望时，经计调部门同意方可离开接站地点。

3. 沿途导游服务

在从机场（车站、码头）前往下榻饭店的途中，导游员对散客或散客旅游团应像团体包价旅游团一样进行沿途导游，介绍所在城市的概况、下榻饭店的地理位置和设施、饭店周边环境以及沿途景物和有关注意事项等。由于散客或散客旅游团人数会较少，导游员的讲解要更细致、更灵活一些，比如对个体散客，沿途导游服务可以采取对话的形式进行。

三、入住饭店服务

1. 帮助办理住店手续

游客抵达饭店后，导游员要帮助游客办理饭店入住手续并记下客人的房间号码，要向游客介绍饭店的主要服务项目和住店注意事项。如果是散客旅游团，当行李运抵饭店后，导游员还应负责核对行李，并将客人的房间号告诉行李员，督促行李进房。

2. 确认日程安排

待游客办理完入住饭店手续后，导游员要根据“旅游委托书”中的服务要求，与客人确认日程安排和相关事项；当日程确认完毕，导游员要将填好的安排表、游览券及赴下站的交通票据交与游客，并请游客签字确认；如果游客参加的是选择性旅游，导游员应根据日程安排和游客的兴趣，向游客推荐旅游项目；如游客是乘坐大型旅游车游览，导游员应详细说明各种票据的使用、集合时间、集合地点等；如果有送站服务项目，导游员要与游客商定离店时间及送站安排。

3. 协助散客确认机票

如果游客是乘飞机离开本地，导游员要主动提醒游客确认机票并提供协助。如果游客希望导游员帮助其确认机票，导游员不得推辞而应积极办理，但可以向游客收取确认机票服务费并开具发票。导游员确认机票后，要与有关部门核实确认航班号和起飞时间。

四、后续工作

迎接服务完毕后，导游员要及时将同接待计划有出入的信息及游客的特殊要求反馈给旅行社散客部门。如果发生了费用方面的问题，待查明责任后，按有关规定处理。

任务拓展

一、讨论分析

导游员小王赴机场迎接两名分别来自北京和成都的游客，北京游客所乘航班14∶25正点到达，而成都游客所乘航班原定14∶30抵达，现接航空公司报告，由于成都天气原因航班将延误到17∶30抵达。你认为小王该如何处理?

二、模拟实训

两人或三人一组编写并演练以下对话：

（1）迎接散客（导游和游客）

（2）确认日程（导游和游客）

（3）入住饭店（导游、饭店接待员和游客）

三、实地考察

教师带领学生实地考察当地某名人故居或墓地，掌握其有关情况（如开放时间、游览禁忌等，尤其是适合哪些群体游客参观寻访）。

任务二　导游服务

任务目标

旅行社在接受散客去往某一旅游线路、旅游区或旅游点的委托后，会派遣导游员为其提供导游服务。这种导游服务一般会为游客提供车辆运输，而其他未委托的内容则由散客自理。散客导游服务一般包括：出发前的准备工作、沿途导游服务、现场导游服务、其他服务、返程途中的工作以及后续工作等。

任务描述

导游小王将带领散客旅游团前往合作的某农庄，完成“中秋节农家采摘”一日游。但在带团的过程中，小王发现有一对穿着时尚的夫妻游客，一路都非常挑剔。

任务分析

散客拼团由于成员复杂，什么情况都有可能遇到。假设你是小王，碰到这样爱挑剔的散客，是与其“针锋相对”还是来个“顺水推舟”？是不理睬他们的挑剔，还是满足他们的不合理要求？处理时要注意什么技巧，怎样顾及其他游客的感受？

一般情况下，参加散客旅游的游客通常文化层次较高且旅游经验丰富，他们对导游服务的要求较高，更注重旅游产品的文化内涵，这就对导游员的专业技能及素质提出了更高的要求。对于散客旅游团，由于团员来自五湖四海，彼此不认识，个性和生活习惯各异，集合较困难，导游员必须有高度的责任感，工作更要尽心尽力，遇到情况要多倾听游客的意见，多向游客提合理化的建议，做好协调工作。在整个导游服务的过程中，导游员要时时向游客做好提醒工作，确保游客的参观游览安全、顺利。

任务实施

散客导游服务程序如图 5-3 所示。

图 5-3　散客导游服务程序

一、出发前的准备工作

1. 准备好工作必需品

如游览券、导游小旗、宣传材料、游览图册、导游证、名片等。

2. 准备好日常个人用品

如防晒用品、小食品、雨具、针线包、常用药品等。

3. 提前联系旅游车司机

督促司机提前做好有关准备工作，如提前打开空调，保持车内较舒适的温度等。

4. 前往饭店接运游客

导游员应提前 15 分钟抵达集合地点接运游客。在游客未上车前了解游客对饭店、用餐等情况的反映并做出相应处理。提醒游客注意天气变化，带好照相机等物品，保管好贵重物品。

5. 引导游客登车并清点人数

如果是选择性旅游团，游客会分住在不同的饭店，导游员应同司机一起驱车按时到各饭店接运游客。接到所有游客后，再驱车前往游览地点。

二、沿途导游服务

散客的沿途导游服务与团队游客大同小异，只是要注意区分个体、少数散客和临时组合起来的选择性旅行团，采用适合他们特点的导游技巧和方法。如导游员接待的是临时组合的散客团，初次与游客见面时，要代表旅行社、司机向游客致以热烈的欢迎，表示愿意竭诚为大家服务，希望大家予以合作，多提宝贵意见和建议，并祝大家游览愉快、顺利。导游员在做好沿途导游之外，还应特别强调在游览中的注意事项，并关照游客注意安全。

三、现场导游服务

抵达景点下车前，导游员要告知游客游览完景点后的集合时间、地点和车型、车号等。在游览开始前，导游员应向游客提供游览路线的合理建议，由游客自行选择。导游员在游览中的讲解方法相比团队游客要更为灵活，如是为个体散客导游，可采取对话或问答的形式；如是散客旅游团，导游员应陪同旅游团，边游览边讲解，随时回答游客的提问。由于是临时组合成的散客旅游团，游客彼此之间不熟悉，游览中更容易出现意外事件，导游员应特别注意游客动向和周围的情况，提醒游客紧跟队伍，以免走失或发生意外事故。如果散客团的游客来自不同的国家或地区，导游员应用不同的语言为游客做好讲解，并注意安排好先后次序，以免顾此失彼。

四、其他服务

1. 购物娱乐服务

由于散客自由活动时间较多，导游员应当好游客的顾问。应游客要求，导游员可协助其安排购物或晚间娱乐活动，提醒游客注意安全，引导他们去健康的娱乐场所等。导游员是否陪同前往，可根据游客意愿协商。

2. 参观活动服务

游客经常要求去一些专业性强、游客比较少的博物馆、陈列馆、展览馆、对口单位甚至居民家庭参观访问，这些地方与一般的旅游景点不同，一般需要事先约定，有专人接待，参观的内容和路线往往又是导游员不熟悉的。因此，导游员更要做好充分的准备，如了解相关单位的基本情况，熟悉行走路线等。

3. 寻访故居、墓地和拜访名人

像寻访故居、墓地和拜访名人这样的活动情况比较复杂，针对游客这类要求，导游员应问清事由和寻访目的，并及时报告旅行社，根据旅行社领导的意见进行处理。在带领游客寻访故居、墓地和拜访名人的过程中，要严格遵守国家有关安全保密制度的规定。如果在现有的条件下，无法满足游客寻访故居、墓地和拜访名人的要求，导游员应向游客耐心解释。

五、返程途中的工作

散客返程途中的工作与团队游客的基本一致。

六、后续工作

导游服务结束后，导游员应及时将接待中的有关情况反馈给旅行社，并按旅行社的有关规定，填写“零散游客登记表”。

任务拓展

一、讨论分析

法语导游员小戴作为地陪负责接待一个由 9 名散客组成的散客旅游团，其中 7 人讲法语，2 人讲中文。在旅游车上，小戴用两种语言交替为游客讲解。到了景点时，考虑到旅游团中讲法语的游客占多数，小戴就先用法语讲解，没想到的是当小戴用法语讲解完毕，准备用中文再次讲解时，讲中文的两名游客已经离开了，因此他就没有用中文再次讲解。事后，小戴所在旅行社接到两名讲中文游客的投诉，他们认为小戴崇洋媚外，没有公平对待每一位游客。

（1）分析小戴被投诉的原因。

（2）假若你碰到这种情况，为避免遭到投诉，该如何处理？

二、模拟实训：散客旅游的现场讲解训练

实训内容包括现场讲解的语气、语音、语调选择；讲解内容的选择；讲解技巧的灵活运用。

实训目的是通过训练，进一步加深对散客旅游现场讲解与团体旅游讲解不同点的认识，掌握散客现场讲解的技巧和方法。

选择教室或导游实验室，道具有导游旗、背包、遮阳帽等，把全班同学分组，每组 4 ~ 5 人，各人轮流扮演游客与导游员。扮演散客的学生按事先设计的问题向扮演导游员的学生提问，并由扮演导游员的学生根据所学知识和散客所提问题的客观情况来解答。教师对学生的每一步进行点评，对有错误的环节进行纠正。

任务三　送站服务

任务目标

散客送站服务是指散客委托旅行社派遣导游员将其从饭店送至交通集散地的服务。这是散客导游服务过程中的最后一个接待环节。

任务描述

“中秋节农家采摘”一日游活动终于顺利结束，导游员小王将把游客送往指定的集散地。

任务分析

送站也就意味着游客在本地的旅游活动即将结束，这时候的游客容易出现丢三落四等情况，所以导游员在送站时更要细心、认真，使整个接待工作善始善终、顺利安全，给客人留下最后的也是最美好的印象。

任务实施

散客送站服务程序如图 5–4 所示。

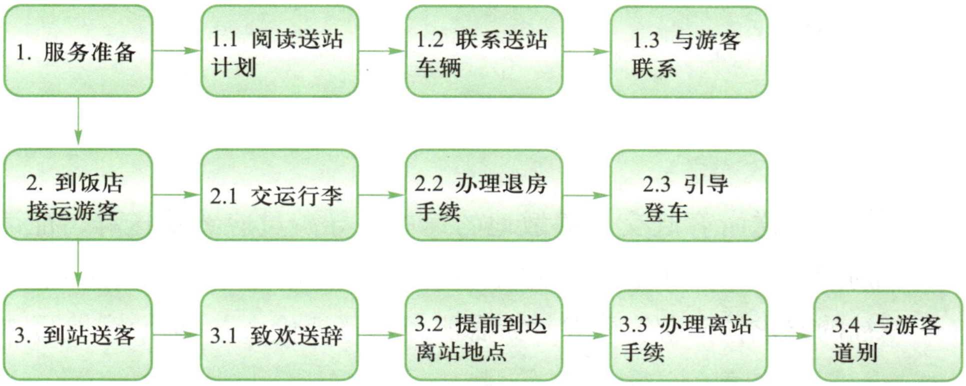

图 5–4 散客送站服务程序

一、服务准备

1. 阅读送站计划

导游员应明确所送游客的人数和姓名，离开本地的日期，所乘航班或车次、航次，游客下榻的饭店，有无航班或车次、航次与人数的变更，是否与其他游客合乘一辆车去交通集散地等事项。

2. 联系送站车辆

与司机联系，确定送站车辆的型号、车号，商定与司机会合的时间、地点。

3. 与游客联系

导游员应提前 24 小时与游客约定离开饭店赴交通集散地的时间，如果是散客拼团，应告知托运行李的时间，并通知饭店安排行李员按时接运行李。

二、到饭店接运游客

按照与游客约定的时间，导游员必须提前 20 分钟到达游客下榻的饭店，协助游客办理离店手续、付清费用，提醒游客随身携带身份证件、摄影器材、贵重物品等，清点行李并协助游客将行李放置车上，最后照顾游客上车离店。

如果游客分住各个饭店，则应按预先约定的时间顺序驱车准时抵达各饭店接运游客。如遇严重交通堵塞或其他特殊情况，需要调整原约定的时间顺序和行车路线时，导游员应及时向旅行社报告，并请计调人员将变更情况通知游客。

如果在饭店未找到送站的游客，导游员应到饭店前台了解游客是否已离店，并与司机一起共同寻找，若超过 10 分钟仍未找到，应向旅行社报告，请计调人员协助查询。当确认实在无法找到游客，经旅行社同意后，方可停止寻找，离开饭店。

三、到站送客

1. 致欢送辞

在送游客赴交通集散地的途中，导游员应致欢送辞，征询游客在本地停留期间或旅游中的感受、意见和建议，并代表旅行社向游客表示感谢。根据旅行社的要求，向游客分发“游客服务质量评价表”，请游客填写并回收。

2. 提前到达离站地点

导游员送散客抵达交通集散地的时间分别为：国际航班应提前 2 小时（有些航班需提前 3 小时），国内航班应提前 1.5 小时，火车、轮船等应提前 45 分钟。

3. 办理离站手续

游客抵达机场或车站、码头后，导游员应提醒并帮助游客带好行李物品，协助游客办理有关离站手续。

4. 与游客道别

导游员在同乘坐飞机的游客告别前，应向机场人员确认航班是否准时起飞，若航班延误，应主动为游客提供力所能及的帮助；若航班正常起飞，导游员应将游客送至隔离区入口处（国际航班）或待飞机起飞后（国内航班）方可离开机场。

导游员送乘坐火车、轮船的游客时，要安排游客上车（船）入坐，协助游客安顿好行李，将车（船）票交给游客，然后同其道别。

任务拓展

一、模拟实训：撰写欢送辞

根据本项目的案例，请根据散客旅游团的具体情况撰写欢送辞，并在课堂上演练。

二、讨论分析：旅行社如何应对“散客时代”的到来

“大小景点随处可见三三两两年轻的‘背包客’，各大景区停车场内挂着外地牌照的私家车，遍布于各大网站、论坛的‘自由行攻略’……如今，随着收入水平的提高和消费观念的转变，旅游的‘散客时代’已悄然到来。”

讨论：随着散客时代的到来，你认为旅行社除了常规散客服务项目外，还可以开发哪些新的服务项目？

任务四　后续工作

任务目标

送走游客后，导游员返回单位需继续做好总结工作、处理遗留问题。

任务描述

送走“中秋节农家采摘”一日游的34位游客后，导游员小王除了完成旅行社规定的散客旅游团接待后续工作外，还特意就如何面对“自命不凡”、爱挑剔的游客书写了自己的见解和心得。

任务分析

将游客顺利送走后，需要做好接待的收尾工作，虽然简单，却不可省略、轻视。

任务实施

后续工作程序如图5–5所示。

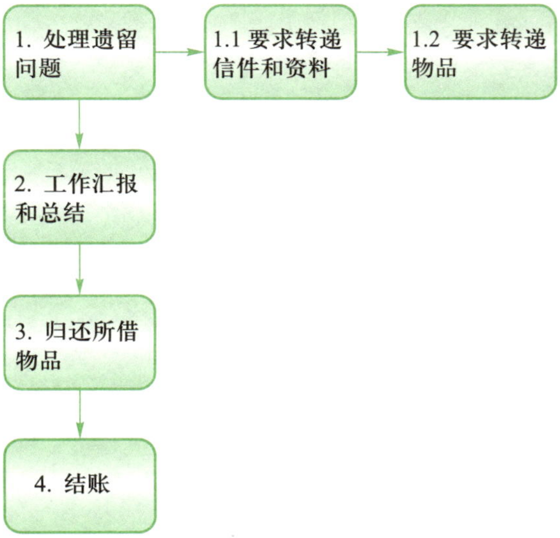

图5–5　后续工作程序

导游员应将游客填写的“游客服务质量评价表”如数交回散客部门，向部门报告游客游览情况及对各项服务的意见、建议，汇报对各协作单位工作质量的看法，必要时应写出书面报告，以利于今后改进工作。导游员应注意总结带团经验，并与其他导游员交流带团心得，从而达到不断增强带团技能、提高服务质量的目的。导游员还要处理好遗留的问题，认真办理游客委托的事项。如果旅游过程中发生重大事故，导游员应该写出详细的书面报告并交接待社。

导游员带散团后，还要填写有关散客接待表格及结账单，归还所借物品。如果出团前向散客部门预领过现金，需凭发票报销，多退少补。

任务拓展

一、讨论分析：旅行社如何应对旅游网站的挑战

随着“散客旅游时代”的到来，很多针对自助旅游的网站如雨后春笋般出现在大众面前，他们为游客提供饭店、门票、交通等各方面的服务。

采取课堂自由发言形式，组织学生讨论“旅行社应如何应对这些旅游网站带来的挑战”。

二、拓展阅读：散客旅游团队的接待技巧

在散客的接待中，以下几点小技巧可以帮助导游顺利地完成接待任务：

（1）尽快记住散客的姓名、容貌特征，并设法了解他们的性格和习惯行为。

（2）特别当心散客的行李，防止丢失。

（3）要将散客托付的事情记下来，并及时去做，然后把结果告诉他们。

（4）让散客之间做自我介绍，这样便于互相帮助。

（5）导游员的识别标志要鲜明，便于散客识别。

模块三
导游服务技能

模块导读

导游服务技能是指导游人员运用所掌握的知识和经验为游客服务的方式和能力。导游服务技能范围很广，包括人际交往技能、组织协调技能、带团技能、语言技能、讲解技能、宣传技能、保卫游客安全技能等。

导游服务技能不仅依靠书本知识获得，更重要的是通过反复的导游服务实践获得，凡是在导游服务过程中，能为游客提供服务，使游客的旅游活动安全、顺利进行的技能，导游人员都应当认真学习和掌握，并在实践中不断摸索、不断总结，逐步形成和丰富起来。

通过对本模块的学习，学生应该了解导游服务的带团技能、导游人员的语言与讲解技能、游客个别要求的处理等知识。

教学建议

1. 教师可以将本地著名景点及相关知识的视频、案例融入课件当中。
2. 组织学生进行导游服务技能方面的实训。
3. 可以邀请优秀导游人员来学校做有关导游服务技能方面的讲座或座谈会。

关键词

带团服务技能　语言与讲解技能　游客个别要求的处理

项目六　带团服务技能

项目导读

导游人员的带团技能就是导游人员根据旅游团的整体需要和不同游客的个别需要，运用掌握的知识和经验为游客服务的方式和能力。由于导游人员在带团参观游览和导游工作中起着领导、协调、沟通、联络等重要作用，因此，认真研究带团技能和方法，因人而异、因地制宜，灵活机动地运用导游方法提高导游服务质量、满足旅游者的需求，是每个导游人员不可忽视的工作。

导游人员的带团服务技能如图 6-1 所示。

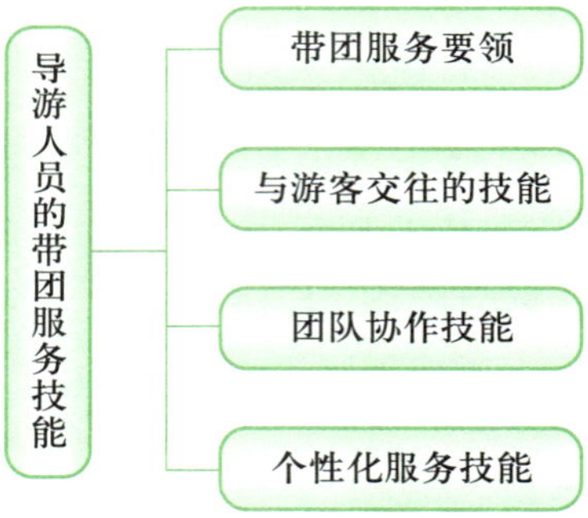

图 6-1　导游人员的带团服务技能

任务导入

4 月下旬的某天，导游小林接到青岛希望国际旅行社计调小张的通知，说是一个北京夕阳红旅游团将于 5 月 1 日至 5 日来山东做青岛—威海—蓬莱三地游。

任务一　带团服务要领

任务目标

在接到旅行社下达的接待北京老年旅游团的任务后，小林在带团服务中要掌握一定的服务要领。导游人员带团服务要领包括真诚热情、宽以待客、树立威信、个性化服务和树立良好形象五个方面。

任务描述

导游小林，年轻漂亮、家境殷实、崇尚时尚，着装打扮紧随潮流。她在接团前做了充分的准备工作，并且在接团时，特意化了她认为漂亮的浓妆，戴着美瞳，穿着色彩鲜艳的紧身衣裤。旅游团的老者见了之后窃窃私语。在旅游过程中，小林讲解生动形象、服务周到，但不知道为什么，老人们总不愿和她在一起交流。小林有一种被冷落的感觉，非常委屈。

任务分析

这次小林带领的是来自北京的老年旅游团。在拿到出团计划书后，小林需要从真诚热情、宽以待客、树立威信、个性化服务和树立良好形象五个方面做好充分的准备工作。

任务实施

小林对应着旅行社接待计划和游客信息表确认旅游团的相关信息，以便更好地做好带团服务工作。导游人员带团服务要领包括：

一、真诚热情

导游人员常年直接面对游客提供导游服务，但与每一个旅游团的游客接触时间并不长，在短时间的接触中导游人员与游客要达到“知己”的程度是不容易的。导游人员只有与游客建立良好的人际关系，导游服务工作才能顺利地进行。而真诚热情地对待游客是建立良好人际关系的基础。导游人员以诚待客，真心实意地为游客服务，维护他们的合法权益，才能赢得游客的好感与信赖。如果导游人员不能做到真诚待客，使游客感到导游人员对其虚情假意、华而不实，哪怕只有一点点，也会引起游客的不快与反感，从而会给自己的带团工作带来不利的影响。

真诚与热情还可以弥补导游人员自身的某些不足。比如，一些年轻导游人员由于缺乏经验，在带团中难免会出现差错，但是因为其真诚热情的服务态度，照样会得到游客的欢迎与好评。有时在带团过程中发生一些问题，由于导游人员与游客之间建立了良好的关系，游客们对此也会表示理解的。

二、宽以待客

导游人员在带团过程中，经常要面对游客提出的各种要求。在这种情况下，导游人员将心比心，把自己假设为游客进行换位思考。采用这种角度置换的思维方式就很容易理解游客为什么有这些想法、要求和行为，在理解的基础上做到“宽以待客”，想方设法满足游客的要求，即使游客提出的要求很苛刻，导游人员也应该从中寻找合理成分，给予理解并平心静气对待，用良好的服务弥补物质条件的不足，尽量使游客满意。

三、树立威信

导游服务与其他服务不同，它是一种引导游客进行各种旅游活动的积极行为，因此，导游人员不仅仅是服务者，同时也是旅游活动的主导者，要对临时组成的松散的旅游团有较强的“驾驭”能力，善于将游客的行为趋于一致，把原本松散无序的旅游团统一有序引导。为此，导游人员应该树立自己在旅游团中的威信，调节并主导游客的情绪和意向，让游客在旅游活动中愿意听从其安排，从而有效控制旅游团活动的内容、时间和节奏，确保团队活动按计划井然有序地进行。

四、个性化服务

个性化服务是导游人员在做好接待计划要求的同时，针对游客的个别需求而提供的服务，希望导游人员能一视同仁，能给予自己一些特别关照，这是游客的普遍心态。因此，导游人员既要按照规范化的服务满足游客的一般要求，又要根据每位游客的具体情况提供个性化服务，有针对性地满足游客的特殊要求。

当导游人员为游客提供了额外的、具有个性化的超常服务，常会使游客感觉享受到了特殊待遇而产生满足感，并对导游人员非常感激，使导游人员与游客的距离迅速拉近。

五、树立良好形象

树立良好形象是指导游人员在游客心目中确定可以信赖、帮助他们和有能力带领他们安全、顺利地在旅游目的地进行旅游活动的形象。良好的形象是获得游客的认同、接受，吸引和团结游客的前提条件，也是导游服务的基本要求。

导游人员带团时应该牢记自己是服务人员，着装应符合职业特点，干净、整洁、合体即可，切忌穿着暴露和过于华丽。

导游人员应树立良好的第一印象，精神饱满，充满自信，注重仪容仪表，神态风度得当，并保持良好的形象。

任务拓展

一、讨论分析

请同学们阅读【任务描述】的内容，通过教师提问和学生回答的形式，考查学生阅读、分析任务的能力。

（1）小林为什么会有被冷落的感觉？在服务实践中，小林应该以哪种形象出现比较合适？

（2）面对这种情况，小林还应该提供哪些服务赢得游客的信任？

二、案例分析

3 月下旬，导游小胡接待了来自英国的旅游团，其中游客多为英籍华人。没想到天气突然变冷，由于他们没带御寒的厚衣服，因此在游览过程中，冷得有些受不了，部分景点只能匆匆走过。还有一位游客的相机坏了，她为不能拍下有意义的照片感到遗憾。

（1）如果你是小胡，出现这些情况，你会怎样处理？

（2）这个案例体现了导游人员带团服务中的哪个要领？

任务二　与游客交往的技能

任务目标

在接到旅行社下达的接待北京夕阳红旅游团的任务后，小林需要深入研究老年游客的心理需求，掌握与他们交往的技能。与游客交往的技能主要包括全方位了解游客、尊重游客、引导游客、调节游客的审美行为四个方面。

任务描述

小林在带领北京夕阳红旅游团游览青岛时，每到一个景点她都向游客做了认真细致的讲解。老人们提出了关于崂山的一些问题，小林说："怎么这么多问题啊！我们时间比较紧，在回去的路上我再给你们解释……"没等小林说完，其中A 游客就朝着小林嚷嚷："你这是什么导游……"由于行程比较紧，老人们建议休息一下，她也不理睬。虽然如期地完成了旅游计划，但是她却接到游客们的投诉。

任务分析

这次小林接待的是来自北京的夕阳红旅游团。游客的年纪都比较大，要想顺利地完成接待工作，就要从全方位了解游客、尊重游客、引导游客、调节游客的审美行为四个方面进行充分的准备。

任务实施

小林对应着旅行社接待计划和游客信息表，针对老年游客的特点，研究与游客交往的技能。导游人员的工作性质决定了他们必须善于同游客交往，尽可能建立起良好的人际关系，营造一个和谐、愉快的氛围，保证旅游活动顺利进行。导游人员同游客交往的直接目的是更好地为游客服务，使游客满意，防止旅游事故的发生，维护游客的合法权益，保证旅游活动的顺利进行，同时还可以树立旅行社、旅游接待国家或地区的旅游形象，促进旅游业的发展。若想与游客建立良好人际关系，应该做到：

一、全方位了解游客

1. 从国籍、阶层、职业、年龄、性别等方面了解游客

每个国家、每个民族都有自己的传统文化和民风民俗，有不同的性格和思维方式，就是中国人，来自不同地区、不同民族的习俗、思维方式也有很大的差异；来自不同阶层和不同职业的游客，不同性别和年龄的游客，他们的心理特征、生活情趣各不相同。

（1）东西方民族性格和思维上的差异。东方民族由于历史上长期受到中国儒家文化的影响，为人处世一般比较含蓄，善于控制感情，往往委婉地表达意愿。东方民族的思维方式一般从抽象到具体、从大到小、由远及近。例如，日本人办事严谨，注重礼貌礼节，感情不外露，重视人际关系；韩国人勤劳，团结，守秩序。

导游人员在接待东方游客时，要注意礼貌礼节，讲话委婉，注意与游客建立良好的人际关系。

而西方人的思维方式与东方人有很大的不同。西方人一般比较开放、爱自由、易激动，感情比较外露，喜欢直截了当地表明意愿。西方人的思维方式一般从具体到抽象、从小到大、由近及远。例如，英国人矜持，幽默，具有绅士淑女风范；美国人开朗，大方，比较随意自由；法国人浪漫，享受生活，注重外表。

针对西方人的思维特征，导游人员在给他们导游讲解时不要自己先下结论，而是让他们亲眼看、亲耳听，让他们通过自己的思考得出结论。另外，有问题时要找个恰当的时机直接向游客说出，切不可吞吞吐吐，以免引起游客的怀疑。

根据各国、各民族游客不同的个性心理特征，导游人员要有的放矢地提供各类服务，特别是超常服务。

（2）不同阶层游客心理特征上的差异。地位较高的游客受身份的限制，大多严谨持重，不轻易发表看法和意见，一旦发表就希望得到导游人员的重视；他们期待听到高品位的导游讲解，获得高雅的精神享受。导游人员在带领这类游客时，要对他们的身份表示足够的尊重，及时回复他们的意见和看法；导游讲解的内容要格调高雅，多些真实的、历史的、知识性的内容，少些虚构的神话传说。

一般游客则喜欢不拘形式的交谈，话题广泛，比较关心社会焦点问题和当前热点话题；参观游览时希望听到传奇性的故事传说，轻轻松松地旅游度假。对于这类游客，导游人员要做到亲切随和，要主动与他们交谈，采取多种导游讲解形式活跃气氛。

（3）不同年龄、性别游客心理上的差异。老年游客好思古怀旧，对名胜古迹、会见亲朋好友有很大的兴趣。他们希望导游人员能主动与之交流，希望得到尊重。导游人员对老年游客在用语上要注意称呼，要有礼貌，对名胜古迹要做详细的介绍，并多次重复；老年旅游团的旅游线路和活动安排要考虑其特点，线路不宜过长，景点不宜过多，注重劳逸结合。

年轻游客好奇心强，行动节奏快，喜欢多动多看，好表现，热衷热门话题的讨论。导游人员对年轻游客要特别注意他们的安全，要多提醒；要让他们有表现的机会，充分调动他们的积极性，使他们参与到活动中来。

总之，游客各不相同，导游人员应努力了解他们，并根据具体情况提供优质的导游服务。

2. 从旅游动机了解游客

行为的形成必须具备物质条件及心理条件。而且，旅游行为是在必要的物质条件下由心理条件决定的。激发人们去行动的原因称作“动机”，在心理学上叫“需求”。动机的性质往往决定着人们行动的性质，了解动机对于掌握人们的行为、效果以及某种行为的持久性都有其重要的作用。因此，只有了解游客的旅游动机，导游人员才有可能有的放矢地安排旅游活动。

导游人员应了解游客的旅游动机，努力满足他们的主要需求，并随时诱发他们的旅游兴趣。一个人最需要的东西得到满足后的愉快是最大的愉悦。因此游客的主要需求得到满足是旅游活动成功的重要标准。

3. 通过言行举止了解游客

游客按性格可分为活泼型、急躁型、稳重型和忧郁型四类。不同性格类型的游客在旅游活动中会有不同的心理表现，导游人员应根据他们的特征提供导游服务。

（1）活泼型游客。活泼型相当于多血质。这类游客爱交际，好讲话，乐于助人，喜欢参与变化大、刺激性强、花样多的项目。接待活泼型游客时，导游人员应扬其长，避其短，要主动与之交朋友，但也应避免与之过多交往，以免引起其他游客的不满；要多征求他们的意见和建议，但又不能被他们所左右，打乱正常的活动日程；可适当让他们活跃气氛，请其协助照顾年老体弱者。

（2）急躁型游客。急躁型相当于胆汁质。这类游客性急、好动、易冲动、好遗忘、情绪不稳定，比较喜欢单独行动。在接待服务工作中，导游人员应当根据急躁型游客的特点，避其锋芒，不与其争论，不要激怒他们；不要与他们过多地计较，待他们冷静后再与其好好商量；对他们要多微笑，服务要热情周到，要多提醒他们注意人身和财物安全。

（3）稳重型游客。稳重型相当于黏液质。这类游客一般不轻易发表见解，一旦发表，希望得到尊重；他们不主动与人交往，不愿麻烦人，但与他们交往比较容易；游览时他们喜欢细细欣赏，购物时也比较喜欢挑拣。遇到这种类型的游客，导游人员要尊重他们，不要怠慢，更不能冷落他们，尽量满足他们合理而可能的要求；与他们交谈时要客气、诚恳，速度要慢，声调要低；讨论问题时要平心静气，认真对待他们的意见和建议。

（4）忧郁型游客。忧郁型相当于抑郁质。这类游客身体弱，易失眠，抑郁孤独，少言语，重感情，对人对事较为敏感。导游人员与之相处要格外小心，尊重他们的隐私；要多接近他们，但不能过分地表示亲热；要与他们谈一些愉快的话题，但不要与之高声说笑，更不要与他们开玩笑。

上述四种典型性格的游客，以活泼型和稳重型居多。在实际生活中，大多数游客往往是以一种性格为主，兼有其他类型性格的复合型性格特征，且往往在特定的环境中会发生变化，有时会有复杂又特殊的表现。因此，导游人员向游客提供服务时要因人而异，要随时观察游客的情绪变化，及时调整，力争使导游服务更具针对性，获得游客满意的效果。

二、尊重游客

1. 满足游客的受尊重需求

尊重游客，就是尊重游客的人格和愿望，在合理而可能的情况下尽量满足游客的要求，满足他们的自尊心。导游人员应当明白，尊重人是人际关系中的一项基本准则，对游客的尊重是通过导游员的言行以及各个服务环节表现出来的，导游人员只有充满爱心、善解人意，才能为游客提供能够打动人心的心理服务，才能给游客以友好亲切之感，游客也才会愿意配合导游人员的工作。因此，有了尊重才会有共同的语言，才会有情感上的相通，才会有正常的人际关系。

2. 使用柔性语言

导游人员的语言是一门学问，也是一门艺术，对带团效果有直接和重要的影响。导游人员在服务的各个环节都应注意语言表达的方式，多使用柔和甜美的“柔性语言”，语气亲切，语调柔和，措辞委婉，说理自然，这样的语言使人感觉愉悦亲切，有较强的征服力，往往能达到以柔克刚的交际效果。

3. 保持微笑服务

微笑是一种无声的语言，具有强化有声语言、沟通情感的功能。微笑能使人产生一种亲切感，能缩短人与人之间的距离，更能体现出对人的一种尊重。

导游人员要有强烈的“角色意识”，一走上岗位就意识到自己已经“进入角色”，就应当将自己最美好的形象呈现在游客面前。导游人员要努力为游客提供微笑服务，养成逢人就亲切微笑的好习惯，这既是自信的象征、友谊的表示，也是一种重要的交际手段，会使自己受到游客的欢迎和喜爱。

4. 注重细节服务

导游人员在旅游服务过程中，一件小事、一句温馨的话、一个细微的礼貌动作，都会给游客留下深刻印象，收到意想不到的效果。因为这些细微的服务使游客感到导游人员心中有他们，随时在关心着他们，游客会感觉受到了优待而产生满足感。自尊心得到满足的游客就会愿意与导游人员积极合作，共同保证旅游活动的顺利进行。所以，“细微之处见真情，莫因事小而不为”，应是导游人员时刻牢记的箴言。

三、引导游客

“导游”一词的词义就是引导游客旅行游览。其中的“引导”，既有旅途、游览项目和讲解方面的引导，又有针对不同游客不同情况下的心理引导。

导游人员应在旅游活动中了解游客在不同阶段所表现出的旅游需求和心理特点，结合旅游活动的实际情况，合理安排旅游节奏，使游客能享受到最佳的导游服务和游览感受。旅游活动一般分为三个阶段：

1. 旅游初期：求安全、求新、求异心理

游客初到一地，导游人员在安排旅游线路、活动内容及景点介绍方面要力求满足游客的心理需求。导游人员应多组织些轻松愉快的参观游览活动，进行生动精彩的导游讲解，耐心回答游客提出的问题，以真挚热情、周到细致的关心和服务，让游客有一种宾至如归的感觉，给游客留下良好的第一印象。同时，导游人员要抓住这一时期游客对其依赖性较强的心理，维持好活动秩序，规定好游览纪律和日程安排，为下一阶段的活动打好基础。值得注意的是，由于游客一般在经过长途跋涉后会感到疲劳，导游人员不宜将活动日程安排得过于紧凑，可适当早点结束当日活动，给游客充足的休息时间，帮助游客调整“生物钟”。

2. 旅游中期：懒散、求全心理

旅游中期，即个性表露阶段。随着时间的推移，接触的增多，旅游团成员间、游客与导游人员之间越来越熟悉，游客先前的紧张心理慢慢消失，取而代之的是轻松愉快的感觉。这时候，游客的心态越来越放松，行为越来越随意，个性弱点也逐渐暴露出来。他们往往会表现出时间观念差、群体意识淡薄、丢三落四、注意力不集中，对导游服务提出一些不切合实际、过高的要求。因而，这一阶段出现的问题最多，导游人员的服务工作最为艰巨、任务最重，也最容易出现差错。

针对这种情况，导游人员应及时运用心理学的规律，为游客提供有针对性的心理服务。同时，导游人员要时刻保持精力高度集中，讲解要精彩，游览活动要有计划性，多强调注意事项，切实搞好生活服务，特别是对老弱病残者给予特殊照顾，保证旅游活动的顺利开展，让游客获得最大的满足。

3. 旅游后期：忙于个人事务

旅游活动后期，游客的心情波动较大，开始忙于个人事务，如与亲朋好友联系、购买称心如意的纪念品、考虑行李是否超重、希望有更多的时间处理个人事务等。这时，导游人员要合理安排好最后阶段的日程，旅游活动宜精不宜多，要留给游客充足的时间处理个人事

务，必要时做一些补救工作，尽力挽回消极影响，消除游客的不满心理。

四、调节游客的审美行为、激发审美情趣

旅游活动是一项发现美、欣赏美、享受美的综合性审美活动，它集自然美、生活美、艺术美于一体，融文物古迹、建筑雕塑、绘画书法、音乐戏剧和风情美食于一体，满足人们各种审美情趣和审美需求。为了帮助游客获得最大程度美的享受，导游人员要因势利导，正确调节游客的审美行为。

1. 传递正确的审美信息

正确的审美信息来源于导游人员正确的讲解。只有被人们感知和认识的事物才能引起美感，否则就算置身旅游胜地，游客也不一定能获得美的享受。例如，中国的名胜古迹奥妙无穷，如无人指点，一般游客很难从中领略到其内在美。至于各地的风俗民情，如无导游人员的帮助，外国游客就更无法欣赏、享受。

如何帮助游客在观赏自然和文化景观时，感受、理解、领悟其中的奥妙？首先，导游人员必须掌握扎实的文化知识和一定的美学知识，具有一定的美学修养。其次，导游人员还要对中华民族古老的历史文化和文物古迹有深刻的了解，对祖国和家乡的自然风光、风土人情及各种美好事物有深刻的认识。最后，导游人员不仅要懂得所在地的审美观和审美标准，还要了解游客所在地的审美观和审美标准。在此基础上，导游人员通过导游讲解向游客传递正确的审美信息，用生动形象的语言介绍风光美景和名胜古迹，正确引导游客从不同角度欣赏自然景观和人文景观，使游客获得真正的美感享受。

2. 激发游客的想象思维

审美赏景是客观风光环境和主观情感结合的过程。人们在审美赏景时必须有丰富的想象力，否则就不能真正体会到它的美好。人的审美活动是以审美对象为客观依据，经过积极的思维活动，调动已拥有的知识和经验，进行美的再创造的过程。

一名优秀的导游人员，应充分认识到想象思维在审美活动中的重要作用，能够根据不同民族审美观的差异及中外审美观的不同，将景物的形体美和内在美的特征与游客的审美意识和美感经验结合起来，努力使自己的导游讲解“寓景于情、借景抒情、情景交融”，突出最能引起游客审美情趣的内容，激发游客的想象思维，促使他们与审美对象产生情感交流，达到“物我交融”“物我同一”的境界，使游客获得极大的美感享受。

3. 帮助游客保持最佳审美状态

审美意识是一种个人意识，不仅依赖人的审美知识和能力，同时又受到人们情感的影响。游客的情绪会直接影响到自己的审美心境，轻松愉快的心情有助于游客寻找美、欣赏美；反之，当心情不佳时，即使再美的景观也难以引起游客的审美情趣。因此，导游人员在整个旅游活动中，要向游客提供热情周到的服务，运用丰富灵活的技巧，激发游客的游兴，

调节游客的情绪，增强游客的审美情趣，使他们始终保持最佳的审美状态。

4. 灵活运用观景赏美方法

游客的审美活动首先是从感知开始的。也就是说，游客亲自看到的、听到的、体验到的对象是其审美活动的基础。观赏同一景物，有的游客获得了美感，有的却没有。究其原因，除了文化修养、审美情趣和思想情绪等因素以外，还存在观景赏美的方法的问题。导游人员必须正确引导游客观赏景物，既要根据游客的审美情趣和时空条件进行生动精彩的导游讲解，还要帮助游客用正确的方式方法欣赏美景。常见的方法主要有以下五种：

（1）设计最佳赏景线路。任何美景都会有一个总体特征或艺术主题。在游览的安排上把握这一点，可以起到举一反三的作用。例如，在游览园林时，游客的赏景线路与造园者的布局恰好一致时，才能更有效地提升赏景的乐趣。造园者在园林“间隔”“藏路”方面的独具匠心，使得园林的欣赏自始至终处于动态变换中，凡此种种，皆需要依循合理的游览线路。同一景点不一定只有一条最佳的游览线路，有时另辟蹊径也会收到意想不到的效果。

（2）运用动态观赏和静态观赏手段。常言道：“动观流水，静观山高。”同样的一幅自然景物，动态观赏和静态观赏的效果是不同的。在何时、何地需要游客静观，而在哪些条件下需要动观，作为导游人员应胸中有数、灵活应用，使游客得到最佳的观赏效果。静态观赏是指游客在一定的空间停留片刻或缓慢地移动视线，做选择性的景物观赏，通过联想、想象来欣赏、体验美景。站在山顶观日出、看云海，站在大海之畔听涛声等都属于这种观赏形式。这种观赏方法时间较长、感受较深，人们可获得特殊的美的享受。使用这种方法的关键在于选择最佳的观赏位置、适当的观赏距离和角度。此外，还要注意周围环境，尽量避开嘈杂的人群。

动态观赏是指让游客步行、乘船或乘车于景物之中，使观赏对象呈现一种动态的美感，一步一景，步移景异。例如，乘船在海、江、河、湖上游览，乘缆车观赏山间美景，漫步于园林、古刹之中都属此列。这种形式富于动感，体验丰富，使人获得空间进程的流动美。

在游览活动中，何时“动观”，何时“静观”，应视具体景观和时空条件而定。导游人员要灵活运用，“动”“静”结合，努力使游客在动之以情、情景交融中得到最大限度的美的享受。

（3）保持适当的观赏距离和角度。距离和角度是两个不可或缺的观景赏美的因素。自然美景千姿百态、变幻无穷，对一些奇峰巧石，只有从一定的距离和特定的角度欣赏，才能领略其风姿。例如，在黄山半山寺望天都峰山腰上有堆石头状似公鸡，它头朝天门，振翅欲啼，人称“金鸡叫天门”。但到了龙蟠坡，观看同一堆石头，看到的则似五位老翁在拄杖登险峰，构成了“五老上天都”的美景，这就是由于观赏角度不同造就的不同景观。导游人员带团游览时要适时地指导游客从最佳距离、最佳角度，辅以最佳方法观赏风景，使其获得美感。

（4）把握准确的观赏时机。观赏美景要掌握好时机，即掌握好季节、时间和气象的变化。清明踏青、重阳登高、春看兰花、秋赏红叶、冬观腊梅等都是自然万物的时令变化规律造成的观景赏美活动。在泰山之巅晨曦中看旭日东升、黄昏时观晚霞夕照，美不胜收。在蓬莱有时还能观赏到海市蜃楼，在峨眉山顶有时能看到佛光，这些都是因时间的流逝、光照的转换造成的美景。变幻莫测的气候观景是欣赏自然美景的一个重要内容。

（5）注意观赏的节奏。如果游览活动安排得太紧，观赏速度太快，不仅会使游客筋疲力尽达不到观赏目的，还会损害他们的身心健康，甚至会影响旅游活动的顺利进行。因此导游人员要注意调节观赏节奏，要做到有张有弛、劳逸结合，有急有缓、快慢相宜，将“导”和“游”紧密结合。

总之，导游人员要努力当好一名美的使者，要从审美主体的实际情况出发，力争观赏节奏适合游客的身体状况、心理动态和审美情趣，安排好旅游活动行程，让游客感到顺乎自然、轻松自如。只有这样，游客才能获得旅游的乐趣，这才是成功的导游服务。

任务拓展

一、讨论分析

请同学们阅读【任务描述】的内容，通过教师提问和学生回答的形式，考查学生阅读、分析任务案例的能力。

（1）游客们为什么要投诉小林？

（2）面对夕阳红旅游团，小林怎样做才能与之建立良好的人际关系？

（3）根据 A 游客的言行举止，判断他属于哪种类型的游客。如果你是导游员，怎么处理与这类游客的关系？

二、模拟实训

根据课堂相关内容，每次抽调6名同学作为一小组，分别进行下述模拟训练：

（1）导游接待西方国家游客的情形。

（2）导游接待身份高的游客的情形。

（3）导游接待老年游客的情形。

（4）导游接待急躁型游客的情形。

（5）导游接待忧郁型游客的情形。

针对学生在每个模拟训练环节中的完成情况，可以采取教师评价、小组同学互评、全班同学评价等形式，指导学生们灵活运用理论知识分析问题、解决问题，避免在实践工作环节中出现疏漏。

任务三　团队协作技能

任务目标

在接到旅行社下达的接待北京夕阳红旅游团的任务后，小林要及时与相关人员和单位沟通联络。旅游团队的协作主要是指与领队、全陪、地陪、司机以及旅游接待单位的协作。

任务描述

导游小林带团快一年了，在处理与领队、全陪关系方面仍然会产生各种摩擦。这次，在接待北京夕阳红旅游团时她格外注意。在极地海洋世界自由活动期间，不少游客都挤进休息区喝起饮料，全陪则在旁边静静地坐着。小林心里清楚，饮料在这里动辄就是几十元一杯，太贵了。“对啦，这位全陪是第一次合作，昨天还对自己的讲解挑过刺，干脆咬咬牙，给他献上一杯，或许能改变他对自己的看法。”小林便立即买了一杯，递给全陪。只见全陪的脸上马上充满笑容，边喝边说：“你的带团能力很强，讲解也很生动，而且善解人意，希望今后能与你多合作。”小林听完，会心地一笑。

任务分析

这次小林接待的是来自北京的夕阳红旅游团。导游服务涉及的工作环节复杂、部门多，单靠个人力量是难以顺利完成接待任务的，小林要学会如何与导游服务集体成员协作以及与旅游接待单位协作。

任务实施

导游小林立足自己的工作实践，总结出不仅要处理好与游客的关系，还要协调好导游服务集体间以及与旅游接待单位之间的关系。

一、导游服务集体间的协作

旅游团队服务集体通常是指为旅游者提供服务的相关单位和部门，是由为旅游者服务的领队、全陪、地陪、司机等组成的服务群体或组织。其主要任务是为团队旅游者提供或落实食、住、行、游、购、娱等方面的服务，保证团队旅游活动的顺利进行。

1. 导游人员与领队的协作

领队是受海外旅行社委派，全权代表该旅行社带领旅游团从事旅游活动的人员。领队具有多重身份。在旅游团中，领队既是海外旅行社的代表和游客的代言人，又是导游服务集体中的一员，在海外组团社、接待社之间和游客、导游人员之间架起了桥梁。导游人员能否圆满完成旅游服务工作，在很大程度上要靠领队的合作和支持。因此，如何处理好与领队的关系就成了导游人员不能忽视的重要内容。

（1）尊重领队，遇事多与领队磋商。带领旅游团到中国来旅游的领队，多数是职业领队，在海外旅行社任职时间较长且受过专业培训，对我国的情况尤其是我国旅游业的业内情况相当熟悉。旅游团抵达后，旅游日程安排要尽快与领队商定，如无原则问题应尽量考虑采纳领队的建议和要求。在遇到问题时，全陪、地陪更要与领队磋商，争取领队的理解和支持。

（2）关心领队，支持领队的工作。职业领队常年远离家庭、家乡、祖国，在异国他乡履行自己的使命，工作十分辛苦。因此，导游人员如果对领队在生活上表示关心，工作上给予支持，他会很感激。当领队的工作不顺利或旅游者不理解时，全陪、地陪应主动助其一臂之力，能办到的尽量帮助联络，做不到的多向旅游者做解释工作。但要注意，支持领队的工作并不是取代领队，导游人员应把握尺度，否则会引起旅游者的误会和心理上的不平衡。

（3）坚持原则，避免与领队正面冲突。在导游服务中，全陪、地陪与领队在某些问题上意见相左是正常现象。一旦出现这种情况，全陪、地陪要主动与领队沟通，力求及早消除误解，避免分歧继续发展。在此过程中，全陪、地陪应始终坚持以理服人，不卑不亢，不与其当众冲突，更不得当众羞辱领队，要适时给领队台阶下，以维护领队的自尊和威信，争取以后的合作。

（4）多给领队荣誉，调动领队积极性。要想处理好与领队的关系，导游人员在一些可显示权威的场合，应多让全陪和领队尤其是领队出头露面，使其博得游客们的好评。如游览日程商定后，地陪应请领队向全团游客宣布。只要导游人员真诚对待领队，多给领队荣誉，领队会领悟到导游人员的良苦用心，采取合作的态度。

（5）灵活应变，掌握主动权。由于游客对领队工作的评价会直接影响到领队的得失，因此有些领队为讨好游客与地陪“抢话筒”，对全陪和地陪指手画脚，当着全团游客的面“出主意”，使游客产生“领队如果不说，地陪就不干”的感觉，使地陪的工作比较被动。遇到类似情况，地陪应采取措施，变被动为主动。对于“抢话筒”的领队，地陪既不能马上反抢话筒，也不能听之任之，最好的办法是在适当的时机给予纠正，让游客感觉“还是地陪讲得好”。这样，导游人员既表明了自己的态度，又不失风范。

2. 导游人员与全陪或地陪的协作

导游人员与全陪或地陪协作成功的关键在于各自应把握好自身的角色或位置，要有准确的个人定位。要认识到虽然受不同旅行社的委派，但都是为游客提供旅游服务工作，都在执行同一个旅游合同。导游人员与全陪或地陪的关系是平等的关系。

导游人员正确的做法应该是：首先，要尊重全陪或地陪，努力与合作者建立良好的人际关系；其次，要善于向全陪或地陪学习，有事多请教；最后，要坚持原则，平等协商。如果全陪或地陪提出改变活动日程、减少参观游览时间、增加购物等不正确的做法，导游人员应向其讲清道理，尽量说服并按计划执行，如对方固执己见、一意孤行，应采取必要的措施并及时向接待社反映。

3. 导游人员与司机的协作

导游人员与旅游车司机的合作十分重要。司机比较熟悉旅游线路，经验丰富，导游人员与司机配合默契，是导游服务工作安全顺利进行的重要保证之一。

导游人员与司机合作应注意以下问题：

（1）旅游线路有变化时，导游人员应提前告诉司机。

（2）如果接待外国游客，在旅游车到达景点时，导游人员用外语向游客宣布集合时间、地点后，要记住将以上信息用中文告诉司机。

（3）多数司机具有丰富的驾车经验，能胜任旅游团的安全驾驶任务，但导游人员仍要协助司机做好安全行车工作，如帮助司机更换轮胎，安装或卸下防滑链，或帮助司机进行小修理；保持旅游车挡风玻璃和车窗的清洁；不要与司机在行车途中闲聊；遇到险情，由司机保护车辆和游客，导游人员去求援。

（4）与司机研究日程安排，征求司机对日程的意见。导游人员应注意倾听司机的意见，使司机产生团队观念和被信任感，积极参与导游服务工作，帮助导游人员顺利完成带团任务。

（5）尊重司机。导游人员在游客面前要树立司机的威信，要使游客对司机的辛勤工作给予理解和认可。

二、导游人员与旅游接待单位的协作

旅游产品是一种组合型的整体产品，既有有形的物质实体，也有无形的非物质服务，需要旅行社、饭店餐厅、交通部门、游览娱乐场所等旅游接待单位的高度协作。因此，导游人员要处理好与旅游接待单位的关系。

1. 及时协调，做好衔接工作

导游人员在服务过程中，要与饭店、车队、机场、车站、景点、商店等许多部门和单位打交道，其中任何一个接待单位或任何一个环节出现失误和差错，都会影响游客的满意度。导游人员在服务工作中，要善于发现或预见各项旅游服务中可能出现的差错和失误，通过各种手段及时调整和协调，使各个接待单位的供给正常有序。

2. 遇到困难，争取协作单位的帮助

导游服务工作流动性大、独立性强，工作繁杂，导游人员一人在外独立带团，常常会有意外、紧急情况的发生。当问题出现时，只靠导游人员一己之力往往很难解决。因此，导游人员要善于利用与各地旅游接待单位的协作关系，主动争取协作单位的帮助。

任务拓展

一、讨论分析

请同学们阅读【任务描述】的内容，通过教师提问和学生回答的形式，考查学生阅读、分析任务案例的能力。

（1）从导游小林与全陪的相处模式中，你获得了哪些启发（即导游人员应怎样和地陪或全陪协作）？

（2）如果是境外团队，导游小林如何与领队处理好关系?

二、案例分析

很多导游人员对旅游车司机总有说不完的话题和话柄，总是觉得与司机相处太难，尤其现在很多汽车承包到个人或有的是个体经营，在低价竞争中很多人把收益寄托在购物和进店上，如果购物效果不好，常常把怨气撒在导游人员身上，认为是导游人员技能差所致，有的甚至越俎代庖，接过话筒自己介绍，有的干脆直接向客人建议要求旅行社更换导游人员。还有的司机因游客不愿下车进店而服务态度恶劣，甩团或不按时发车的事时有发生。有的不顾游客的反对和导游人员的劝阻，要求游客多次进店购物，因服务质量造成的投诉往往又使导游人员和旅行社首当其冲。所以旅游界说“抬枪的是导游，扣扳机的是司机”。对于一次成功的旅游接待，导游人员与司机的良好配合是关键之一，这是值得认真思考的。

请问：在整个旅途中，导游人员与司机如何协作?

任务四　个性化服务技能

任务目标

在接到旅行社下达的接待北京夕阳红旅游团的任务后，小林要结合旅游团特点，妥善安排行程内容，提供优质服务。个性化服务技能主要包括对少年儿

童的接待技能、对老龄游客的接待技能、对残疾游客的接待技能、对宗教界人士的接待技能、对特殊身份和地位的游客的接待技能。

任务描述

导游小林在青岛的行程即将结束时，有半天的空余时间。老人们提出想要增加一个旅游景点，自费游览。小林向游客推荐了本市新开发的风景区。在得到老人们的一致同意后，小林带领游客们登山游览。刚开始，老人们的兴致很高，伴着小雨，有说有笑。随着山势越来越陡，温度下降，路面湿滑，很多老人都小心翼翼地前行，累得上气不接下气。有一位老人因路滑还摔倒了，腿磕破了皮。如果再这样继续下去将会有危险，小林急忙终止了游览。有的老人感慨：“我这辈子再也不爬山了，差点有去无回。”小林回想起来也很后怕。

任务分析

这次小林接待的是来自北京的夕阳红旅游团。为了确保旅游团在当地顺利进行参观游览活动，导游小林要根据旅游接待计划，充分了解旅游团的特点，分析游客的特征，有针对性地提供导游服务。

任务实施

一、对少年儿童的接待

1. 对青少年团队的接待

青少年夏令营在暑期团队中占据着很大的比例，团员一般为 7 ～ 17 岁。这个年龄段的孩子活泼好动，求知欲望强烈，喜欢逆向思维，提出的问题特别多而且刁钻古怪，加上青少年自我约束能力和组织纪律性较差，稍有疏忽就有可能造成旅游安全事故。因此，接待青少年团要具备渊博的知识，见多识广，同时要具有高度负责的精神，工作细心。

（1）根据特点安排行程。青少年旅游团的行程安排要符合他们的年龄特点，多安排些他们喜闻乐见的活动；游览重要景点时要留足够的时间，让他们细细观赏；每天的行程不宜安排得过于紧张，否则不仅容易造成走失事故的发生，而且也会使他们身体不适，甚至感冒发烧。

（2）建立感情，利用“家长自我”意识进行有效的管理和引导。面对青少年旅游团，导游人员首先要让他们接受并喜欢你；然后以“家长自我”的方式对他们进行有效引导和管理，因为在他们的心目中已经有了教师和家长的意识，他们习惯听从于教师和家长的话语。

（3）注意安全问题。青少年自控力、自我保护意识较差，他们对旅游中的各种事物充满好奇心和浓厚兴趣，因此导游人员要清醒地认识这一点，主动和教师以及其他合作者做好安全防范工作，避免他们走失、溺水或受到意外伤害。一定要注意教育他们有组织、有纪律、听指挥。尤其在山区、水域等危险区旅游时，要禁止他们嘻哈打闹，原则上不安排自由活动。

（4）照顾好旅游活动。由于青少年正处于生长发育期，每日食量较大，因此要注意让餐厅提供充足的饭菜，上菜速度也应比普通团队快，让他们尽量吃饱吃好。尽可能做到饮食有规律，建议他们多吃清淡食品和蔬菜水果。根据天气变化情况随时提醒注意增减衣物或带好雨具，预防感冒。掌握好回饭店的时间，以保证他们有充足的睡眠时间以便及时恢复体力。旅途中尽量安排他们在一些空旷的地方活动，以舒展筋骨。若发现他们活动少了，饭少吃或不吃，表现出烦躁或想睡觉时，注意他们是否生病，如身体不适，不要鼓励他们带病出游，必要时可配备随团医生并携带各种应急药物。

（5）讲解要生动形象。导游讲解时语言要生动形象，语调要亲切、富有激情且通俗易懂，能让他们听得懂、感兴趣。具体讲解时可多使用启发式、诱导式的方法，穿插一些与景点有关的传说故事，也可以多提些问题以加强与他们的交流或吸引他们开动脑筋，使他们对景物产生浓厚的兴趣。由于青少年想象力丰富、求知欲强，常常会提出各种各样奇怪的问题，因此要积极回答他们的问题，同时善于从答问中纠正孩子的偏激情绪，鼓励他们创造性思维。

2. 对普通团队中儿童的接待

在游客中，经常有携带未成年子女旅游的情况，因为国内游客出游的目的，很大程度上是为了让孩子增长见识。导游人员应注意儿童的生理、心理特征，做好接待。

（1）重视儿童的安全问题。对儿童的安全要予以足够的重视，他们天生好动，因此要特别注意安全。导游人员可酌情讲些有趣的童话和小故事吸引他们，既活跃了气氛，又使他们不到处乱跑。

（2）掌握“四不宜”的原则。

① 不宜突出了儿童，冷落了其他游客。

② 不宜给儿童买食物，买玩具。

③ 即使家长同意，也不宜单独把游客的孩子带出活动。

④ 儿童生病，应及时建议家长请医生诊治，而不宜建议其给孩子服什么药，绝不能将自己随身携带的药品给儿童服用。

（3）给予儿童格外的关心。

① 由于儿童的个子小，导游人员要根据具体情况，事先给餐厅打电话，要求准备儿童用椅、刀、叉、勺等一些儿童必备用具，以减少用餐时的不便。

② 导游人员在儿童的饮食起居方面要特别关心，如天气变化时，要及时提醒家长给孩子增减衣服。北方天气干燥，提醒家长多给孩子喝水等。

二、对老龄游客的接待

近年来，我国老龄化进程加快，老年人已成为潜力巨大的旅游客源开发市场。老年游客属于游客中的特殊群体，他们可能是由于儿女们都忙于工作，缺少应有的关爱，感到寂寞，想要外出散心；或者是为了满足年轻时出游的愿望，增长见识；也可能是儿女为了让操劳一生的老人出来游玩等原因，才产生了旅游愿望。

面对老年旅游团，导游人员要针对他们的身体和心理特点，妥善安排行程内容，并时刻注意他们的身体状况，同时发扬中华民族尊敬老人的优良传统和美德，持谦恭的态度，给他们体贴入微的关怀，提供不辞辛苦的服务。

1. 合理安排行程

首先，安排行程时要具有较强的弹性，每天游览的景点和活动的内容不要太多，注意节奏宜慢，可根据老年人身体情况选择游览景点最精彩的部分，不必面面俱到。其次，要充分考虑安全因素，避免安排体力消耗大、冒险刺激的活动，以静态观赏为主，动态观赏为辅。

2. 提供耐心细致的服务

（1）生活上关心。事先与相关的接待单位或相关人员联系，与他们协调好接待中的具体事项。在旅游过程中要随时关心老人的身体状况，每天向他们报告天气信息，备好常用药品。要主动与他们沟通，使他们心情舒畅。安排餐食时要注意照顾他们的习惯和生理特点，以清淡软烂为主，咸淡适中，同时注意营养结构，建议餐厅合理搭配，保证一日三餐营养均衡。安排住宿时，要确保环境幽雅，房间干净、安全。安排旅游车时尽量做到宽松、舒适；乘坐火车时尽量安排中下铺位；乘坐飞机时，协助他们办理行李托运手续。晚间活动时，还要提醒司机将旅游车停在有灯光，平坦、没台阶的地点，以防止他们上、下车时摔伤。

（2）旅游中留心。针对老年人行动迟缓，手脚不灵活，记忆力、反应力下降的特点，在游览过程中要处处留心，多做提醒工作。到达景点下车前，要重复强调集合时间、地点及旅游车的特征、车号等，提醒他们携带好有关的优惠证件、贵重物品及旅游用品。

在游览时，要提醒他们“一看二慢三通过”，在登山、爬坡、上台阶时尤其要多注意，必要时对个别老年人给予搀扶帮助。游览中要时刻留意他们的行动方向，以防掉队走失，并根据他们的生理特点，增加安排上洗手间的次数。

在景点讲解时，语速要适当放慢一些，声音要大一些，多讲一些文化含量高的内容；在离开景点时，要仔细清点人数。

（3）服务上耐心。一是对老人提出的各种问题即使是一些显得幼稚的问题都要给予耐心的解答；二是对他们提出的各种要求要耐心，合理而可能的要求尽量给予满足，即使对有困难、不易办到的也要耐心解释，说明情况；三是交代某些事情的时候要耐心，甚至有时候需要不厌其烦地反复提醒、反复说明。

（4）安全上挂心。要树立“安全第一”的意识，把安全服务贯穿于整个旅游活动过程中。如果老年旅游团没有配备随行医护人员，导游人员就必须在食、住、行、游、购、娱方面更加周密、细致地服务，善于察言观色，及早发现可能出现的病情，同时具备老年保健知识和初步的医护知识。

3. 时时处处体现尊重

在称呼上，应视老年游客为自己的长辈，若接待国内老年团，可称呼他们为叔叔、阿姨或爷爷、奶奶，这样很容易拉近和他们的距离，使得他们容易接受导游人员。若是外国老年游客，则要注意地区间的差别和不同国家的习俗，中国老人习惯表示自己的高龄，西方国家的老人则不然，因此，具体称谓上要因人而异。

老年游客经验丰富，要虚心听取他们的意见，及时采纳合理化建议；在给予他们关照的同时，还要注意东西方文化的差异。西方老人比较自信自强，不愿意使自己成为旅游团的负担，不愿意受到别人的特殊关照，因此要根据实际情况，以特殊和适当的方式给予关照。

三、对残疾游客的接待

旅游团多在残疾人运动会期间出现，平时这类团队并不多，但旅游团中会有截瘫、聋哑、盲人或视力障碍的残疾游客。为残疾游客服务的难度很大，需要的人力、物力比正常团队多得多。

1. 安排适宜的旅游线路

旅游线路的安排要考虑残疾人的身体状况，行程不能过于劳累，原则上只安排游览道路平坦、通达性较好的核心景区，并事先设计好适合残疾人的游览路线，妥善选择中途休息地点。注意，选择的线路不能有任何安全隐患。

2. 注意尊重

首先，要端正服务态度，任何时候和场合都不得歧视他们，并对他们表示充分的友好和尊重；其次，要注意保护他们的自尊心，他们虽身有残疾，但自尊心很强，内心十分敏感，许多时候不愿依靠别人帮助，因此导游人员服务时要特别注意方式方法，既要满腔热情、细心周到，尽可能为他们提供方便，又要不给他们带来压力或伤害到他们的自尊心。

3. 适时关心

（1）提供周到的服务。对于行动不便的残疾人团队，要事先与接待部门或旅游景区联系，请求给予个性化服务，让残疾游客体会到社会广泛的关爱。对于聋哑游客要安排他们在车上前排就座，因为他们需要通过读口型来获取信息，讲解时应有意放慢速度。对于视力障碍的游客，要尽最大努力将讲解的内容细致化和形象化，上车时安排前排就座，能用手触摸到的地方、物品要尽量让他们触摸；还要向他们介绍当地有盲道和特殊设施的地方。

（2）树立安全第一的观念。及时提醒游客量力而行，引导他们追求旅游过程的质量而不追求游览景点的数量，只要能较好地接近自然、融入社会就算基本达到目的。

（3）时刻关注。要善于察言观色，发现游客微小的心理变化，鼓励他们大胆地讲出自己的要求，以便提供相应的服务；对于他们性格、脾气上的不合理表现，要大度地予以容忍，千万不可斤斤计较。

四、对宗教界人士的接待

在来华的游客中有宗教界人士，他们以游客的身份来华旅游，同时进行宗教交流活动。他们大都友善，但特殊要求较多。因此，对于接待宗教界人士，导游人员要注意以下四点：

1. 学习了解我国的宗教政策，掌握有关基本情况

我国的宗教政策是自治、自养、自传。中国不干涉宗教界人士的国际友好交往，但未经我国宗教团体邀请和允许，不得擅自在我国境内传经布道和散发宗教宣传品。任何人不得利用宗教进行破坏社会秩序、损害公民身体健康、妨碍国家教育制度的活动。

2. 提前做好准备工作

认真分析接待计划，了解接待对象的宗教信仰及其职位。对接待对象的宗教教义、教规等情况要有所了解和准备，以免在接待中发生差错。

3. 满足特殊要求

一般宗教界人士在生活上都有些特殊的要求和禁忌，导游人员应不折不扣地兑现，设法给予满足。对饮食方面的禁忌和特殊要求，一定要提前通知饭店、餐厅，做好准备。

4. 尊重游客的宗教信仰及习惯

在接待过程中，要特别注意游客的宗教习惯和戒律，处处尊重宗教游客的宗教信仰和习惯。

五、对特殊身份和地位的游客的接待

有特殊身份和地位的游客，是指外国在职或曾经任职的政府高级官员，对华友好的官方或民间组织团体的负责人、社会名流，或在国际国内有一定影响的各界知名人士，某些国家的皇室或贵族成员，国际或某国著名的政治家、社会活动家、大企业家等。这些游客除游览外，往往还有其他任务或使命。他们以普通游客的身份出现，但日程又与普通游客不同。做好这些人的接待工作，对扩大我国对外影响，加强中国人民与世界各国人民之间的友好往来，具有十分重要的意义。

1. 做好充分的知识准备

这些身份较高的游客素质高，知识面也很广。因此导游人员要提前做好相关的知识准备，以便能选择交流的话题，并能流利地回答他们的提问。

2. 要有充分的信心

导游人员不要因为对方地位较高而胆怯。往往越是身份高的人，越懂得尊重别人。他们

待人接物非常友好、客气，十分尊重他人的人格和劳动。自己心理压力大，反而会影响自己的发挥，导致效果不好。

3. 多做请示、汇报工作

按照有关规定接待这种旅游团时，由于可能会有接见、会谈等活动，因此游览日程、时间变化较大，导游人员一定要灵活掌握，随时向有关领导请示、汇报，协助安排接见、会见的时间。

任务拓展

一、讨论分析

请同学们阅读【任务描述】的内容，通过教师提问和学生回答的形式，考查学生阅读、分析任务案例的能力。

（1）导游小林带领旅游团游览，为什么差点造成严重的后果呢?

（2）你认为带老年团应该注意哪些问题?

（3）你认为带领老年团应该选择哪类旅游景区进行参观游览?

二、模拟实训

根据课堂相关内容，每次抽调 6 名同学作为一小组，分别进行下述模拟训练：

（1）导游接待夏令营团队的情形。

（2）导游接待老龄游客的情形。

（3）导游接待残疾游客的情形。

（4）导游接待宗教界人士的情形。

（5）导游接待特殊身份和地位游客的情形。

针对学生在每个模拟训练环节中的完成情况，可以采取教师评价、小组同学互评、全班同学评价等形式，指导学生们灵活运用理论知识分析问题、解决问题，避免在实践工作环节中出现疏漏。

项目七　语言与讲解技能

项目导读

旅游界有这样一句话“祖国山河美不美，全凭导游一张嘴”，这里的“嘴”指的是导游人员的讲解技能。讲解技能是导游带团过程中最重要的技能之一，而导游技能又是建立在导游人员语言技能基础之上，二者是密不可分的。导游人员的语言与讲解技能如图 7-1 所示。

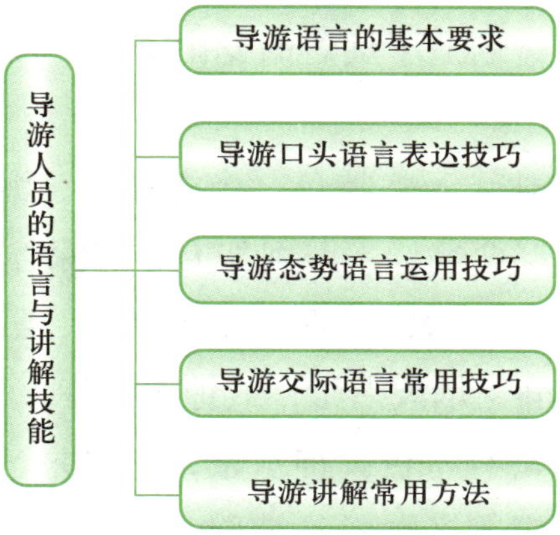

图 7-1　导游人员的语言与讲解技能

任务导入

6 月下旬的某天，导游小郭接到青岛希望国际旅行社计调小孙的通知，说是一个天津旅游团将于 7 月 3 日至 8 日来山东做青岛—威海—蓬莱三地游，由她负责青岛的接待工作。

任务一　导游语言的基本要求

任务目标

接到旅行社下达的接待天津旅游团的任务后，小郭通过多种途径对相关景区景点做了充分的知识准备，了解导游语言的概念，掌握导游语言的基本要求，力求使自己的语言准确、生动、灵活、自然，让来自天津的游客真正领略景区的魅力。

任务描述

在旅游团到达青岛的第二天，小郭带领游客们来到素有“海上第一名山”之称的崂山。接下来，小郭就向天津的游客们介绍起崂山。

各位朋友大家好：

欢迎您来青岛崂山参观游览。青岛地区大小山峰几十座，崂山则为大自然的神来之笔。

崂山风景区总面积446平方千米，其中绕山海岸线长达87.3千米，主峰高1 133米，堪称崛地而起，靠海而立。崂山气候清新而湿润，年平均气温为12.6℃，冬季平均气温为–0.2℃，夏季平均气温为23℃。崂山历史悠久，古迹荟萃。远在一亿四千万年前的白垩纪早期，崂山即已形成，五六千年前，先民们已在此聚居生息，创造了灿烂的龙山文化。《后汉书·逢萌传》《南史·明僧铭传》等均有记载。

崂山自然景观独具天然特色。山海相连、海天一色、雄伟壮观；山内群峰耸立、怪石嶙峋、层峦叠嶂、壁削如刀、涧深谷幽，每座峰上象形石比比皆是，千姿百态、栩栩如生；碧海无涯、山高林密、云气离合、岚光变幻；海岸线曲折蜿蜒，或广阔幽静、烟波浩渺，或惊涛拍岸、谷应山鸣。

崂山名泉圣水富有特色。神水泉、圣水泉、金液泉、天乙泉等清泉各领风骚；潮音瀑、龙潭瀑等名瀑各具神韵。著名的青岛啤酒和崂山矿泉水均以此水酿就而成。

崂山林木苍郁、花繁草茂，区内仅古树名花就有110多株，有的树龄高达2 500余年。山里深处，春日一片翠绿，夏天浓荫蔽日，秋季满谷金黄，严冬则处处玉树琼花。

崂山以其山海奇观、深邃幽静之胜景，“神仙窟宅”“洞天福地”之美誉，备受帝王将相、文人雅士、名道高僧之推崇。唐代诗人李白在此留下了“我昔东海上，劳山餐紫霞”的著名诗句。清代蒲松龄以崂山风物为内容写出了《香玉》《崂山道士》等名篇。山中宫观寺庵星罗棋布，鼎盛时有“九宫八观七十二庵”之说。

总之，清新而湿润的空气、悠久而灿烂的历史文化、独具特色的人文和自然景观，构成了崂山旅游的丰富内涵。

崂山旅游分南线、北线、东线，每条线如同一串珍珠项链，串联着无数个景观（点）。

任务分析

这次小郭接待的是来自天津的常规旅游团。为了将青岛的美丽呈献给大家，小郭不仅深入挖掘景点内涵，还注重发挥导游语言的特点，力求使游客们享受到视觉、听觉的饕餮盛宴。

任务实施

小郭在查阅了景区众多的文献资料的同时，又参考了关于导游语言的理论知识，针对天津游客，进一步地完善自己的导游词。

一、导游语言的概念

导游是一种职业，与其他社会职业一样，在长期的导游实践中逐渐形成了具有职业特点的语言，即导游语言。导游语言有狭义和广义之分。

从狭义的角度来说，导游语言是导游人员与游客交流思想感情、指导游览、进行讲解、传播文化时使用的具有丰富表达力、生动形象的口头语言。

从广义的角度来说，导游语言是导游人员在导游服务过程中必须熟练掌握和运用的所有具有一定意义并能引起互动的一种符号。

这里的“所有”，不仅包括口头语言，而且包括书面语言、态势语言和副语言等，其中副语言是一种有声而无固定语义的语言，如笑声、叹息、掌声等；“具有一定意义”，是指能传递某种信息或表达某种思想感情，如讲解（介绍）旅游资源及文化，引导游客去发现美、了解美和欣赏美；“引起互动”，就是指信息接受者（游客）在一定的感受基础上所产生的反应，比如，导游人员微笑着搀扶老年游客上车，其态势语言（微笑和动作）就会引起游客的互动；老年游客会表示感谢，同时引来周围游客赞许的目光；“一种符号”，是指导游过程中有意义的媒介物——语言。

二、导游语言的基本要求

1. 准确性

导游语言的准确性是指导游人员的语言必须以客观实际为依据，即在遣词造句、叙事上面要以事实为基础，准确地反映客观实际。无论是说古论今、是议人还是叙事、是讲故事还是说笑话，都要做到以实论虚、入情入理，切忌空洞无物或言过其实。导游人员的语言要达到准确性要求，必须做好以下几方面。

（1）要有科学的态度。严肃认真的科学态度是做好导游语言准确性的前提。首先，要求导游人员有竭诚为游客服务的思想，有不断提高导游服务质量的意愿，才能抱着对各方负责的态度，实事求是地用恰当的语言予以表达；其次，要有锲而不舍、勤学苦练的科学精神。

（2）要熟悉讲解的内容。熟悉所讲解的事物和内容，是运用好语言的基础。如果导游人员对所讲、所谈的事物和内容有充分的准备，谙熟于胸，讲起来不仅侃侃而谈、旁征博引，而且遣词造句也十分贴切，就能准确地反映所讲、所谈事物的本来面貌，易于为游客所接受和理解。

（3）遣词造句要准确。遣词造句准确，词语组合、搭配恰当是语言运用的关键。一个句子或一个意思要表达确切、清楚，关键在于词语的组合及搭配上，要在选择恰当词汇的基础上，按照语法规律和语言习惯进行有机组合和搭配。如果词语用法不当，组合搭配不好，就会使信息失真。

2. 逻辑性

导游语言的逻辑性是指导游人员的语言要符合思维的规律性。

（1）思维要符合规律。导游人员如果能正确掌握并运用逻辑思维，遵守形式逻辑的思维规律，就会使自己的思维保持确定的、前后一贯的、有条理的状态，从而在语言表达上保持首尾一致，具有较强的逻辑性。

（2）语言表达要有层次感。导游人员应根据思维逻辑，把要讲的内容分好次序，即先讲什么、后讲什么，使之层层递进、条理清楚、脉络清晰。

3. 生动性

导游人员向游客提供面对面的服务时，游客大多数情况下是在听导游人员说话，所以导游人员的语言除了语音、语调、语速要有准确性和逻辑性之外，生动性也很重要。生动形象、妙趣横生、幽默风趣、发人深省的导游语言不仅能引人入胜，而且会起到情景交融的作用。

为此，导游语言的表达应力求使用形象化的语言，以创造美的意境；使用鲜明生动的语言，以增加语言的情趣性；使用幽默风趣的语言，以增强语言的感染力。

要使口语表达生动形象，导游人员除了要把握好语音、语调之外，还要善于运用比喻、比拟、夸张、映衬、引用等修辞手法。

任务拓展

一、讨论分析

请同学们根据【任务描述】的内容，通过教师提问和学生回答的形式，考查学生阅读、分析任务的能力。

你认为导游小郭的导游词符合导游语言的基本要求吗？为什么？

二、模拟实训

“趵突泉，位于济南市中心区趵突泉公园内，趵突泉南路和泺源大街中段，南靠千佛山，发源于济水的源头王屋山太乙池，至今不竭。趵突泉位居济南七十二名泉之首，被誉为‘天下第一泉’，享有‘游济南不游趵突，不成游也’

之盛誉，也是最早见于古代文献的济南名泉。它是泉城济南的象征与标志，与千佛山、大明湖并称为济南三大名胜。趵突泉公园先后被评为全国十大优秀园林、‘十佳’公园和国家 5A 级景区，是首批国家重点公园。”

根据上面这段文字，由学生以小组的形式，以“准确、清楚、生动、灵活”为原则，编写一份针对性强、生动自然的导游辞，并进行现场模拟讲解。

针对学生在每个模拟训练环节中的完成情况，可以采取教师评价、小组同学互评、全班同学评价等形式，指导学生们灵活运用理论知识分析问题、解决问题，避免在实践工作环节中出现疏漏。

任务二　导游口头语言表达技巧

任务目标

接到旅行社下达的接待天津旅游团的任务后，小郭为了高质量地完成接待任务，对相关理论知识做了功课，了解口头语言的表达形式，掌握口头语言的表达要领，学会克服不良的口语习惯，充分发挥语言艺术的作用，以求达到传情、传神的目的。

任务描述

旅游团从机场乘车到下榻饭店的途中，导游小郭致欢迎辞，介绍青岛概况和沿途风光。

导游小郭：各位天津来的朋友们，你们知道我们青岛有哪些全国知名品牌吗?

游客：知道。海尔、海信、青岛啤酒……

导游小郭：哪位喝过纯正的青岛啤酒？感觉如何呢?

游客：感觉很清爽，不错。

……

导游小郭清新自然的语言表达、柔和优美的语音语调，瞬间消除了游客与她的陌生感，气氛热烈而融洽。

任务分析

导游小郭在赴饭店途中，通过介绍青岛的风土民情，让游客对青岛产生直观印象。她深知“祖国山河美不美，全靠导游的一张嘴”，为此，在讲解时，需要选择适宜的表达方式，明确口头语言表达的要领，克服自身不良的语言表达习惯，才能为游客提供良好的导游服务。

任务实施

小郭根据旅游接待计划，事前对旅游团做了充分的了解，针对自身不足之处进行相应的整改。

一、口头语言的表达形式

1. 独白式

独白式是一种导游人员讲解游客倾听的单向语言传递方式，在导游服务过程中，使用最为普遍。它的特点是目的性强，对象明确，表达充分。如致欢迎辞、欢送辞或独白式的导游讲解等。

2. 对话式

对话式是导游人员和游客之间的双向语言传递方式，是导游人员与一位或数位游客之间的交谈，可以是问答，也可以是商讨。它的特点是依赖性强、反馈及时。

二、口头语言表达的要领

导游语言是一种口头语言，从导游讲解的性质看，应该是一种语言艺术，讲究音调的高低强弱，语气的起承转合、自然流畅以及节奏的抑扬顿挫，即讲究语言的音乐性。为了充分发挥语言艺术的作用，要求导游人员努力使导游语言的音、调和节奏运用得恰到好处，根据讲解对象的具体情况和当时的时空条件灵活运用，以求达到传情、传神的目的。

1. 适度优美的语音、语调

（1）音量。导游人员在讲解时音量的大小、声音的高低要适度，以游客听清为准。德国人哈拉尔德·巴特尔指出，“讲话的艺术在于适中”。作为口头语言的导游语言在运用时也必须掌握“适中”这个原则。“适中”就是要求导游人员在导游讲解时声音强弱要适度，以游客听清为准（必要时可借助扩音器），防止声音过高或过低。声音太高造成噪声，令人难以忍受；声音太低，让人听起来费劲，会给人以说话无把握、缺乏信心的印象。如果声音太低导致游客听不清楚，语言就丧失了传递信息的基本作用，直接影响导游服务质量。

（2）语调。导游语言作为一种艺术语言，要求导游人员在导游讲解时语调优美、自然、正确、富于变化、悦耳动听，令听者感到亲切自然，从而产生感染力，打动游客的心弦，激发他们的游兴。导游人员如使用外语讲解时语言要标准，语调要符合外国人讲话的习惯。优美自然是指语言流畅、起伏有度，使游客听起来悦耳、舒服。

2. 正确合理的导游语言节奏

正确合理掌握导游语言节奏是导游语言艺术性的要求之一，节奏运用得当不仅使游客听得清楚明白，还会使游客的情感随着导游人员的讲解起伏，心领神会，起到良好的导游效果。导游语言的节奏是指说话的快慢和语句的断续停顿，包括导游讲解的节奏和声调的节奏。

（1）讲解的节奏。导游人员在工作中，要注意观察游客的反应、理解能力等，根据当时的情况决定节奏的快慢。例如，导游人员在刚接到游客致欢迎辞时的讲话速度就要比平时慢一些，声音略大些。待游客适应了导游人员的语音语调后再适当加快速度。在向游客强调注意事项时声音应增高，音量要放大。讲解的节奏要视听者的具体情况和时空条件而定，做到疾徐有致、快慢相宜。

（2）声调的节奏。导游人员讲解时，其声音要抑扬顿挫、富有感情色彩，但不能矫揉造作，声调要适时变化，有节奏感。音调和节奏体现着导游语言的艺术性和趣味性，直接影响着游客的审美效果，导游人员应予以高度重视。

三、克服不良的口语习惯

1. 说话含糊

导游人员在讲解时，首先必须对讲解的内容胸有成竹，讲解时才能有条不紊，词语贴切；相反，如果对事物理解不准确，望文生义，说起话来就含糊不清，使人产生误解。例如，有的导游人员对讲解的内容不熟悉，缺乏自信心。讲解时，常用一些“大概”“可能”“好像”等模糊的词语，游客对此是不会满足的，因为他们要求得到肯定的回答、确切的知识，不愿听含糊不清、模棱两可的话。“言语的暧昧是由于思想的朦胧”，只有在对讲解对象了解的基础上，注意使用准确、肯定的言辞，才能赢得游客的信任。

2. 啰唆重复

导游人员的讲解应该内容紧凑，简洁明快。有的导游在讲解时，生怕游客不理解，反反复复，颠来倒去地解释、说明，尽管其动机是好的，但啰唆的话语往往会把听者的耐心都耗尽。还有的导游想用一些哗众取宠的话来吸引人，讲解时，故意用一些琐碎的话作铺垫，用不必要的旁征博引来东拉西扯，结果要么言不达意，要么离题太远，使人感到啰唆。

3. 晦涩难懂

口语与书面语不尽相同，口语讲求简洁，而书面语则讲求辞藻。如果导游人员在讲解时，机械地背诵导游词，特意地用修饰语、倒装句、专用术语，或用晦涩冷僻的词语，游客不仅听不进去，而且无法消化。还有的导游人员为了卖弄知识，故意引用一些古文诗词，引用之后又不解释，故作高深。

4. 口头禅

导游人员的口语应尽量避免晦涩难懂的书面化倾向，但也要防止另外一种倾向，即惯用口头禅。讲解时使用平时的口头禅，会妨碍整个内容的连贯性，游客听起来也很不舒服。

5. 其他不良口语习惯

除了上面提到的四种不良口语习惯外，还有其他一些常见的不良口语习惯，例如，别人讲话时，总喜欢添上"自然是这样""果真如此""老实说""坦率地讲""如果你明白我的意思""明白了吗"等此类言辞，有时毫无必要，应尽量少用。

任务拓展

一、讨论分析

请同学们根据【任务描述】的内容，通过教师提问和学生回答的形式，考查学生阅读、分析任务的能力。

（1）导游小郭采用了哪种口头语言的表达方式？具有哪些特点？

（2）一名合格的导游人员，应该如何把握讲解的音量、语调及语言的节奏呢？

二、案例分析

"这个，各位游客，大家好。这个我们今天来到了这个普济寺。这个，这个普济寺最早的名字叫这个这个……不肯去庵，呃，这个为什么叫这个，这个名字呢？这里有个传说是，这个五代梁贞年间，有个和尚，叫这个这个……慧锷的，对，这个这个和尚是日本来的，到中国山西的这个这个五台山……"

请问，这篇导游讲解会吸引你吗？从口头语言的表达技巧入手分析，里面存在什么问题呢？

任务三　导游态势语言运用技巧

任务目标

接到旅行社下达的接待天津旅游团的任务后，小郭为了高质量地完成接待任务，对相关的理论知识均做了一定的功课。明确态势语言的类型，理解每种态势语言的具体内容，学会在实践中灵活运用态势语言，更好地辅助自身的导游讲解。

任务描述

旅游团从机场乘车到下榻饭店的途中，导游小郭致欢迎辞，介绍青岛概况和沿途风光。在车上讲解时，小郭手拿麦克风，面对游客站立，保持上身正直。每次讲到车外沿途风光时，总能及时地用手势去指引游客，每每涉及青岛的发展变化时，总会伴以微笑，展示出作为青岛人的骄傲。位于车厢中后方的游客却纷纷抗议，说小郭只讲给前面的游客听，感受不到小郭对他们的热情。小郭意识到，自己的目光总是停留在前面游客的身上，难怪中后方的游客不满意。

任务分析

导游小郭在赴饭店途中，致欢迎辞，介绍青岛概况和沿途风光时，应立足于目光语、表情语、姿态语、手势语和界域语五种态势语言，抓住具体要领，及时地调整自身体态，辅助导游讲解，以增加讲解的魅力。

任务实施

小郭根据旅游车的行驶线路，结合旅游接待计划，编写好导游词，配以合适的体态语言，辅助自己的讲解工作。在实践中，导游讲解并不是单靠动口就可以圆满完成的，必须用态势语言来辅助导游讲解。如果把站姿、眼神、手势、表情等处理得恰到好处，就会增加讲解的效果和魅力。凡是不注意游客视觉反应，完全凭自己的口才进行讲解的导游人员，是不会成功的。讲解时的态势语言有目光语、表情语、姿态语、手势语和界域语。

一、目光语

导游讲解是导游人员与游客之间的一种面对面的互动。这种面对面的互动，双方可以进行“视觉交往”。游客往往可以通过调动视觉器官——眼睛，从导游人员的一个微笑、一种眼神、一个手势中加强对讲解内容的理解。讲解时，运用目光的方法很多，下面介绍五种：

1. 目光的联结

这是加强导游人员与游客关系的重要因素。凡是一直低头或望着毫不相干处，以及翻着眼睛只顾口若悬河的人，是无法与游客产生沟通的。但是在用目光与客人进行交流时，不能老是盯着一个人，更不能一直盯着对方的眼睛，尤其是异性，否则会引起游客的反感或不自在。

2. 目光的移动

导游人员在讲解某一景物时，首先要用目光把游客的目光引过去，然后再及时收回目光，继续投向游客。

3. 目光的分配

目光要注意统摄全部听讲解的游客，既可把视线落点放在最后边的游客的头部，也可不时环顾周围的游客。但切忌只用目光注视面前的一些游客，不然就会冷落后边的游客，使他们产生被遗弃感。

4. 眼球的移动

当你的视线朝向哪方，你的面孔就应正对着哪方，那种眼球滴溜溜转动，而头不随着眼球转动的人是令人生厌的。

5. 讲解与视线的统一

当讲解内容中出现甲、乙两人对话场面时，在说甲的话时，要把视线略微移向一方，在说乙的话时，要把视线略微移向另一方，如此可使听众产生一种逼真的临场感。

二、表情语

表情是指眉、眼、鼻、耳、口及面部肌肉运动所表达的情感。美国心理学家艾伯特·梅拉比安在研究的基础上提出了这个公式：信息的总效果 =7% 言词 +38% 语调 +55% 面部表情。由此可见，面部表情在导游讲解中占据着十分重要的位置。

讲解时的面部整体表情有助于讲解内容的情感表达。讲解时如果导游人员“铁面无情”或麻木不仁，没有必要的感情流露，那么他只能是一部“会说话的机器”。例如，导游对游客讲：“现在，我们已经登上了被称为‘五岳之首’的泰山，我想，此刻大家一定和我一样，感到无比兴奋，无上荣光和自豪！”这段话是表达喜悦心情的，但是如果导游人员的面部表情没有喜悦兴奋的神色，就难以使游客感到你的真情实感，就激发不起游客的感情波澜。但是，脸上有一定的表情，而缺乏足以表达内心丰富情感的变化，或面部表情过于做作，与所要表达的思想情感不一致、不协调，同样不能收到良好的效果。为此，面部整体表情必须注意以下四点：

1. 要有灵敏感

就是说，导游人员的面部表情要比较迅速、敏捷地反映内心的情感。面部表情应该与口语所表达的情感同时产生并同时结束，在时间上要同步，表情时间过长或过短，稍前或稍后都不好。

2. 要有鲜明感

导游人员的面部表情要明朗化，即每一点细微的表情变化都能让游客觉察到。那种似笑非笑、似是而非、模糊不清的表情是不可能给人以美感的。

3. 要有真实感

导游人员的面部表情要表里如一，要使游客感到你的表情是真实的，是发自内心的，而不是皮笑肉不笑或华而不实、哗众取宠的。

4. 要有分寸感

运用面部表情要把握一定的“度”，做到不温不火，适可而止。以“笑”为例，导游人员根据讲解情感的变化，有时可表现为“爽朗笑”，有时可表现为“莞尔一笑”，有时可表现为“微笑”。讲解时的表情，不可用艺术表演的“表情”，否则会有损于导游讲解的真实性。

三、姿态语

姿态语是指身体在一定场合中以体姿所传递的信息。“站如松、坐如钟”就是指人们在公共场合应有的体姿。导游人员坐姿和立姿与导游服务密切相关，要站有站相，坐有坐相。

1. 坐姿语

坐姿语是通过坐姿传递信息的语言。在导游工作中，导游人员要根据不同的场合、语言环境选择适当的坐姿。坐姿也是导游人员气质、教养和个性的表现。坐姿优美得体，可以塑造良好的形象。男导游应有阳刚之美，女导游应温文尔雅。导游人员工作时，坐在那里东倒西歪、晃来晃去，跷着二郎腿并不断抖动，把脚放在前面的椅背上或把一只脚放在椅子上等，都会传递“粗俗、无理”的不良信息，引起游客反感。

2. 立姿语

立姿语是通过站立的姿态传递信息的语言。不同的立姿能表现出导游人员不同的心理状态和精神面貌，如自信、谦恭、傲慢、消沉等。导游人员工作时应保持良好的站立姿态。一般来说，导游员讲解时，身体要挺胸立腰，端正庄重。若在中型或大型旅游车内讲解，必须站立，面对游客，保持上身正直。导游人员在进行景点实地讲解时，一般不要边走边讲，应停止行走，面对游客，把身体重心放在脚上，上身要稳，要摆出轻松、安定的姿势。应避免双手叉于腰间的立姿，它会使游客感到导游人员傲慢无礼；也不要双臂抱于胸前或身体重心放在一只脚上，会给游客漫不经心的印象。更要注意的是，不可摇摇摆摆、焦躁不安、摇头晃脑，更不要有怪异的动作，如抽肩、缩胸、不停地摆手、舔嘴唇、掐胡子、拧领带等。

四、手势语

导游人员讲解时的手势，不仅能强调或解释讲解的内容，而且能生动地表达讲解语言所无法表达的内容，使讲解生动形象，游客看得见悟得到。手势在讲解中的作用主要有以下三种：

1. 情意手势

手势可以用来表达导游讲解的情感，使之形象化、具体化，即“情意手势”。在说激励言语及情绪兴奋时，可用握拳的手有力地挥动一下，既可渲染气氛，也有助于情感的表达。

2. 指示手势

手势还可以用来指示具体的对象，即“指示手势”。如“各位朋友，现在我们来到了趵突泉公园的东门，请大家顺着我手指的方向往上看，大门正中匾额上‘趵突泉’三个贴金大字，是郭沫若先生1959年来济南时题写的”。

3. 象形手势

手势还可以用来模拟物状，即“象形手势”。例如，当讲“有这么大的鱼”时，可用两手食指比一比；当讲到“五千克重的西瓜”时，可用手比成一个球的形状。

在哪种情况下用哪种手势，都应视讲解的内容而定。在手势的运用上必须注意：一要简洁易懂；二要协调合拍；三要富有变化；四要节制使用；五不要使用对方忌讳的手势。

五、界域语

界域语是交际者之间通过空间距离所传递的信息，它是人际交往的一种特殊的无声语言。研究表明，每个人周围都有一个属于自己的个人空间，犹如其身体的延伸，人际交往只有在这个空间允许的限度内才会显得自然。否则，一旦冲破这个限度，就会使交往双方或某一方感到不自在或不安全，而做出本能的反应。

导游人员在导游活动中也应当掌握界域语。导游界域语可分为三种形式：亲热界域语是指接触性界域距离，如拥抱、亲吻、挽手等；个人界域语是指接近性界域距离，一般为75厘米左右，如促膝交谈、握手等；社交界域语是指交际性界域距离，一般为210厘米左右，如商谈、导游讲解等。

导游人员与游客的关系比较特殊，游客是导游服务的对象，导游人员要尽力为游客提供优质服务，特别是要提供有人情味的服务。但是，游客又是来自不同国家或地区，其政治制度、宗教信仰、文化背景、风俗习惯、兴趣爱好等各不相同，在导游服务过程中，还有“内外有别”的原则问题。因此，根据不同游客、不同场合，导游人员应当灵活、恰当地使用界域语。

任务拓展

一、讨论分析

请同学们根据【任务描述】的内容，通过教师提问和学生回答的形式，考查学生阅读、分析任务的能力。

（1）导游小郭在赴饭店途中，哪些态势语言的使用值得我们学习?

（2）小郭在运用目光语时，应注意哪些问题?

（3）在实地景点的讲解中，导游小郭与游客之间应保持多少的距离，属于哪种界域语？

二、模拟实训

俗话说“台上一分钟，台下十年功”。选取本地任一景点导游词，对镜练习，看看自己在讲解中是否做到了声情并茂。

任务四　导游交际语言常用技巧

任务目标

接到旅行社下达的接待天津旅游团的任务后，小郭在带团服务中要掌握一定的交际技巧。明确导游交际语言常用技巧即称谓、交谈、道歉、提醒、回绝五方面内容，学会在实践中灵活运用。

任务描述

旅游车行驶到下榻的饭店后，导游小郭说：“各位游客，我们已经到了下榻的新海饭店。请大家带好自己的行李，咱们在饭店大堂集合。”游客们带着行李来到了饭店大堂，突然，团长夫人发现自己的行李箱不见了。大家找了很长时间也没着落。她非常着急，连重要宴会也没参加，许多游客都陪着她不去歇息。在这种情况下，小郭一面劝游客早点休息，一面自责地对团长和其夫人说：“十分对不起，对事件的发生我心里感到很不安，不过还是请各位早点休息，我们的工作人员还在继续寻找，我们一定会尽力的。”

任务分析

导游小郭带领旅游团到达下榻的饭店，从称谓、交谈的语言技巧，事件发生后表达歉意的技巧等方面进行巩固强化，提高自身的职业技能。

任务实施

导游小郭结合旅游接待计划，按照导游服务程序，为旅游团提供良好的导游服务工作。

导游交际语言包含的内容很多，如见面时的语言、交谈时的语言、致辞时的语言，同游客交往中导游员对游客进行劝服、提醒、拒绝、道歉等。下面是常用的语言技巧：

一、称谓的语言技巧

一般情况下，导游人员对游客的称谓经常使用三种方式。

1. 交际关系型称谓

交际关系型称谓主要是强调导游人员与游客在导游交际中的角色关系。如“各位游客”“各位团友”“各位嘉宾”等，这类称呼角色定位准确，宾主关系明确，既公事公办，又大方平和，特别是其中的“游客”称谓是导游语言中使用频率最高的一种。

2. 套用尊称型称谓

套用尊称型称谓在各种场合都比较适用，是各个阶层、各种身份都比较合适的社交通称。如“女士们、先生们”“各位女士、各位先生”等，这类称谓尊称意味浓厚，适用范围广泛。

3. 亲密关系型称谓

亲密关系型称谓多用于比较密切的人际关系之间的称谓，如“各位朋友”“各位乡亲”等。这类称谓热情友好，亲和力强，注重强化平等亲密的交际关系，易于消除游客的陌生感，建议在和游客熟悉之后再用此称谓。

二、交谈的语言技巧

在导游交际过程中，虽然导游讲解占据了主要的地位，但往往还有大量的时间是属于同游客自由交谈的时候，这种情况下的交谈对导游人员与游客的沟通、对游客情况的了解非常关键。因此，在与游客自由交谈时要注意讲究聊天的技巧。

导游人员与游客聊天的意图是明确的，是以达到协调双方关系，缩短双方心理距离，建立良好交际基础为基本目的的。因此，导游人员与游客聊天时主要是从对方感兴趣或对方关心的话题切入，如对旅游目的地的提前了解，女性游客对时装、美容、小孩的关注，老年游客对身体健康、怀旧的兴趣等。

聊天是双方自觉自愿、平等交流、随和开放的行为，导游人员应注意创造聊天的条件，营造聊天的氛围，根据游客心理特征、语言习惯、文化水平、脾气秉性等各种因素，随机应变地引导聊天的过程，使交流气氛融洽、愉快，达到与游客互相理解、有效沟通的目的。

三、道歉的语言技巧

在导游服务过程中，导游人员说话不慎、工作中某些过失或者相关接待单位服务商的欠缺，都会引起游客的不快或不满，造成游客同导游人员之间关系紧张。不管是哪个方面，导游人员都应妥善处置，需要采用恰当的语言表达方式向游客致歉或认错，以消除游客的误会和不满情绪，求得游客的谅解，缓和紧张关系。

1. 微笑式道歉

微笑是一种润滑剂，微笑不仅可以对导游人员和游客之间产生的紧张气氛起缓和作用，而且微笑也是向游客传递歉意信息的载体。如某导游回答游客关于长城问题时，将长城说成建于秦朝，待其他游客纠正后，导游觉察到这样简单回答是错误的，于是对这位游客抱歉地一笑，游客便不再计较了。

2. 迂回式道歉

迂回式道歉是指导游人员在不便于直接、公开地向游客致歉时，采用其他的方式求得游客谅解的方式。如某导游在服务过程中过多地接触和关照部分游客，引起另一部分游客的不悦。导游觉察后，便主动地多接触这部分游客，并给予关照和帮助，逐渐与这部分游客冰释前嫌。

3. 自责式道歉

由于旅游供给方的过错，使游客的利益受到较大损害而引起强烈不满时，即使代人受过，导游员也要勇于自责，以缓和游客的不满情绪。如导游人员带团入住饭店，发现团长夫人的行李箱不见了，大家找了很长时间也没有着落。她非常着急，连重要宴会也没参加，许多游客都陪着她不去歇息。在这种情况下，陪同的导游人员一面劝游客早点休息，一面自责地对团长和团长夫人说："十分对不起，对事件的发生我心里感到很不安，不过还是请各位早点休息，我们的工作人员还在继续寻找，我们一定会尽力的。"不管这位团长夫人的行李最终是否能找到，但导游人员这种勇于自责的道歉，一方面体现了其帮助游客解决问题的诚意，另一方面也是对游客的一种慰藉。

四、提醒的语言技巧

提醒的语言方式很多，除了直截了当的命令式之外，还有其他的委婉方式。由于导游人员处在为游客服务的位置，对游客首先应予以尊重，其次要有服务意识，对游客的安全负责，对游客中某些行为需要提醒时，应使用委婉方式。导游人员提醒的语言要富有情感，要体现对游客的关心，使提醒能在愉悦的气氛中被游客所接受。

1. 敬语式提醒

敬语式提醒是导游人员使用恭敬口吻的词语，对游客直接进行的提醒方式。导游人员在对游客的某些不妥当的行为需要提醒时，应多用敬语，这样会使游客易于接受。如"请大家安静一下""对不起，您又迟到了"。

2. 幽默式提醒

幽默式提醒是导游人员用有趣而意味深长的词语对游客进行的提醒方式。导游人员运用幽默的语言进行提醒，既可使游客获得精神上的快感，又可使游客在欢愉的气氛中受到启示或警觉。如有些年轻游客爬到一尊大石象的背上拍照，导游人员见了连忙上前提醒他们：

“希望大家不要欺负这头忠厚老实的大象！”

3. 协商式提醒

协商式提醒是导游人员以商量的口气简洁地对游客进行的提醒方式，以取得游客的认可。协商将导游人员与游客置于平等的位置上，导游人员主动同游客进行协商，是对游客尊重的表现。一般来说，在协商的情况下，游客是会主动配合的。如某游客经常离团自由活动，导游人员就可以关切地询问：“先生，我不知您在游览中对哪些方面比较感兴趣，您能否告诉我，以便我能在以后的导游讲解中有所侧重。”

五、回绝的语言技巧

回绝即对别人的意见、要求予以拒绝。在导游服务中，导游人员常常会碰到游客提出的各种各样的问题和要求，除了一些通常的问题和一些合理的经过努力可以办到的要求可以予以解释或满足外，也有一些问题和要求是不合理的或不可能办到的，这时，导游人员必须运用回绝的语言表达方式和技巧。

1. 柔和式回绝

柔和式回绝是导游人员采用温和的语言进行推脱的回绝方式。采取这种方式回绝游客的要求，不会使游客感到太失望，避免了导游人员与游客之间的对立状态。如一位美国游客邀请某导游到其公司工作，这位导游回答说：“谢谢您的一片好意，我还没有这种思想准备，也许我的根扎在中国的土地上太深了，一时拔不出来啊！”这位导游虽未明确表示同意与否，然而却委婉地拒绝了游客的建议。

2. 引申式回绝

引申式回绝是导游人员根据游客话语中的某些问题加以引申而产生新意的回绝方式。如某游客在离别之前把吃剩的半瓶药送给导游并说：“这种药很贵重，对治疗我的病很管用，送给你做个纪念。”导游礼貌地说：“谢谢。既然这种药对您很管用，还是您自己带回去慢慢用吧，这么贵重的药送给我这没病的人就浪费了。”

3. 迂回式回绝

迂回式回绝是指导游人员对游客的发问或要求不正面表示意见，而是绕过问题从侧面予以回应或回绝。如某导游在同游客交谈时谈到了西藏，这时一位美国游客突然发问：“你们 1959 年进攻西藏是否合法？”该导游思索了片刻说：“您认为你们在 19 世纪 60 年代初进攻南方的奴隶主是否合法呢？”美国游客一时语塞，其他游客听了都笑了起来。

任务拓展

一、讨论分析

请同学们根据【任务描述】的内容，通过教师提问和学生回答的形式，考查学生阅读、分析任务的能力。

（1）导游小郭说的“各位游客”，属于称谓中的哪种形式？在旅游活动中，对游客的称谓要把握哪些原则？

（2）假如你是团长夫人，你会接受小郭的道歉吗？为什么？

（3）小郭的道歉属于哪种类型？

二、模拟实训

案例 1： 导游发现一位游客已经连续两次影响旅游团准时出发的时间了，造成其他游客的不满。导游应该怎样提醒该游客？

案例 2： 导游在导游服务中过多地接触和关照部分游客，引起另一些游客的不悦。导游应怎样求得游客的谅解，缓和彼此的关系？

根据课堂相关内容，以小组学习的方式，进行上述案例的模拟训练。

针对学生在每个模拟训练环节中的完成情况，可以采取教师评价、小组同学互评、全班同学评价等形式，指导学生们灵活运用理论知识分析问题、解决问题，避免在实践工作环节中出现疏漏。

任务五　导游讲解常用方法

任务目标

接到旅行社下达的接待天津旅游团的任务后，小郭在带团服务中要掌握一定的导游讲解技巧。明确导游讲解常用的 12 种方法，学会在实践中灵活运用，并能结合自身特点形成自己独特的讲解。

任务描述

第二天上午，导游小郭带领游客来到了栈桥。她按照自己事先准备的导游词，讲解栈桥的概况、栈桥的历史以及回澜阁等内容。虽然她讲得十分认真，但是没有什么吸引力，游客们的反应都比较冷淡，有的甚至已经跟着别的团队继续游览了。导游小郭见状非常着急，不知道该怎么办。

任务分析

导游小郭带领游客游览栈桥，她的讲解应该立足于游客，从游客感兴趣的内容出发，灵活运用不同的导游讲解方法，因势利导，使客、导之间达到心灵的默契，使旅游生活轻松愉快。

任务实施

导游小郭对应着旅行社接待计划，根据游客的爱好和特点不断改变讲解的内容，做到因人而异，因景而异。在导游活动时，导游人员都希望自己成为游客注意的中心，能将游客牢牢吸引在自己的周围。如何才能把游客的注意力吸引到自己身上呢？导游人员必须讲究导游讲解的方式方法，要善于编制讲解的故事情节，结合游览活动的内容释疑解惑、创造悬念、引人入胜；要启发联想、触景生情；要采用有问有答、交流对话等方式，努力将游客导入意境。导游讲解是一种艺术性很强的活动，同样的内容，以不同的形式和方法进行讲解，会收到不同的效果。导游人员在工作中常用的导游讲解方法如下：

微视频 10
导游讲解常用方法——概述法

一、概述法

概述法是指导游人员为帮助游客更好地了解景点而在参观游览前介绍景点概况的方法，一般在景点示意图前进行。导游人员带团进入某一个景点，一般都要在景点示意图前停留一会儿，将景点的历史沿革、地理位置、占地面积、整体布局、主要景观、游览路线等内容介绍给游客。这是一种辅助性讲解，目的是让游客对即将游览的景点有所了解，做到心中有数，以便更好地完成参观游览。例如，孔庙建筑是仿皇宫体制，共分九进院落。主要建筑物坐落在南北中轴线上，附属建筑呈左右对称式排列。共有殿阁祠堂 466 间，54 座门坊，2 000 多块碑碣，占地约 327.5 亩，建筑面积达 1.6 万平方米……

概述法并不是单调乏味的叙述。在运用这种方法时，导游人员不仅要言辞简洁，还要辅以动听的语音语调、恰当的面部表情和手势动作，才能提高游客的兴趣。导游人员要做的工作只是简单概述景点的基本情况，而印象则由游客观后评价、感受。

二、分段讲解法

分段讲解法就是把一个规模较大的景区按照一定顺序分为前后联结的若干部分，分别进行讲解的方法。通常，这种方法主要适用于建筑规模或占地面积较大的景点景区，如故宫、孔庙。一般情况下，导游人员在带团游览前先把景点的概况介绍给游客，然后在游览过程中按照先后顺序进行讲解。这样讲解层次清楚，要点明确，客人也易于理解。导游人员在运用分段讲解法时要注意各部分中间的过渡，每一段快结束时要适当地提及下一段最有价值的内容，目的是引起游客继续参观的兴趣，让景物讲解环环相扣。

微视频 11
导游讲解常用方法——突出重点法

三、突出重点法

突出重点法就是在导游讲解时，切忌面面俱到，一定要突出重要方面的讲解方法。实际上，就是一种有重点地详讲和略讲结合的导游讲解方法。导游人员在讲解时要突出以下四个方面的内容。

1. 突出大景点中具有代表性的景观

导游人员在带领游客参观大的景点时要周密计划，确定重点景观。既要把重点景观的特征介绍清楚，又要能够让游客了解景点的全貌。如在西湖苏堤参观时，游客想要领略的是被称为西湖十景之首的“苏堤春晓”的自然风光。因此，导游人员在介绍过苏堤的历史后，就应重点向游客描述春天的自然风光特征，使游客从导游员的讲解中进一步感受苏堤的迷人景致。

2. 突出景点的特征及与众不同之处

各类景点，特别是古建筑之类的景点，如各宗教建筑和古民居，它们的历史、规模、结构和艺术特色各不相同。游客在参观景点时大多想仔细了解景点的特征，但由于受专业知识的限制，他们可能不知道该景观的特征之所在。此时，导游人员就应当向游客详细地介绍景观的特征，指明此景点与其他景点的不同之处，使游客增长见识，提高游兴。

3. 突出游客感兴趣的内容

游客来自不同的国家和地区，他们之间存在着文化层次、宗教信仰、风俗习惯、职业的差异，这些差异必然会反映在他们对景点的兴趣上。导游人员在研究旅游团的资料时要注意游客的特征，判断其兴趣所在，以便在游览时重点讲解旅游团内大多数成员感兴趣的内容，让绝大多数游客感到满意。

4. 突出“……之最”

导游人员要通过突出景点“之最”来吸引游客的注意力，引起游客的兴致，加深游客对所参观景点的印象。例如，在介绍中国长城时可以讲它是世界上最长的城墙，介绍泰山时可以点出它素有“五岳独尊”之称。尽管有些景点不能用“最”来描述，但也要找出其与众不同之处，以增强景点的感染力。不过，使用“之最”的导游讲解时，必须实事求是，要有根据，绝不能杜撰，也不要张冠李戴。

四、触景生情法

触景生情法就是见物生情，借题发挥的导游讲解方法。导游人员在讲解时最忌讳就事论事地介绍景物，不能挖掘景观背后的东西，应该要借题发挥，利用所见景物制造意境，引人入胜，使旅游者产生联想，从而领略其中之妙趣。例如，见到园林美景，导游人员可以介绍造园艺术；见到石林，导游人员可以介绍石林形成的原因。

触景生情法的第二个含义是导游讲解的内容要与所见的景物和谐统一，使其情景交融，让游客感到景中有情、情中有景。触景生情就是要求导游人员善于发挥，但要注意的是发挥自然、正确、切题。

五、虚实结合法

虚实结合法就是导游人员在导游讲解时将神话传说、轶闻典故等有机地融入眼前实景，即编织故事情节的讲解手法。就是说，导游讲解要故事化，以求产生艺术感染力。虚实结合法中的“实”就是实景、实物、客观存在的实体，“虚”就是与实体有关的传说、故事等。“虚”与“实”必须有机结合，穿插讲解，但应以“实”为主，以“虚”为辅，“虚”为“实”服务，以“虚”烘托情景，以“虚”加深“实”的存在，努力将无情的景物变成富有生命、具有情感的导游讲解。在中国，几乎每个景点都有一段美丽的传说，如三峡风光中有“神女峰”的故事，九寨沟有动人的爱情佳话，杭州西湖有“西湖明珠自天降，龙飞凤舞到钱塘”的美丽传说等。导游人员在选择“虚”的内容时要注意“精”“活”。所谓“精”，就是所选传说是精华，与景观密切相关；所谓“活”，就是使用时要活，见景而用，即兴而发。但在运用时要注意不能在讲解中过多渲染故事传说，以单纯的谈古论今来代替对景物的欣赏，这样会让人觉得“雾里看花”，没有真切的体会。

六、问答法

问答法即导游人员在讲解时向游客提出问题或启发他们提问的讲解方法。使用这种方法的目的一是活跃气氛，引起联想，促进导游人员与游客之间的思想交流，使游客体会到参与感和成就感；二是避免导游人员唱独角戏的灌输式讲解，以加深游客的印象。问答法主要有三种形式：

1. 自问自答法

自问自答法就是导游人员自己提出问题，并作适当停顿让游客猜想，但并不期待他们的回答，只是为了吸引他们的注意力，促使他们思考，激发兴趣，然后做简明扼要的回答或生动形象的介绍，还可借题发挥，给游客留下深刻的印象。

2. 我问客答法

我问客答法是指由导游人员提出问题，引导游客回答或讨论的方法。导游员在提问时要注意：一是所提问题不要涉及个人隐私，不能含有蔑视成分，更不要提敏感性很强的问题；二是提问要恰当，估计游客不会毫无所知，也要估计到会有不同答案，但不要强迫游客回答，以避免尴尬；三是无论游客回答的对与错，导游人员都不应打断，更不能笑话，而要给予鼓励；四是最后由导游人员讲解，并引出更多、更广的话题。

3. 客问我答法

客问我答法是指导游人员要善于调动游客的积极性和想象力，欢迎他们提问题。游客提出问题，说明他们已经对所参观的景点产生兴趣，进入了审美角色。对他们提出的问题，即使是幼稚可笑的，导游人员也绝不能置若罔闻，不能笑话他们，更不能显示出不耐烦，而应选择性地给予回答。不过，不是游客问什么就回答什么，导游人员一般只回答与景点有关的问题，注意不要让游客的提问影响导游讲解，打乱具体安排。

在长期的导游实践中，导游人员要学会认真倾听游客的提问，善于思考，掌握游客提问的一般规律，并总结出一套“客问我答”的相关技巧，以随时解答游客的问题。

七、制造悬念法

制造悬念法是指导游人员在讲解时提出令人感兴趣的话题，但故意引而不发，激起游客急于知道答案的欲望，从而制造出悬念的方法，俗称“吊胃口、卖关子”。通常，导游人员在讲解的关键处特意停下，激发游客的好奇心和求知欲，大有“欲知详情，且听下回分解”之意。这是一种“欲扬先抑”“先藏后露”的导游讲解方法，会给游客留下极其深刻的印象，使导游人员始终成为游客注意的中心。制造悬念的方法很多，有问答法、引而不发法、分段讲解法等。制造悬念法是最能活跃气氛、制造意境、提高游客游兴的讲解方法，导游人员都喜欢运用这种手法，但需要记住的是不能乱造“悬念”，否则会适得其反。

八、类比法

类比法就是用游客熟悉的事物来介绍或比喻眼前景物，帮助游客理解和加深印象，以达到触类旁通、举一反三效果的导游讲解方法。类比法分为以下三种：

1. 同类相似类比

同类相似类比是将属于同一类型中相似或相近的事物进行比较，便于游客理解并使其产生亲切感。如将北京的王府井比作日本东京的银座、美国纽约的第五大街、法国巴黎的香榭丽舍大街；参观苏州时，可将其称作“东方威尼斯”；讲到梁山伯与祝英台的故事时，可称其为中国的罗密欧和朱丽叶等。

2. 同类相异类比

同类相异类比是比较同一类型事物中的不同点，主要包括质量、规模、价值、特色、水平、建筑风格等方面的不同。如参观北京故宫时与法国的凡尔赛宫做比较，游览颐和园时与凡尔赛宫花园进行比较。这样不仅能使游客对中国悠久的历史文化有较深的了解，而且对东西方文化传统的差异有了进一步认识。在运用这种手法时，一定要注意不能伤害游客的民族自尊心。

3. 时代类比

比较时代的目的，一方面是要让游客从感性上理解所参观景物的时代背景，有助于游客记住该景物；另一方面是为了宣传中国古老文明的伟大成就，使游客对中国产生钦佩之情。例如，故宫建成于明永乐十八年（1420 年），不会有几个外国游客知道这究竟是哪一年，但是，如果说在哥伦布发现新大陆前 72 年、莎士比亚诞生前 144 年，中国人就建造了眼前的宏伟宫殿建筑群，这不仅便于游客理解，给他们留下深刻的印象，还可能使外国人产生中国人了不起、中华文明历史悠久的感觉。

导游人员要正确、熟练地运用类比法，就必须有丰富的知识，熟悉客源国的情况，并对被比较的事物有非常深入的了解。

九、画龙点睛法

画龙点睛法就是用凝练的词语点评概括景点的独特之处，从而使游客记忆犹新、印象深刻。游客在看到非常有特色的景观时，心中有一种要把眼前景观描绘出来的欲望，可他们一时又不知道如何恰当地表述，导游人员可趁机给予恰当的总结，以简练的语言或词语，点出景物的精华所在，帮助游客进一步领略其奥妙，获得更多的精神享受。如游客在参观中国古代园林时，对精湛的造园艺术叹为观止，导游人员就可用“抑、透、添、夹、对、借、障、框、漏”九个字来概括，使游客能顿悟中国园林艺术的奥妙所在。

十、解释说明法

解释说明法即运用平实的语言对游客不理解的内容进行解释说明，以加深对景观的进一步理解。解释和说明是为了让游客对名称的产生和由来、说法的含义及演变、事物的本质和特征有一个全面、清楚的了解，以丰富游客的知识、增加旅游的乐趣。导游员在介绍景观来历、宗教、古建筑、文物等游客比较陌生的知识点多用此法。

十一、引用法

引用法就是引用谚语、俗语、俚语、格言、名人名言等进行讲解。例如，苏州沧浪亭名称由来的解说。北宋时，诗人苏舜钦丢官流寓苏州，看中盘门附近的景色，“绿杨白鹭俱自得，近水远山皆有情”。于是花了四万贯钱把此园买了下来，并在水旁筑起一亭，借《孟子》“沧浪之水清兮，可以濯吾缨”之意，题名“沧浪亭”。欧阳修得知此事，写诗赞叹道“清风明月本无价，可惜只卖四万钱”。引用部分不仅能使讲解语言更加生动，而且能起到画龙点睛的作用。

十二、数字说明法

数字说明法是引用具体的数字精确地说明事物的形体特征、性能特点和功用大小的方法。用数字说明是导游人员讲解时常用的方法之一。例如，介绍山东省：“山东省位于我国的东部沿海，地处黄河下游。全境陆地南北最宽 420 千米，东西最长 700 千米，土地总面积为 15.58 万平方千米（根据 2017 年 8 月 2 日《山东省第一次全国地理国情普查公报》最新数据），近海面积约 17 万平方千米。截至 2016 年，全省常住总人口达到 9947 万（数据来自国家统计局），是名副其实的人口大省。”这一连串的数字很好地说明了山东省的面积、人口等基本情况。

数字说明，可以用基数，也可以用序数，还可以用“……之最”之类的词语。它与“画龙点睛法”有相同之处，也有不同之处。

以上是导游人员在导游讲解中常用的方法，在实际工作中，导游人员还要根据经验认真总结出更多、更好的方法，并在讲解中交替运用，融会贯通，结合自己的特点形成自己独特的风格。

任务拓展

一、讨论分析

请同学们根据【任务描述】的内容，通过教师提问和学生回答的形式，考查学生阅读、分析任务的能力。

（1）小郭的讲解为什么没有赢得游客的欢迎呢？

（2）如果你来做导游，你将如何进行讲解？请具体示范。

二、模拟实训

根据课堂所学，搜集材料，根据景区特色，编写本地某景点的导游词。以小组的形式，模拟导游训练，采取教师评价、小组同学互评、全班同学评价等形式，指导学生们全面、准确地掌握导游讲解常用方法，做一名传播中华文化的“民间大使”。

三、讨论分析

巴金对“技巧”有精辟的论述，他说：“艺术，最高的技巧就是无技巧。”从导游人员的角度出发，谈谈你对此话的看法和感受。

项目八　游客个别要求的处理

项目导读

游客在旅游期间由于生活习惯、宗教信仰、个人爱好、理想化旅游等方面原因，会向导游人员提出各种各样的要求，而且都希望立即得到满足。无论游客提出的要求是否合理，导游人员都必须认真对待，按照有关规定和要求妥善处理；否则就可能引起游客的不满而影响旅游情绪，甚至影响旅游活动的顺利进行。因此，妥善处理好游客的个别要求，对导游人员来说既是一种能力的考验，又是提高旅游服务质量的重要条件之一。游客个别要求的处理如图 8-1 所示。

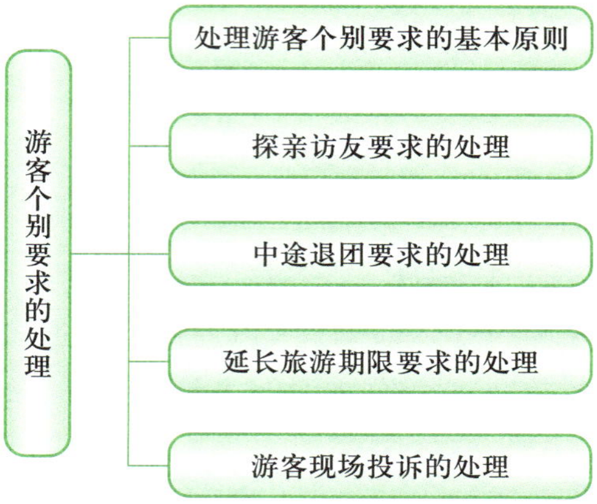

图 8-1　游客个别要求的处理

任务导入

11 月下旬的某天，导游小沈接到海南国际旅行社计调的通知，说是一个沈阳旅游团将于 12 月 2 日至 6 日来海南做海南三亚五天四晚“蜈支洲 + 南山 + 热带天堂公园”纯玩无自费浪漫游。

任务一　处理游客个别要求的基本原则

任务目标

在接到旅行社下达的接待沈阳旅游团的任务后，面对游客提出的种种要求，地陪小沈既不能一味地满足游客而不顾旅行社的利益和实际困难，也不能只考虑旅行社的利益和导游自身难处而不理睬游客正当、合理的要求。妥善处理好游客个别要求的前提条件就是要掌握个别要求的处理原则，按原则办事。

任务描述

沈阳旅游团于12月2日抵达三亚，12月3日按计划游览完大东海国家海滨旅游区、亚龙湾热带天堂森林公园，游客们提出想要在自由活动期间欣赏海南当地少数民族特有的民族特色活动，希望小沈能够帮助安排并派车接送。最终，小沈的合理安排得到了游客们的一致好评和赞赏。

任务分析

这次小沈接待的是来自沈阳的常规旅游团。作为导游，无论是从职业道德还是从对游客的理解出发，都应当尽力满足沈阳游客们合理且可能的要求，不让他们失望。因此，面对游客的要求，小沈结合该团的行程安排，按照个别要求处理的五项原则做了充分有效的服务工作。

任务实施

小沈对应接待计划，结合团队的实际情况，在征得全部游客的同意后，与相关单位联系安排。导游人员处理游客的个别要求不仅是为了解决游客的实际困难，而且也是为了让游客对所提供的导游服务满意，达到提高旅行社知名度和增强信誉度的目的。为了使导游人员恰到好处地处理游客的各类要求，导游人员处理游客的个别要求时要遵循以下主要原则：

一、尊重游客原则

尊重游客是导游人员处理个别要求的首要原则。无论游客提出何种要求，导游人员首先要对游客的人格和要求给予尊重。不管游客提出的要求是否合理，导游人员都要重视，不能不理睬，特别是对那些提出过分要求的游客，不要出言讥讽，甚至谩骂。相反，只有给予游客足够的尊重，导游人员才会得到游客的尊重和理解，他们才会自愿配合支持导游人员的工作。

二、合理而可能原则

合理而可能原则是导游人员处理问题、满足游客要求的依据和准绳，也是旅游活动顺利进行的重要条件。“合理”即不影响大多数游客的权益、不损害国家利益和旅行社的合法权益、不损害导游人员的人格尊严。“可能”是指具有满足游客合理要求的条件。所以，旅游者提出的要求只要是合理的，又有可能办到的，即使很困难，导游人员也要设法满足。

很多游客以“不打扰别人”为生活座右铭，往往不轻易求人，一旦开口，说明他们确实需要导游人员的帮助。所以，对他们的要求，导游人员绝不能掉以轻心。不提任何要求的游客并不是不需要导游人员的帮助，而是不愿意开口求人。因此，导游人员要细心地观察游客的言行举止，设法了解游客的心理活动，即使游客不开口，也要向游客提供需要的服务。导游人员若能做到这一点，其工作必然会得到游客的高度评价。

三、等距离服务原则

等距离服务是指对所有游客一视同仁、平等对待的服务。尽管游客的国籍、民族、年龄、性别、身体健康、宗教信仰、社会地位不同，导游人员都应尊重他们的人格，对他们一视同仁，热情周到地提供服务，维护他们的合法权益，满足他们的合理要求，切忌厚此薄彼。

四、超常服务原则

超常服务一般是指有人情味的服务，也就是导游人员心中想着游客，满足他们的特殊需求，使游客产生自豪感，自尊心获得满足的服务。一名好的导游要善于了解游客的心情、困难和要求，然后根据可能的条件，主动提供服务，尽力满足他们的合理要求，解决他们的困难，以超常的服务换取游客的满意。如游览过程中帮助游客买到想要的书刊、纪念品、土特产，记住游客的姓名，为游客过生日等。

五、认真且耐心原则

游客提出的要求大多数是合情合理的，但总会有人提出一些苛刻的要求，给导游人员的工作增加一定的难度。苛求，即过高的要求。有些要求看似合理，但旅游合同上没有规定这类服务或在中国目前还无法提供这类服务；有些要求本身就不合理，但总会有人提出来，要求导游人员给予满足；还有些人出于某种心态，对导游人员的工作横加指责，过分挑剔。

面对游客的苛求和挑剔，导游人员一要认真倾听，不要没有听完就指责游客的要求不合理或胡乱解释；二要微笑对待，不要一听到不顺耳的话就表示反感甚至恶语相向；三要耐心解释，对合理的但不可能办到的要求耐心地、实事求是地进行解释，不要以“办不到”一口拒绝。总之，对游客的苛求和挑剔，导游人员不得意气用事。

总之，导游人员在处理游客提出的个别要求时，既要始终坚持原则，又要维护好与游客的良好关系；既要满足游客合理而可能的要求，又不要让旅行社的利益受损。

任务拓展

一、讨论分析

请同学们根据【任务描述】的内容，通过教师提问和学生回答的形式，考查学生阅读、分析任务的能力。

（1）小沈怎样的合理安排才能赢得游客的赞赏和好评呢?

（2）小沈的合理安排的依据是什么?

二、案例分析

某年春天，广州的导游杨小姐接待了一个12人的旅游团。这个团都是男性，走到哪里都带着不怀好意的笑。当他们对她提出一些无理的要求时，杨小姐就郑重地回绝。受到几次反击后，他们老实了很多，不再对杨小姐本人无理取闹了。

请问：导游杨小姐在处理游客的要求时采取了什么原则？请根据案例具体分析。

任务二　探亲访友要求的处理

任务目标

接到旅行社下达的接待沈阳旅游团的任务后，小沈对有关探亲访友的个别要求进行了充分的准备，掌握探视亲友和亲友随团活动等具体内容，提高在实践中分析问题、解决问题的能力。

任务描述

旅游团到达三亚的第二天，小沈看见一位不认识的老太太跟着刘小姐上了旅游车，他忙上前询问，得知老太太是刘小姐多年未见的姑姑，希望在三亚期间能一起游览。小沈让老太太下车，由于口气生硬了些，老人感觉没有得到应有的尊重，非常生气，刘小姐觉得面子上过不去，就与小沈发生了争执。

任务分析

这次小沈接待的是来自沈阳的常规旅游团。刘小姐要求她的亲友随团活动，小沈遇到这类要求时，应该视具体情况尽量满足，做好以下工作：征得全陪同意、办理相关手续和提供同等服务。

任务实施

小沈将情况告知全陪和其他游客，根据他们商量的结果，办理其他相关手续。游客要求探视在当地的亲戚朋友，可能是他们来当地旅游的重要目的之一。

当游客向导游人员提出此类要求时，应设法予以满足。

一、要求探视亲友

1. 具体处理

（1）如果游客知道亲友的姓名、地址、电话，导游人员应协助联系，并向游客讲明具体乘车路线。

微视频 12 探亲访友要求的处理

（2）如果游客希望找到失散多年的亲友，只知姓名或某些线索，但地址不详，导游人员可通过旅行社请公安户籍部门帮助寻找，找到后及时告知游客并帮其联系安排见面。若旅游期间没找到，可请游客留下详细的联系地址和电话号码，待找到其亲友后通知他。

（3）如果游客要求会见同行、洽谈业务、联系工作、捐款捐物或进行其他活动，导游人员应问明事由，向旅行社汇报，在领导指示下给予积极协助。

（4）如果游客慕名求访某位名人，导游人员应了解游客要求、会见的目的，并向领导汇报，按规定办理。

2. 注意事项

（1）导游人员在协助外国游客联系在华亲友或同行时，一般不参加会见，更无充当翻译的义务。

（2）如果外国游客要求会见在华外国人或驻华使领馆人员，导游人员不应干预。如果要求协助，导游人员可给予帮助。如果外国游客盛情邀请导游人员参加使领馆举行的活动，导游人员应先请示领导，经批准后方可前往。

二、要求亲友随团活动

有的游客到达某地后，希望亲友随团活动甚至到外地去旅行游览。当游客提出此类要求时，导游人员应视具体情况尽量予以满足，但必须做好以下工作：先征得领队和旅游团其他成员的同意，然后与旅行社有关部门联系，如无特殊情况可到旅行社办理参团手续。请参团亲友出示有效证件、填写表格、交纳费用。值得注意的是，办理随团手续、缴纳费用后，游客的亲友就正式成为旅游团的成员，导游人员对他们应一视同仁，热情接待，周到服务。

如果是外国外交官员随团活动，应请示旅行社，严格按我国政府有关规定办理。

任务拓展

一、讨论分析

请同学们根据【任务描述】的内容，通过教师提问和学生回答的形式，考查学生阅读、分析任务的能力。

面对这种情况，如果你是小沈，将如何处理？

二、模拟实训

根据课堂相关内容，每次抽调6名同学作为一小组，分别扮演导游员、旅游者、外国旅游者、失散多年的亲友、某位名人、红十字会的工作人员，分别进行下述模拟训练：

（1）游客探望失散多年亲友的情形。

（2）外国游客探望在华亲友的情形。

（3）游客拜访某位名人的情形。

（4）游客向红十字会捐款的情形。

（5）外国游客会见在华使领馆工作人员的情形。

针对学生在每个模拟训练环节中的完成情况，可以采取教师评价、小组同学互评、全班同学评价等形式，指导学生们灵活运用理论知识分析问题、解决问题，避免在实践工作环节中出现疏漏。

三、案例分析

由格林女士任领队的美国GB旅游团与全陪、地陪一起，于某日19时到达饭店。地陪为游客办理了住店登记手续并分发了房卡，游客便陆续进入自己的房间，稍后，当地陪正准备离开饭店时，一位游客匆匆忙忙赶到大堂，请地陪为其在华的中国亲属办理随团活动手续。

地陪思忖片刻后说："今天时间晚了，有什么事明天再说吧！"请根据地陪的工作规范，

（1）分析该团导游哪些地方做得不妥。

（2）说明地陪满足游客亲属随团活动要求的正确做法。

任务三　中途退团要求的处理

任务目标

虽然中途退团现象在实际工作中并不多见，小沈在接到任务后仍对此进行了充分的准备，明确不同情况下游客要求中途退团的处理措施，提高在实践中分析问题、解决问题的能力。

任务描述

旅游团在到达三亚的当天（12 月 2 日）晚上，全陪陪着游客孙女士找到小沈，说：“孙女士刚刚接到家里电话，得知她的父亲突发脑出血送到医院，需要赶回沈阳照顾其父亲。”孙女士非常悲痛，请求小沈帮助。

任务分析

游客孙女士由于父亲突然住院需要赶回沈阳，小沈遇到这类要求时，应立即报告接待社，按照旅行社的决定协助游客办理有关手续。

任务实施

小沈将具体情况迅速地报告接待社，在领导的指示下协助孙女士办理提前退团的相关手续。游客要求中途退团虽不多见，但也时有发生。游客这种特殊要求，不是导游人员所能解决的。所以，当旅游团或个别游客提出此类要求时，导游人员必须立即报告接待方旅行社，由旅行社视具体情况做出决定。

一、有正当理由要求中途退团

游客因患病、受伤、家中有事、工作急需或其他特殊原因，要求中止旅游活动，提前离开旅游团，经接待社与组团社协商后可予以满足。至于未享受的综合服务费，按旅游合同规定，或部分退还，或不予退还。

微视频 13
中途退团要求的处理

二、无正当理由要求中途退团

游客无特殊原因，只是某个要求得不到满足而提出提前离团时，导游人员要配合领队做说服工作，劝其继续随团旅游；若接待旅行社确有责任，应设法弥补。若游客提出的是无理要求，要耐心解释；若劝说无效，游客仍执意要求退团，可满足其要求，但应告知其未享受的综合服务费不予退还。

三、外国游客要求中途退团

外国游客不管因何种原因要求提前离开中国，导游人员都要在领导指示下协助游客重订航班、机位，办理分离签证及其他离团手续，但所需费用由游客自理。

任务拓展

一、讨论分析

请同学们根据【任务描述】的内容，通过教师提问和学生回答的形式，考查学生阅读、分析任务的能力。

（1）小沈得知此事后应该如何妥善处理?

（2）如果孙女士是由于用餐时加菜的要求没有得到满足而要求中途退团时，

小沈又应如何处理?

二、模拟实训

根据课堂相关内容，每次抽调6名同学作为一小组，分别扮演领队、全陪、地陪、游客（外国游客）、组团社工作人员、接待社工作人员，分别进行下述模拟训练：

（1）游客有正当理由要求中途退团的情形。

（2）游客无正当理由要求中途退团的情形。

（3）外国游客有正当理由要求中途退团的情形。

（4）外国游客无正当理由要求中途退团的情形。

针对学生在每个模拟训练环节中的完成情况，可以采取教师评价、小组同学互评、全班同学评价等形式，指导学生们灵活运用理论知识分析问题、解决问题，避免在实践工作环节中出现疏漏。

三、案例分析

某旅行社导游小刘带领旅游团进行华东五市六日游。当游览到第二天，游客赵先生找到小刘说他的一个多年未见的好友从国外回来，因其工作的原因，只能停留四天。小赵要求退出旅游团，回去见见这位好友。请问：导游小刘应该如何处理这一事件?

任务四 延长旅游期限要求的处理

任务目标

接到旅行社下达的接待沈阳旅游团的任务后，小沈对有关延长旅游期限的个别要求进行了充分的准备，掌握因伤病要求延长旅游期限和因其他原因要求延长旅游期限两种情况的处理措施，提高在实践中分析问题、解决问题的能力。

任务描述

旅游团海南三亚旅游的最后一天，小沈在景区巧遇同事小宋。小宋正愁眉不展，因为他所带的美国旅游团中，游客瑞秋女士下台阶时重心不稳，直接摔倒在地，导致小腿骨折，需要住院治疗，无法按时离境。小宋头一次遇到这种情况，不知所措，遂向小沈求助。

任务分析

小沈听完小宋的介绍后，分析出这是一起意外事件引发的游客受伤而延长旅游期限的情况。小沈建议小宋立即与旅行社联系，汇报情况，安抚游客情绪，帮助游客办理各种手续，妥善处理游客的这种特殊要求。

任务实施

小沈面对小宋的求助，帮助其分析情况，提供合理化建议，促使问题及时得到解决，使游客能够安心治疗。旅游团或部分游客被迫（如自身健康、天气等原因）或主动要求延长旅游期限的现象相对多一些。对于这种特殊要求，不是导游人员所能解决的。所以，当旅游团或个别游客提出此类要求时，导游人员必须立即报告接待方旅行社，由旅行社视具体情况做出决定。

微视频 14
延长旅游期限要求的处理

一、因伤病要求延长旅游期限

外国游客因伤、病需要延长在中国的居留时间，导游人员应为其办理有关手续，提供必要服务。

（1）帮助办理住院、出院手续。

（2）协助办理分离签证，必要时办理延长签证手续。

（3）不时前往医院探视，以示关心并解决病人及家属在生活方面的困难。

（4）帮助办理机票再订座手续以及其他回国手续。

（5）安排车辆送其前往机场，离开中国。

上述服务中所需费用由游客自理；住院期间没有享受的综合服务费按协议书的规定或相关旅行社协商决定处理，或部分退还或不予退还。

二、因其他原因要求延长旅游期限

外国游客在旅游团的活动结束后要求继续在中国旅行游览，导游人员应该做好以下工作。

（1）不需要延长签证，一般可满足其要求。

（2）需要延长签证，原则上应予以婉拒。

（3）若个别游客确有特殊原因需要留下，导游人员应请示旅行社，然后向其提供必要的帮助：陪同游客持旅行社的证明、护照及集体签证，去当地公安局办理分离签证手续和延长签证手续，协助其重订交通票据，帮其订妥客房，所需费用由游客自理。

（4）旅游团离境后，留下的游客若需要旅行社为其提供导游等服务，则应另签合同。

任务拓展

一、讨论分析

请同学们根据【任务描述】的内容，通过教师提问和学生回答的形式，考查学生阅读、分析任务的能力。

（1）如果你是小沈，在小宋遇到这种情况时，将提供哪些合理化建议?

（2）瑞秋女士如果是因为恋恋不舍中国的优美风景和深邃的中华文化，想要延长旅游期限时，小沈又将为小宋提供哪些合理化建议?

二、案例分析

某欧洲旅游团持集体签证在中国旅游。在旅游过程中，客人斯沃思先生向全陪小王提出希望团队旅游结束后留在中国继续参观并办点私事。小王告诉他，在中国旅游的境外旅游团必须整团出入中国国境，所以回绝了他的要求。在旅游团队离开中国的前一天，他再次向小王提出了他的要求并说明理由，小王以时间紧迫为理由予以拒绝。斯沃思先生认为小王侵犯了他的合法权益，回国后，通过其领队向小王所在旅行社提出投诉。

请问，面对斯沃思先生的请求，小王应该如何处理呢?

任务五　游客现场投诉的处理

任务目标

接到旅行社下达的接待沈阳旅游团的任务后，小沈对可能会出现的游客现场投诉的情况进行了充分的知识准备，了解引起游客投诉的常见原因，掌握处理游客投诉的基本方法，以提高在实践中分析问题、解决问题的能力。

任务描述

旅游团海南三亚旅游接近尾声，游客们马上就要回家了，大家兴致勃勃地从景点回来用餐时，一位游客发现餐桌上菜肴中有一条虫子。顿时一桌游客食欲全无，有的还感到恶心。游客们立即找到导游小沈，气愤地向他投诉，要求换家饭店用餐。

任务分析

这是一起有关饮食服务方面的现场投诉。小沈面对愤怒的游客们，在表示歉意、安抚游客的同时，应及时与饭店餐饮部经理进行沟通，提出解决问题的建议，以真诚、积极的态度完善地处理这次投诉案件。

任务实施

小沈对这次现场投诉案件高度重视，与游客和饭店都进行了积极的沟通，处理及时，措施妥当，化解了旅途当中的小插曲。

游客在旅游期间，因为旅行社没有按照旅游协议提供服务，可以向有关部门进行投诉，以求自己的合法权益得到维护并获得赔偿。

一、引起游客投诉的常见原因

引起游客投诉的原因尽管从形式上看是多种多样的，但按内容和性质可归纳为以下六类：

（1）提供的食宿不符合标准。

（2）有欺骗游客的行为。

（3）不尊重游客的权益。

（4）导游服务质量差。

（5）出现旅游事故。

（6）饭店服务不周到。

微视频 15 游客现场投诉的处理

二、处理游客投诉的基本方法

游客进行投诉的心理比较复杂，可归纳为三类：一是求得尊重；二是求得补偿；三是求发泄。导游人员要能够判断游客投诉的心理，根据引起投诉的原因，积极配合有关部门合情、合理、合法地处理好游客的投诉。

游客向导游人员提出口头投诉时，导游人员要高度重视，积极与游客进行沟通，尽快消除误解、纠正错误，使游客满意。处理游客投诉的方法与步骤如下：

1. 认真倾听

对于游客的口头投诉，导游人员首先要做到耐心倾听，不管游客投诉的理由是否正当，导游人员不要立即反驳、辩解，更不要一口否定；有时个别游客态度不好，言辞比较刻薄，导游人员也不要与之争吵，要给游客把心里话说出来的机会，让他们把心中的怨气发泄掉。

2. 调查核实并分析原因

对游客提出来的投诉，导游人员要立即向旅行社或有关部门汇报，认真调查、核对情况，客观地分析、判断游客投诉的真实性。若投诉属实，要分析投诉的性质；若投诉没有合理的成分，导游人员也要找出游客投诉的真正原因。

3. 正确处理、积极弥补

在核实游客投诉内容的真实性后，导游人员要向游客诚恳地道歉，并请求原谅。但更为重要的是采取恰当的补救措施，对服务缺陷进行弥补。补救措施一般有：提供标准的客房服务或合同规定的标准客房，改善饮食质量或调换餐馆，导游人员改善服务态度、提高导游服务质量或应游客的要求更换导游；能替换尽快替换，该赔偿的就赔偿。总之，要合情合理地处理好游客的投诉，力求挽回影响。

4. 耐心解释说服

至于个别因不合理要求得不到满足而提出的投诉，导游人员了解情况后要耐心地向其解释说明，并指出其要求的不合理之处。如果游客坚持要向旅游行政管理机关投诉，导游人员要积极主动地协助调查核实，实事求是地提供证据。

5. 继续做好导游服务工作

妥善处理投诉后，导游人员要向游客表示感谢，感谢他们对旅行社和自己的信任。若能圆满解决投诉，应感谢他们的谅解和协作，并继续向他们提供热情周到的服务；对于无理取闹者，事后也不要与之赌气而故意冷落他们，而应像对待其他游客一样，继续提供各类服务项目。

总之，旅行社和导游人员都要正确认识和对待游客的投诉，既要对游客的投诉高度重视，又不要被游客的投诉束缚手脚。游客投诉是对旅行社和导游人员工作的一种最直接、最有效的监督手段，旅行社和导游人员都要虚心接受游客的投诉。如果在实际工作中遇到了游客投诉的情况，就要认真、彻底地纠正错误并在以后的工作中杜绝此类情况再次发生；如果没有遇到游客投诉的情况，也要引起高度警惕，防止在后面的工作中发生。

任务拓展

一、讨论分析

请同学们根据【任务描述】的内容，通过教师提问和学生回答的形式，考查学生阅读、分析任务的能力。

（1）请你为小沈出出主意，帮他妥善处理好这件事。

（2）作为一名合格的导游人员，在处理客人投诉时应具备哪些技巧？

二、案例分析

汤姆是一名旅游爱好者，五一期间参加了国内某知名旅行社组织的“云南之旅”。5月1日原计划去看昆明的西山龙门，却被地陪说服到了当地的一个“民族园”，不仅浪费了一天的时间，还多花了不少钱。在游览玉龙雪山时，地陪为了省事，临时让大家改乘小索道，又因为天气的缘故他没能看到雪山原貌。回到饭店后，听有经验的人说，如果乘上大索道，就可以直接登上雄伟壮观的玉龙雪山。汤姆越想越气，当晚就找到全陪小刘，要求导游免费为自己安排一次雪山之行。

请问：汤姆的这次现场投诉是什么原因引起的？作为全陪小刘应该如何处理这起投诉事件呢？

模块四
旅游问题和事故的预防与处理

模块导读

在导游服务过程中，问题和事故往往是意想不到和难以避免的。问题和事故的出现会给游客带来不便，甚至灾难，给导游人员工作增加麻烦和困难，还会给旅行社造成损失，甚至影响到一个国家或地区旅游业的声誉。因此，导游人员必须采取各种必要的措施，预防问题和事故的发生。一旦出现问题，发生事故，不管责任在哪一方，导游人员都必须全力以赴，认真对待，及时、果断、合情合理地处理。

本模块主要分为两部分：旅游中常见问题和事故的预防与处理、旅游安全事故的预防与处理。通过对本模块的学习，学生重点掌握漏接、空接和错接，误机（车、船）事故及行李丢失、游客走失等情况的预防与处理，旅游安全性事故的预防和处理，掌握基本的旅游救护技能。

教学建议

1. 借助真实的旅游案例，引导学生分析、讨论问题和事故发生的原因、预防及处理。

2. 利用表格、分类、比较法引导学生熟练掌握知识，能够举一反三。

关键词

旅游常见问题和事故　旅游安全事故　预防与处理

项目九　旅游中常见问题和事故的预防与处理

项目导读

在接待过程中，往往由于旅行社工作环节的差错、导游的工作责任心不强、游客的个人原因或不可抗拒的因素，导致问题与事故的发生。

不管原因在谁，对问题和事故的处理都是对导游工作能力和独立处理问题能力的考验。处理得好，游客满意了，导游的威信得以提高；处理得不好，很可能留下后患，致使旅游活动不能顺利进行。因此，导游必须要有足够的思想准备，掌握各类事故的预防措施并做好预防工作，尽量减少事故的发生（图 9-1）。而旅游事故一旦发生后，能沉着、冷静、果断地采取措施，力争把损失与影响减少到最低程度。

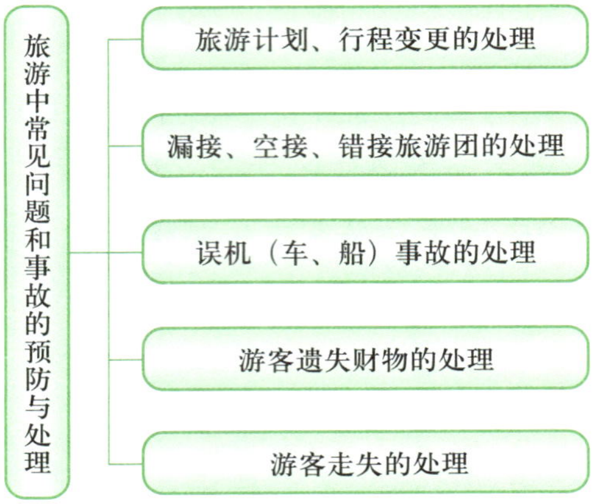

图 9-1　旅游中常见问题和事故的预防与处理

任务导入

9 月 12 日，北京的导游小程要接待一个 20 人的美国旅游团。该团旅游的地方很多，参观完北京后，要去杭州、上海、武汉、西安，然后从广州去香港，全程 20 多天。

尽管有丰富的带团经验，是名老导游了，小程仍然是如履薄冰，他希望各地的接待导游能和他配合好，让客人在中国玩得开心，取得完美的旅游效果。

任务一　旅游计划、行程变更的处理

任务目标

旅游活动计划和日程一旦商定，各方都应遵守执行，一般不轻易更改。但在旅游过程中，常常因客观原因、不可预料的因素（如天气、自然灾害、交通、疾病流行等）需要变更旅游计划和活动日程，也可能出现游客提出变更旅游计划或活动日程的要求。不管是何种原因，导游人员都必须认真分析，冷静处理，使旅游活动顺利进行。

任务描述

北京四天的游览让这些美国客人们玩得不亦乐乎，也让他们对接下来的杭州之旅充满了期待。旅游团原计划于 9 月 16 日早上 7∶00 由北京飞往杭州，可是恰巧碰上大雾，飞机起飞困难，航班延误到当天 14∶00 才抵达杭州萧山机场。如果你是该团在杭州的地陪小王，针对这种情况，应采取哪些应变措施?

该旅游团在杭州的旅游活动计划如表 9–1 所示：

表 9–1　旅行社接待计划

客源地组团单位	美国彩虹旅行社	团号	12042203	国家或地区	美国
团队构成	人数：20 人 男：12 人　女：8 人	目的地组团社计调		小李 【138####5058】	
		全陪		小程 【158####3323】	
抵离时间	9 月 16 日（北京—杭州）抵达时间：9:30				
	9 月 17 日（杭州—上海）乘汽车赴上海				
行程	活动内容		入住饭店	用餐情况	
	9 月 16 日：9:30 抵达杭州 10:30 灵隐寺 13:30 西溪湿地 18:00 夜游杭州		杭州隐逸饭店	午餐：杭州隐逸饭店 晚餐：“知味观”特色小吃	
	9 月 17 日：8:00 出发 9:00 船游西湖，漫步苏堤 13:00 龙井问茶 18:00 赴上海		杭州隐逸饭店	早餐：含 中餐：外婆家风味小吃 晚餐：杭州隐逸饭店	
地接社	杭州合众旅行社			团队等级	常规团
计调	小卢：133####1101	地陪	小王：133####1102		
汽车	杭州中银旅游汽车有限公司 20 座丰田考斯特	司机	韩先生：137####1946		

任务分析

本任务中航班延误导致旅游团推迟抵达杭州，意味着缩短了在杭州的游览时间。作为地陪，小王要妥善安排，适当调整旅游活动计划，圆满完成带团任务。

导致旅游计划、行程变更主要来自两大方面，一方面是客观原因，另一方面是游客要求。由于客观原因（如天气突变、交通问题等）导致旅游计划、线路和活动日程改变，一般会出现三种情况：

（1）缩短或取消一地的游览时间。

（2）延长一地的游览时间。

（3）在一地的游览时间不变，但被迫取消某一活动，由另一活动替代。

请问：本任务中引起计划变更的原因属于哪一类？

任务实施

一、客观原因导致旅游计划和日程变更

1. 缩短或取消一地的游览时间

旅游团提前离开或推迟到达，都会导致缩短一地的游览时间。

（1）导游人员应尽量抓紧时间，将计划内的活动内容安排完。如有困难，应选择最具代表性、最具特色的重点旅游景点，以求游客对本地的旅游景观有基本了解。

（2）适当给予物质补偿。在征得旅行社领导同意后，给予适当的物质补偿（如加菜、风味餐、赠送小纪念品等）或请领导出面表示歉意，尽可能让游客高兴地离开。

（3）地陪应通知计调部门或有关人员办理相关事宜。如退房、退餐、退车等。

减少一地游览时间（一般超过半天）或取消一地游览时间时，全陪需将情况报告组团社，由组团社作出决定并通知有关地方接待社，地陪要通知下一站的接待社。

2. 延长一地的游览时间

旅游团提前抵达或推迟离开都会导致延长一地的游览时间。

（1）导游人员应与旅行社有关部门联系，重新落实团队用餐、住房、用车事宜。

（2）迅速调整活动日程。适当延长在主要景点的游览时间，经组团社同意后，酌情增加游览景点，或可适当安排文体活动或市容游览，力求使游客感到充实、愉快。

（3）提醒有关接待人员通知下一站该团的日程变化。

（4）在设计变更旅游计划时，地陪要征求领队和全陪的建议及要求，共同商量，取得他们的理解和支持。与领队、全陪商量好如何向团内游客解释说明，取得谅解与支持。

3. 在一地的游览时间不变，但被迫取消某一活动，由另一活动替代

出现这种情况，一般是外界客观原因造成的。如大雪封山、维修改造、进入危险地段等。这时导游人员应采取如下措施：

（1）实事求是地向游客说明情况，求得谅解。

（2）提出替代项目，与游客协商。

（3）以精彩的介绍和热情的服务激起游客的兴致，使游客愿意前去游览替代的景点。

（4）按照有关规定做些相应补偿。

二、游客要求改变旅游计划和日程变更

在旅游过程中，由于种种原因，游客向导游人员提出变更旅游路线和日程时，导游人员应作如下处理：

向游客说明，我方不便单方面违反合同规定，对游客的要求婉言拒绝；若有特殊情况或由领队提出，导游人员要上报组团社，根据组团社的指示做好服务工作。

任务拓展

一、模拟实训

1. 物品准备

电话、行程安排表、游客、饭店及司机等相关资料。

2. 角色分工

6人一组，游客，领队，全陪，导游部经理，导游员，饭店住宿、餐饮部人员。

3. 任务布置

本旅游团推迟抵达杭州，客人的情绪很低落，面对这种情况，作为全陪的小程怎样安抚游客的情绪？而作为杭州地陪的小王如何设计欢迎辞？学生分组，进行情景模拟，提高学生的语言沟通能力和应变能力。

4. 评价标准

项目和内容	评价标准			
	优	良	合格	不合格
与全陪沟通有效				
补救措施得当				
接打电话讲究礼仪				

续表

项目和内容	评价标准			
	优	良	合格	不合格
道歉态度诚恳				
与游客沟通有效				
语言简洁、清晰				
团队合作意识				
总评价				

5. 实训总结

二、讨论分析

法国亚细亚旅行社某旅行团乘飞机离陕赴陇，因天气原因无法在兰州机场降落，只好返回西安。西安国旅接到通知后，立即安排车辆在夜里 22∶00 赶到机场，把旅游团接回饭店。第二天一早，该团要求取消兰州拉卜楞寺之行，希望在西安留下继续游览。于是，旅行社立即给他们安排紧张而又丰富的行程，客人很满意。该团回国后写来一封感谢信说："如果说没有去拉卜楞寺是件十分遗憾的事的话，那么你们在西安的替代行程使我们的遗憾得到了补偿。我要把这一切转告给法国亚细亚旅行社。请接受我们衷心的感谢。"

分析：

（1）何种原因使旅游计划变更？

（2）该旅游计划是如何改变的？变得好吗？为什么？

任务二　漏接、空接、错接旅游团的处理

任务目标

只要足够认真，很多漏接、空接、错接事故都是可以避免的，应该尽量避免责任事故。通过学习，理解漏接、空接、错接的定义；掌握漏接、空接、错接的预防和处理措施。

任务描述

美国旅游团原计划于9月16日早上7:00由北京飞往杭州，杭州导游小王按接待计划上的时间前往萧山机场，但未接到该旅游团，试分析小王未接到该团的可能原因，并提出相应的处理措施。

任务分析

本任务中，地陪小王按预定计划前往萧山机场接站，但没有接到旅游团，这种现象称为空接。空接是指由于某种原因，旅游团推迟抵达某站，导游仍然按原计划预定的班次或车次接站而没有接到旅游团。空接虽然不经常出现，但一旦发生，往往是一个棘手的问题，一步没处理好，就会环环出问题。而漏接是指旅游团抵达机场、车站后，没有导游来迎接的现象。漏接会造成旅游团原地滞留、活动受阻、影响行程等一系列麻烦。如果导游接了不应接的旅游团，这种现象称为错接。错接属于责任事故。

一、空接的原因分析

（1）接待社没有接到上一站的通知。如由于气候的突然变化或机械故障，飞机没有起飞或滞留在途中某地，上一站旅行社不知情，也就无法通知本站接待社。

（2）上一站旅行社知情，但没有应对突发事件经验，没能及时通知本站。

（3）没有通知地陪。接到了上一站的变更通知，但接待人员没能及时通知该团地陪。

（4）游客（主要是散客）因生病、急事，临时取消旅游计划，但没有及时通知旅行社，造成空接。

二、漏接的原因分析

1. 导游人员主观原因造成漏接

（1）工作不细心。没有认真阅读接待计划，对旅游团抵达的日期、时间、地点搞错。

（2）导游人员未按要求提前到达接站地点。

（3）交通工具新旧时刻表交替，导游人员没有查对新时刻表，仍按旧时刻表时间去接旅游团。

（4）导游人员接站地点选择不当。

（5）由于某种原因，原定车次或班次变更，使旅游团提前到达，但导游人员没有阅读变更通知，仍按原计划去接团。

2. 客观原因造成漏接

（1）原定车次或班次变更，旅游团提前到达，但本站接待社没有接到上一站接待社的通知。

（2）接待社已接到变更通知，但有关人员没有及时通知该团地陪，造成漏接。

（3）由于交通堵塞或其他未预料到的情况发生，导游人员未能及时抵达机场（车站、码头），造成漏接。

三、错接的原因分析

错接是责任事故，是由于导游人员责任心不强、粗心大意造成的。

任务实施

一、空接的处理

本任务中，地陪小王应这样处理。

（1）小王应向机场工作人员询问，确认此次航班的乘客是否都已出港。

（2）与司机配合，在可能的范围内寻找。与旅游团下榻的饭店联系，核实旅游团是否自行到了饭店。

（3）立即与地接社联系，请其查明原因。

（4）若推迟时间不长，可留在接站点等候，迎接旅游团；若推迟时间较长，则要按社内有关部门安排，重新落实接团事宜。

为了防止空接事故的发生，上一站旅行社或全陪应及时将团队临时变更事宜通知下一站接待社；本站接待社也应主动与上一站接待社沟通了解团队情况；旅行社有关人员在接到上一站变更通知后，设法立即通知导游人员；导游人员应在接团前再次落实接待计划并按接待计划预定时间提前抵达接站点。

二、漏接的处理

发生漏接事故后，导游人员见到游客时应做到：

（1）不管漏接原因在何方，导游人员面对游客抱怨、愤怒的情绪时，应首先表示歉意。

（2）等游客情绪平息后，实事求是地向游客说明情况，并再次表示歉意。

（3）尽快地让游客上车，离开机场（车站、码头）；游客因等不到导游人员而乘坐出租车前往下榻的饭店，导游人员应主动支付相应的费用。

（4）向游客提供热情周到的服务以取得游客的谅解。

（5）采取弥补措施。征得旅行社领导同意后，酌情给游客一定的物质补偿，如赠送纪念品、增加菜品和酒水等。

为了防止漏接事故的发生，作为导游人员应认真阅读接待计划，落实有关变更情况；核实交通工具的准确时间；按规范要求提前抵达机场（车站、码头），保证按计划规定提前半小时到达接站地点。作为旅行社有关部门的工作人员，应认真做好交接工作，及时将变更情况通知导游人员。

三、错接的处理

发现接错旅游团（者），导游人员应立即报告旅行社，及时采取措施：

（1）若错接发生在同一家旅行社接待的两个旅游团时，导游人员应立即向旅行社领导汇报。经同意后，地陪导游可以不再交换旅游团。

（2）若错接的是不同旅行社的旅游团时，导游人员应立即向旅行社领导汇报，并设法尽快交换旅游团，向游客如实说明情况并致以诚恳的歉意。

（3）若发现其他人员（非法导游人员）接走了旅游团（者），地陪应立即报告接待社，请其协助寻找。

为了防止接错团，导游人员一定要提前到达接站地点迎接旅游团。当旅游团所乘交通工具抵达时，认真核实旅游团的领队或全陪姓名、人数、团名（编号）、国内组团社或境外组团社名称、下榻饭店情况等。提高警惕，严防社会其他人员非法接走旅游团。

任务拓展

一、模拟实训

1. 任务布置

学生分成工作小组。

小组角色安排：游客、计调、导游部经理、旅行社经理、导游人员。

用品准备：电话、导游旗、接站牌、导游行程单、相关资料。

模拟空接及处理的过程。

2. 师生评价

检查项目和内容	考核标准			
	优	良	合格	不合格
排除漏接				
与地接社联系，请其查明原因				
处理措施得当				
与游客沟通方式得当				
团队合作意识				
总评价				

3. 实训总结

二、讨论分析

导游小王提前两个小时从市区出发前往机场接团，在离机场还有两千米的地方遇到了交通事故，旅游车被堵在路上。等交通管理部门疏导完现场，小王赶到机场时，已经迟到了半个小时，游客们早已拿着行李集合在停车场等他了……

小王一边帮客人安放行李，一边赶紧请客人上车。在车上，小王再次向游客解释自己迟到的原因并表示歉意。可是部分游客仍然情绪激动，有人还讲了几句难听的话。到达游客所下榻的饭店后，小王熟练地分好房间并查看了游客的进房情况。晚餐时，小王等在餐厅门口，热情地欢迎大家用餐，并把大家引到餐桌边。小王仔细地向客人们介绍每一道菜，在旅行社领导的同意下，小王还给每桌加了两道菜。

游客们被小王的工作热情所感动，对他的态度开始转变。前面讲过难听话的游客还向小王表示歉意。

分析：

（1）导游小王漏接的原因。

（2）评价导游小王的做法。

任务三　误机（车、船）事故的处理

任务目标

误机（车、船）事故所带来的直接和间接的影响都是巨大的。作为导游人员，应认真仔细，杜绝此类事故发生。万一遇到误机（车、船）事故，一定要按照相应处理措施来谨慎处理。

任务描述

离开繁华的上海，美国旅游团来到成都，成都的休闲生活感染了游客，全陪小程也暗自庆幸一切都很顺利，旅游团将于17∶40飞往西安。当天的午餐安排在大型商场银座一楼的餐厅，午餐13∶30结束后，客人们要求去商场购物，小程和成都地陪小张开始不同意，但经不住游客的坚持要求，就同意了，但一再提醒大家15∶30一定要返回原地集合。

15∶30 全团上车后发现少了两名游客。地陪小张让已经回来的游客在旅游车上休息，自己与全陪及两名年轻游客进商场寻找，找到两人时，已经是 16∶00 了，等旅游车到达机场时，离飞机起飞只有 40 分钟了。小张赶紧求助机场值机人员，在机场值机人员的协助下，团队终于登上了飞机。

试分析差点造成旅游团误机事故的原因。如果误机发生了，小张又该如何处理？

任务分析

误机（车、船）事故属于重大事故，往往会造成重大的经济损失和不良影响。其原因有以下两方面：

一、非责任事故

（1）有关人员因工作失误造成误机（车、船）。航班班次（车次、航次）变更或时间提前，有关人员没有及时通知导游人员；票证没有及时送到机场（车站、码头），造成误机（车、船）。

（2）游客自身的原因（重病、受伤、走失等），导致误机（车、船）。

（3）交通事故、汽车在途中抛锚、严重堵车等造成误机（车、船）。

二、责任事故

导游人员记错旅游团离站日期、时间；当日日程安排过紧，活动安排不当，没有安排足够的时间赴机场（车站、码头）等，造成旅游团误机（车、船），这是导游人员的责任事故。

在本任务中，差点导致误机事故的责任在地陪小张，他犯了两个错误：

第一，他同意游客去商场购物，违反了“旅游团离站当天不得让游客自由活动，不带游客去大型商场购物”的纪律。游客进了商场，一旦分散活动，就算是再三强调集合时间，不少人还是会因选购中意商品而忘了时间，导游人员应该充分认识到这一点。为了避免游客饭后购物，他可以安排午餐时间略晚，或用餐时间拖得长一点，避免游客产生购物欲望；或与计调部门商量更换餐厅，不安排旅游团在靠近大商场的餐厅用午餐。

第二，地陪应该让全陪携票证带旅游团先去机场等候，自己留下寻找游客，而他却让所有的人在旅游车上休息。

任务实施

一、误机（车、船）事故的处理

（1）立即向旅行社领导及有关部门报告并请求帮助。旅行社与机场（车站、码头）联系，争取旅游团乘最近班次的交通工具离开本站，或包机或改乘其他交通工具前往下一站。

微视频 16 误机（车、船）事故的处理

（2）稳定游客的情绪。安排好游客滞留期间的食宿和游览等事宜。

（3）及时通知下一站，对日程做相应的调整。

（4）向全体游客赔礼道歉。必要时请旅行社领导出面致歉，同时采取相应的补偿措施，力争挽回旅行社的声誉。

（5）查清事故责任，并对责任人给予相应的处罚。

（6）写出书面报告。

二、误机（车、船）事故的预防

发生误机（车、船）事故，无论怎样处理，总会有游客不满意，而且这类事故会对旅行社造成经济损失和不良影响。所以，此类事故重在预防，地陪应做到：

（1）认真核实交通票据和送站地点。导游人员应提前落实旅游团离站交通票据，确定班次有无变化。临行前，对交通票据进行“四核实”（计划时间、票面时间、时刻表、问讯时间）。

（2）时间安排留有余地。临行前不能安排旅游团去闹市区购物或自由活动，不安排旅游团去范围广、地域环境复杂的景点参观游览。

（3）安排充裕的时间，提前抵达机场（车站、码头）。地陪要充分考虑交通拥堵、突发事件等各方面的因素，按照规定时间提前到达离站地点。

任务拓展

一、模拟实训

1. 实训目标

（1）了解误机事故的原因，掌握事故的预防措施、处理方法及应变能力。

（2）使学生养成科学、合理安排行程的职业习惯，增强责任意识。

2. 任务布置

学生分成工作小组，小组角色安排：游客、计调、旅行社经理、导游人员；用品准备：电话、导游旗、导游行程单、相关资料；模拟误机及处理的过程。

3. 师生评价

项目和内容	考核标准			
	优	良	合格	不合格
熟练运用所学知识				
稳定游客情绪				
及时妥善处理特殊问题				
与游客沟通方法得当				
团队合作意识				
总评价				

4. 实训总结

二、讨论分析

10 月 17 日，北京的一个旅行团因司机走错路延误旅客乘机，导游彭某拨打“110”谎称机上有炸弹，试图拖延时间阻止航班正常起飞，让旅客赶上飞机。

15：12，北京首都国际机场公安分局接 110 报警，有群众举报北京飞往重庆的 CA4142 航班上有炸弹。机场分局民警立即开展工作，同时与举报人电话联系了解情况。通话中，举报人又称自己是某旅行社的导游，正带一旅行团乘坐大巴赶往机场，由于司机走错路，延误了时间，导致旅行团不能及时赶到机场乘机，所以报警称该航班有炸弹。

目前，嫌疑人彭某因违反《中华人民共和国治安管理处罚法》相关规定，虚构事实扰乱公共秩序，被处以行政拘留七日的处罚。

（案例来自：北京青年报，作者：李仲虞）

就此案例谈谈你的看法。

任务四　游客遗失财物的处理

任务目标

旅游期间，游客丢失证件、钱物、行李的现象时有发生，不仅给游客造成财物上的损失和情绪上的影响，也给导游的工作带来不便和困难。导游人员应采取各种措施预防此类问题的发生。如果发生，应做好善后工作，保证游客顺利完成旅游活动。

任务描述

9月26日，小程带领的美国旅游团顺利到达了西安，接待他们的是地陪小静，当她将旅游团从机场接到下榻饭店，将游客安顿好后，团内王小姐神情紧张地跑来告诉小静，她的行李没有送到房间，很可能丢了，里面有一架高级数码相机……

小静在分析行李丢失的原因后，应采取什么措施?

任务分析

出门旅游，遗失行李、证件或贵重物品是一件非常让人苦恼的事情。财物损失不说，旅游兴致也顿然全无。遗失财物的原因往往很多，虽然不是导游人员的责任，但导游人员应本着“顾客至上”的服务宗旨，多关注游客的财物安全，采取各种措施预防此类事故的发生。

（1）多做提醒工作。参观游览时，导游人员要提醒大家带好随身衣物和提包；在热闹、拥挤的场所购物时，提醒保管好钱包、提包和贵重物品；离饭店时，提醒游客检查是否带好了随身行李，护照等证件是否带齐。游客下车后，导游人员要提醒司机清车，关好车窗并锁车，建议司机不要离车，防止游客放在车上的财物被盗。

（2）工作中需要游客的证件时，要经由领队收取，用毕立即返还，不要代为保管。

（3）切实做好行李的清点、交接工作。

任务实施

一、游客丢失行李的处理

行李丢失的情况多数发生在机场，既有入境游，也有中国公民的出境游、国内游，还有发生在饭店的情形。

1. 在机场行李丢失的处理

（1）努力寻找。在机场的行李运送带前，若游客发现找不到自己的行李，导游人员应再三查找行李运送带周围的地方，并按遗失者所描述的行李式样，查看是否有其他人错拿。

（2）立即报失。当行李一时难以找到，导游人员就应带着遗失者到机场询问处报告行李丢失，并详细说明游客所乘航班、航空公司、起飞时间、始发站、转运站、终点站、行李件数及其特征，出示旅游者的登机牌（或机票）和行李牌，向行李询问处工作人员说明丢失的行李箱（袋）的式样、颜色、大小、特征，并填写行李丢失登记表。

（3）安慰游客。游客丢失行李，其情绪必然受到影响，导游人员应给予安慰，将遗失者入住的饭店、地点、电话、姓名等留下给机场行李询问处，并记下机场行李询问处的电话，以便随时电话联络。在查找期间，导游人员还应帮助遗失者购买一些必需的生活用品。

（4）保持联系。在当地游览期间，导游人员要经常与机场联系，询问寻找情况。

（5）暂未找到行李。如果在离开本地前行李仍未找到，导游人员应打电话到机场行李询问处，告知本旅游团的全部旅游行程，各地接待社名称及所住饭店的名称、电话，以便在行李找到后能及时送到遗失者手里。

（6）行李丢失或损坏。行李确属丢失或损坏，虽然不是导游人员的责任，也要向失主表示歉意，同时由有关部门开具证明，根据国际惯例向有关航空公司索赔。

2. 在饭店行李丢失的处理

（1）在本团游客房间查找。如果是旅游团入住饭店后游客找不到自己的行李，导游人员应先在本团游客的房间查找，看行李是否送错房间或是他人错拿行李。

（2）请饭店行李部帮助查找。如果在本旅游团中找不到，有可能会混放到别的旅游团的行李中。此时，应请饭店行李部代为查找。

（3）向遗失者致歉。导游人员应就行李丢失事故向遗失者道歉，并诚恳地帮助他们解决生活方面的困难。如行李查明确已遗失，导游人员应帮助遗失者向有关部门按规定索赔。

（4）写出书面报告。导游人员应将行李丢失的原因、经过、查找的过程、遗失者的要求等写出书面报告。

二、游客丢失证件的处理

当发现游客丢失证件时，导游人员首先应请失主冷静地回忆，详细了解情况并帮助寻找。如证件确已丢失，导游人员则应马上报告旅行社，根据旅行社的安排，协助失主向公安部门报失，重新申领新的证件。费用由失主自理。

1. 外国护照和签证的重新申领手续

遗失地接待社开证明；失主准备照片；去当地公安局报失，由公安局出具《护照报失证明》；持公安局报失证明，到所在国驻华使、领馆申办新护照或临时护照；领到新护照后，再到当地公安局出入境管理处办理签证手续。

2. 团队签证的补办手续

签证副本和团队成员护照；重新打印团队全体成员名单；填写有关申请表；到公安局的出入境管理处办理补领手续。

3. 中国护照和签证的重新申领手续

（1）若华侨丢失护照和签证。失主准备照片；去当地接待社开具证明；到省、市、自治区公安局（厅）或授权的公安机关报失并申领新护照；去其侨居国驻华使、领馆办理入境签证手续。

（2）若中国公民丢失护照和签证。接待社开具遗失证明；尽快到附近警察机构报案，取得报案证明；持报案证明和有关材料到我国驻该国使、领馆领取中华人民共和国旅行证，回国后，凭中华人民共和国旅行证及境外警方的报失证明，申请换发新护照。

4. 丢失港澳居民来往内地通行证后，出境手续的办理

当地接待社开具遗失证明；到遗失地的市、县公安部门报失；签发一次性有效的“中华人民共和国入出境通行证”。

5. 丢失台湾同胞旅行证明后，入出境手续的办理

到遗失地中国旅行社或户口管理部门或侨办报失；发给一次性有效的出境通行证。

6. 中华人民共和国身份证的补办手续

由当地旅行社核实后开具证明；失主持证明到公安局报失；经核实后公安局再开具身份证明，并按照交通部门的规定办理乘坐交通工具的临时证明；回到居住所在地后，凭公安局报失证明和有关材料到当地派出所办理新身份证。

三、游客丢失财物的处理

导游人员应保持清醒的头脑，请失主回忆最后一次见到失物的时间、地点，弄清是确实丢了，还是放错了地方。

若一时找不到，导游人员要安慰失主，并请失主留下详细地址、电话，以便找到后及时归还。

若失物未能找到，而丢失物品又是入境时向海关申报的或保险的贵重物品，应到接待社开具证明，再由失主持旅行社证明到当地公安局开具遗失证明，以备出海关时查验或向保险公司索赔。

任务拓展

一、模拟实训

1. 实训目标

（1）了解游客丢失财物的原因，掌握游客丢失财物的预防和处理方法。

（2）使学生养成安全意识强、责任心强的职业习惯。

2. 任务布置

学生分成工作小组，小组角色安排：游客、全陪、领队、接待人员等。

情境 1：导游带领旅游团离开饭店前往机场的路上，一名游客发现自己的身

份证不见了，她急忙向导游报告。

情境 2：见【任务描述】。

情境 3：一旅游团队的游客，在机场领取行李时发现自己的行李箱破损。

3. 分组讨论情境任务

4. 师生评价

项目和内容	评价标准			
	优	良	合格	不合格
准备充分				
程序完整				
妥善处理问题				
稳定游客情绪				
团队合作意识				
总评价				

5. 实训总结

二、讨论分析

招商国旅全陪小方接待一个英国旅游团，团队在北京入境后，一名游客发现其托运的行李丢失。小方立即陪同该游客到行李查询处了解情况。游客乘坐的瑞士航空公司驻北京办事处人员受理了查询。经联系，确认行李是在苏黎世转机时落下了，要在找到行李后随机托运过来。因团队在北京不做停留，直接前往承德。小方帮助游客填写行李查询单时，详细填写了承德下榻的宾馆名称、承德停留天数、地接社名称、地址，以及全陪姓名和手机号码，并详细记下了瑞航驻北京机场办事处的电话和联系人。团队抵达承德后，小方首先陪同游客购买了洗漱用具和换洗衣物，以保证游客旅行生活不受影响。在随后几天的游览过程中，不断打电话询问行李的查找情况。为防行李在团队离开承德前无法到达，小方还将下一站的停留地点和接待单位的联系方式通报给航空公司。庆幸的是，行李在离开承德的当天中午运抵承德，交还游客。

（案例来自：圣才学习网）

分析总结全陪小方的做法。

任务五　游客走失的处理

任务目标

在旅游过程中，游客走失时有发生，一般是有惊无险，但有时也酿成灾难。一旦发现游客走失，导游要分析游客走失的原因和责任，并采取措施，寻找走失者。

任务描述

美国旅游团接待计划上的安排是9月28日下午自由活动，地陪小静告知游客西安市主要商场及路线，留给领队和全陪自己的手机号码后，就回到了公司。到了晚上21∶30，小静突然接到领队从饭店打来的电话，说是有一老年游客在逛商店时走失了，一直没有回到饭店。小静立即赶往饭店，得知这位游客是在与其他游客逛特产超市时走失的。于是小静马上准备积极寻找。正在这时，该游客坐出租车回来了……

对于此次事件，小静应如何处理?

任务分析

一、游客走失的原因

1. 导游人员的原因

主要有：未讲清旅游线路或集合的时间、地点和停车的位置；工作马虎，没有仔细清点人数；导游人员讲解乏味，导致游客对其他团队导游讲解感兴趣，因此脱离团队而走失。

2. 游客自身的原因

主要有：游客对某些景点或事物感兴趣，导致在一地滞留时间过长；游客在自由活动、外出购物时没有记清饭店地址和路线而走失。

二、游客走失的预防

1. 做好各种预防工作

（1）导游人员每天都要向游客报告一天的行程，讲清上、下午的游览地点，中、晚餐用餐的地点和餐厅的名称。

（2）下车进入游览点之前，导游人员要告知全体游客旅游车的停车地点、车号及上车的集合时间、地点。

（3）与领队、全陪配合，随时清点人数。

2. 做好提醒工作

（1）游客单独外出时，导游人员要提醒游客记住接待社的名称、与导游人员的联系方法、下榻饭店的名称和电话号码，或带上饭店的地址。

（2）自由活动时，导游人员要提醒游客最好结伴而行，不要走得太远，不要回饭店太晚，不去秩序混乱的地方。

任务实施

一、游览活动中游客走失的处理

1. 了解情况，迅速寻找

导游人员应立即向其他游客、景点工作人员和其他人员了解情况，迅速寻找。一般情况下是全陪、领队分头寻找，地陪带领其他游客继续游览。

2. 争取有关部门的协助

若一时找不到，导游人员应立即向游览地派出所或管理部门报告，请求他们帮助寻找。

3. 与饭店联系

若在游览地没有找到游客，导游人员可与饭店联系，询问游客是否已经回到饭店。

4. 向旅行社报告

经过认真寻找，仍未找到游客，导游人员应打电话向旅行社报告，并请求帮助，必要时可报案。

5. 做好善后工作

找到走失游客后，导游人员应做好善后工作，分析走失的原因。如果责任在导游，应向游客赔礼道歉；如果责任在游客本人，则应提出善意批评，提醒其他游客注意。

6. 写出书面报告

若发生严重的走失事故，导游人员要写出书面报告，详述游客走失的经过、寻找经过、走失原因、善后处理情况、游客的反映等，从中吸取教训，以防此类事故再次发生。

二、自由活动中游客走失的处理

当导游人员得知游客在自行外出活动中走失的情况后，应采取如下措施：

1. 立即报告旅行社

导游人员在得知游客走失时，应先用手机联系，若无法联系应立即报告旅行社，请求指示和帮助。通过有关部门向公安局管区派出所报案。

2. 做好善后工作

游客回到饭店，导游人员应表示高兴，问明情况，提出善意批评，但不必过多指责；提醒其他游客注意，避免走失事故再次发生。

3. 写出书面报告

若发生严重的走失事故，导游人员要写出书面报告，详述游客走失的经过、寻找经过、走失原因、善后处理情况、游客的反映等。

任务拓展

一、模拟实训

1. 实训目标

（1）使学生了解游客走失的原因，掌握游客走失的预防和处理方法，培养应变能力。

（2）使学生养成随时关注游客动向的职业习惯。

2. 任务布置

（1）分任务小组，5 ~ 6 人一组。

（2）角色分工：全陪、地陪、领队、游客、相关工作人员。

（3）物品准备：接待计划书、导游证、导游旗、多媒体课件。

（4）情境任务：模拟游客走失处理的过程。

3. 师生评价

项目和内容	评价标准			
	优	良	合格	不合格
做好各项安排的预报				
随时清点人数				
和全陪、领队密切配合				
了解情况及时，寻找迅速				
及时和旅行社、公安部门联系				
善后工作处理得体				
事故报告单书写规范				
总评价				

二、讨论分析

地陪小吴带领游客在某景区游玩。王太太告诉小吴其丈夫王先生不知去向。由于景区较大，且有几个出口。小吴当即和全陪商量，从游客中挑选了两位男士与他们分头去找。剩下的游客焦急地等待着，可一直不见他们踪影。离景区关门时间不多时，四个人才匆匆忙忙从不同方向赶回来。小吴抱歉地对大家说：“我们找遍了景区，也没有发现王先生。由于时间关系，司机将带各位先回饭店，我去景区派出所报案……”游客顿时怨声一片，小吴觉得非常委屈。

试分析：根据导游服务规范，小吴应如何正确处理这一事故？

项目十　旅游安全事故的预防与处理

项目导读

没有安全就没有旅游。在旅游过程中，保障游客的人身、财产安全，是导游服务的头等大事，导游人员对此不能有任何麻痹思想。安全事故一旦发生，后果往往不堪设想，危及游客的生命、财产安全，同时也威胁着导游人员自身的安全。因此，导游人员在旅游途中要时刻保持高度警惕，努力避免安全事故的发生（图10-1）。

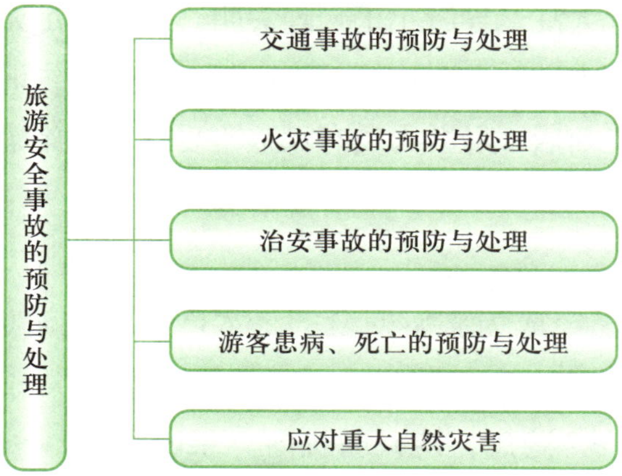

图 10-1　旅游安全事故的预防与处理

任务导入

随着出境游的升温，游客在境外遇到的问题也越来越多，旅游安全问题也不断出现，如在印尼巴厘岛发生过以下事件。

事件一：与中国情况相反，印尼车辆靠左行驶，并且道路狭窄，摩托车多。雅加达等大城市交通拥堵严重。2016 年 9 月，一名中国游客在巴厘岛横穿马路时，被一正常行驶的摩托车撞击身亡。

事件二：潜水、游艇是印尼热门旅游项目，不少涉水游览区未安装安全警示标志，中文导游、专业教练和医务人员配备不足，一些中国游客自身安全意识不强，不听劝阻、违规或隐瞒自身健康状态参与涉水项目的状况时有发生。2016 年 12 月，一名中国游客在巴厘岛旅游时，被海浪席卷溺亡。

事件三：印尼火山、地震频发，雨季多发暴雨，经常引发洪水、泥石流等。2017 年 11 月，巴厘岛阿贡火山喷发，当地机场关闭，造成 1.8 万名中国游客滞留。

事件四：印尼地处热带，气候湿热，易滋生病毒细菌，肝炎、登革热、伤寒、疟疾等疾病多发。2017 年 6 月，一名中国游客随团到巴厘岛旅游出现发热症状，未引起足够重视，后入院就医，终因抢救无效死亡。

没有安全，就没有旅游业的发展。对旅游业来说，旅游安全是一个十分严肃的话题，不仅影响到旅游业的形象和信誉，而且关系到旅游业的生存和发展。

（资料来源：互联网）

任务一 交通事故的预防与处理

任务目标

旅游安全事故中，交通事故是发生频率最高的。交通事故一旦发生，后果往往不堪设想。旅游途中，导游人员要时刻警惕，避免此类事故。一旦发生交通事故，应果断采取措施，保护游客的权利和利益。

任务描述

地陪小王带领旅游团从某景区返城，途中，因到旅游商店购物耗时较长，小王怕耽误晚间娱乐活动，催促司机加快速度。在接近城区时，前方一人骑车横穿马路，司机因躲闪不及而将骑车人撞倒，旅游车也翻滚进了路边农田，部分游客受伤，车内一片大乱。导游小王一阵尖叫，吓得手足无措，好几分钟后，才打开车门，给旅行社打电话，在路边等待旅行社，并立即告诉游客晚上娱乐活动取消。此次交通事故发生前后，导游人员有哪些不妥行为？旅游团遇到交通事故，导游人员通常应如何处理？

任务分析

交通事故已经成为旅游安全的最大隐患。旅游途中的安全防范是预防与控制交通事故的重中之重，导游人员要提醒并要求驾驶人员执行好安全行车规范，对可能出现的安全隐患，应及时提醒，果断阻止。

本任务中，小王安全意识欠缺，没有妥善安排活动日程，没有留下充分的行车时间，导致超速行车，造成隐患。出现了交通事故后，小王手足无措，缺乏应变能力和采取处理措施。

除以上外，导游人员要做到以下三点：

（1）出车前提醒驾驶员检查车况，发现隐患要及时修理或更换车辆。

（2）提醒司机行车时要注意交通安全，不要开快车，尤其当交通拥挤、时间紧张，在窄路、山区行车或在雨、雪、雾等条件下行车时，要随时注意前方路况，谨慎驾驶。

（3）阻止非本车司机开车；提醒司机不要饮酒；如遇酒后驾车的司机，导游人员应立即阻止，并报告旅行社有关部门，要求改派其他车辆或调换司机。

任务实施

旅游活动过程中，一旦发生交通事故，只要导游人员没有受重伤，神智仍然清楚，就应立即采取措施，沉着、冷静、果断地处理事故，并做好善后工作。

微视频 17
交通事故的处理

一、立即组织抢救

交通事故发生后，作为导游人员首先不能乱了方寸，应立即组织现场人员抢救受伤者，特别是重伤者。如不能就地抢救，应立即打电话给急救中心，将伤者送往就近的医疗单位抢救。

二、立即报案，保护现场

交通事故发生后，不要在忙乱中破坏现场，应指定专人保护现场，并尽快通知交通、公安部门，请求派人来现场调查处理。

三、迅速向接待社报告

在安顿好受伤游客后，导游人员应迅速向所在旅行社领导报告事故发生地点、原因、经过及所采取的措施、游客伤亡情况、团内其他游客的反映等，听取领导对下一步工作的指示。

四、做好游客的安抚工作

导游人员应及时稳定其他游客的情绪，若事故不严重，有可能的话，要组织其他游客继续进行参观游览活动。等事故原因查明后，要慎重地向全团游客说明。

五、协助有关部门做好善后处理工作

导游人员应积极配合交通、治安部门调查事故原因；协助旅行社有关人员处理善后事宜，如事故原因调查、帮助游客向有关保险公司索赔等。

六、写出书面报告

交通事故处理结束后，导游人员要写出事故报告，内容包括：事故的原因和经过；抢救经过、治疗情况；事故责任及对责任者的处理；游客的情绪及对处理的反映等。报告力求详细、准确、清楚（最好和领队联名报告）。

任务拓展

一、模拟实训

1. 布置任务

将学生按照 5 ~ 6 人一个工作小组，分角色扮演导游员、游客、司机、公安、交通部门工作人员等，模拟交通事故的处理过程。

2. 师生评价

项目和内容	评价标准			
	优	良	合格	不合格
协助司机做好安全行车工作				
提醒司机检查车辆				
提醒司机注意安全，不要饮酒				
车祸现场的急救				
交通事故的处理				
团队合作				
态度、纪律				

3. 实训总结

二、讨论分析

2017 年，中国游客赴泰国旅游人数超过 900 万。泰国国家旅游局称，2018 年将进一步加大吸引境外游客的力度，争取赴泰旅游人数在 2017 年包括中国游客在内的 3 500 万的基础上再增加 5%。但让人忧心的安全问题却始终驱之不散。

2017 年 7 月 10 日，普吉岛一辆满载中国游客的大巴滑下山崖，致 24 人受伤，2 人遇难。

2017 年 7 月 26 日，一艘游艇载着 16 名游客到春蓬府潜泳，出发不久便出现机械故障，随即沉没，5 人遇难。

2018 年 3 月 3 日，一辆载有中国游客的中巴在从泰国拜县返回清迈的途中发生重大交通事故，车辆失控撞向路边便利店，造成车上 9 名中国游客不同程度受伤。

分析泰国多起事故原因不难看出，事故的发生都有着相同的原因，泰国管理部门分工不清、履职不到位，部分从业人员的非法操作和失误。此外，设备老化和检修不及时，也是泰国旅游安全事故频发的一个重要原因。

面对旅游安全事故频发的状况，旅行社和游客要学会合理防范风险。

业内人士建议，对于刺激性、危险性的项目，还要查看保险是否齐全，确保自己的人身安全。

（资料来源：互联网）

分析案例，谈谈你的看法。

任务二　火灾事故的预防与处理

任务目标

火灾事故在旅游过程中一般不多见，但一旦发生，带来的危害就非常严重，损失十分巨大。导游员对火灾事故要有高度的警觉。应对火灾要以预防为主，了解火灾自救的方法，并能合理合情地处理火灾事故。

任务描述

6 月 18 日，一辆由浙江杭州开往福建厦门的旅游大巴发生大火，幸好游客及时逃离，未造成人员伤亡。记者了解到，杭州开往厦门的旅游大巴上载有 21 名游客。开到途中时，车尾冒起浓烟，为了安全起见，司机想把车开进出口匝道停下，可车刚减速，火势瞬间爆发起来。导游、司机立刻组织疏散游客，并拨打了求救电话，此次火灾事故未造成人员伤亡，游客们都安全逃离。如果导游人员带团时遇到火灾，正确的处理程序是怎样的？

任务分析

旅游过程中，火灾事故一般发生在饭店内，也可能发生在交通工具上或公共活动场所。此次旅游大巴大火发生后，导游、司机采取适当的应急措施，帮助游客逃离是正确的做法。

火灾事故发生，游客的生命、财产会遭受严重威胁。导游人员绝不要掉以轻心，也不要因没有经历过而惊慌失措。面对火灾需要采取预防为主的方法，导游要时刻观察周围的情况，有针对性地提醒游客防范火灾。

微视频 18 火灾事故的处理

一、做好提醒工作

导游人员应提醒游客不要携带易燃、易爆物品；不在托运的行李中夹带易燃、易爆等违禁物品；提醒游客不在饭店房间床上吸烟，不乱扔烟头和其他火种。只有这样，才能尽可能地减少火灾。

二、熟悉饭店的安全出口和转移路线

导游人员带领游客入住饭店后，导游人员要熟悉所在饭店楼层的太平门、安全通道，并向游客详细介绍；提醒他们熟悉客房门上贴的安全路线示意图，掌握失火时应走的路线；提醒游客，一旦发生火灾，不要乘坐电梯，必须从安全通道逃生。

三、牢记火警电话，掌握游客房间号码

导游人员要牢记火警电话 119；掌握领队及全团成员的房间号码，以便失火时及时通知他们。

任务实施

饭店发生火灾事故的处理措施如下。

一、立即报警，组织撤离

一旦发生火灾，导游人员要立即报警，采取一切措施通知领队和全体游客迅速撤离。镇定地与工作人员配合，听从统一指挥，组织大家通过安全通道迅速离开火灾现场。火灾逃生时，要轻装、快速、有序，避免摔倒，不能盲目跳楼。导游人员撤至安全地带，就要寻找本团游客，让大家聚集在一起。发现有人失踪，应组织人力尽快寻找；如有人受伤，应及时救治。

二、判断火情，引导自救

如发现火灾时，已无法逃离火灾现场，要引导游客设法自救。

（1）用湿毛巾捂住口鼻，趴在墙根，爬行穿越浓烟，爬到烟少的地方，避免被烟气熏呛烧伤或窒息。

（2）大火封门时，或泼水降温，或用浸湿的衣被封堵塞严。

（3）房内有明火时，设法灭火，并用浸湿的被褥包住身体保护自己。

（4）若身上着火，可就地打滚将火苗压灭，或用浸湿的衣被压灭火苗。

（5）消防队员到来后，要一面高声喊叫，一面挥舞色彩鲜艳的衣物，争取救援。

三、协助救助受伤人员

游客得救后，导游人员应立即配合救援人员抢救伤员，将重伤者立即送往医院。

四、报告领导

立即通知旅行社领导和有关人员，做好善后工作。

五、做好善后事宜，写出书面报告

（1）采取各种措施稳定游客的情绪，设法使旅游活动继续进行。

（2）根据旅行社领导的指示，帮助游客解决因火灾造成的不便。

（3）写出详细的书面报告。旅行社须立即将事故情况呈报上级有关部门。

任务拓展

一、模拟实训

1. 布置任务

将学生按照 5 ~ 6 人一个工作小组，分角色扮演导游人员、游客、司机、消防部门工作人员等，模拟火灾事故的处理过程。

2. 师生评价

项目和内容	评价标准			
	优	良	合格	不合格
立即报警，组织撤离				
判断火情，引导自救				
协助救助受伤人员				
报告领导				
做好善后事宜，写出书面报告				
团队合作				
态度、纪律				

二、讨论分析

2016 年 6 月 26 日，湖南省郴州市宜凤高速公路宜章段发生一起因客车碰撞而燃烧起火的特大道路交通事故，造成 35 人死亡、13 人受伤，直接经济损失 2 290 余万元。

调查认定，事故的直接原因为：驾驶人刘某疲劳驾驶造成车辆失控，与道路中央护栏发生多次碰撞，导致车辆油箱破损、柴油泄漏，引起车辆起火；车辆停止时紧挨路边混凝土护栏，车门被阻挡无法打开，车内游客不能及时疏散；安全锤未按规定放置在车厢内，游客无法击碎车窗逃生，造成重大人员伤亡。事故的间接原因为：湖南衡阳骏达旅游客运有限公司未有效落实驾驶员休息制度和防疲劳驾驶制度，未按规定开展车辆动态监控和应急管理各项工作；湖南风光国际旅行社有限公司等单位违法违规从事旅游经营活动，存在违法出借旅行社业务经营许可证、未与游客签订旅游合同等问题。

（资料来源：互联网）

分析案例，谈谈你的看法。

任务三　治安事故的预防与处理

任务目标

在旅游期间，遇到行凶、诈骗、偷盗、抢劫、恐怖等活动，导致游客身心及财物受到损害，统称治安事故。导游人员要提高警惕，采取有效措施防止治安事故的发生。

任务描述

导游李某带领几名爱好越野的游客到三亚南新农场的一片橡胶林开展定向越野活动。到达运动场地后，即根据活动规则各自散开。16 时许，6 名歹徒分乘两辆摩托车，趁游客落单之机实施抢劫。其中，2 名外国女游客被抢走项链。导游李某在与歹徒搏斗时，后腰部被划伤，幸无大碍。

导游人员在带团过程中遭遇到治安事故，该如何处理?

（案例来源：南海网 – 南国都市报）

任务分析

在接待工作中，导游人员要始终提高警惕，采取有效措施并随时提醒游客，防止治安事故的发生。

一、入住饭店后做好提醒工作

（1）入住饭店后，提醒游客保管好贵重物品。

（2）提醒游客不要私自与他人兑换外币，更不要在偏僻的地方与不熟悉的人兑换外币。

（3）提醒游客不要将自己的房间号告诉不熟悉的人；出入房间一定要锁好房门；晚间，不要有人敲门就贸然开门，以防意外；不要让不熟悉的人和自称饭店维修人员的人进入房间。

二、旅行、游览时导游人员的工作

（1）旅游车行驶途中，不得停车让非本车人员上车，若有不明身份者拦车，提醒司机不要停车。

（2）下旅游车时，提醒游客不要将证件和贵重物品遗留在车上；游客下车后，提醒司机关好车窗、锁好车门，不要让陌生人上车，不要离车太远；游客返回上车时，导游人员和司机要尽力阻止小商贩上车兜售商品。

（3）参观游览活动时，导游人员要始终和游客在一起，随时注意观察周围环境和游客的行踪，随时清点人数；发现可疑现象，尽力引领游客避开；在人多拥挤的公共场所，要提醒游客不要离开团队，注意保管好自己的证件和财物。

任务实施

一旦发生了治安事故，导游人员绝不能置身事外，而要全力保护游客的人身财物安全。

微视频 19 治安事故的处理

一、保护游客的安全

遇到歹徒骚扰、行凶、抢劫，导游人员要临危不惧，绝不能临阵脱逃，可能时将游客转移到安全地点；导游人员要勇敢，但不能鲁莽行事，要防备歹徒的凶器，要保护游客的安全，也要保证自己的安全。

二、迅速组织抢救

若游客受伤，应立即进行必要的伤口处理，尽快送往附近医院；尽可能保护现场。

三、立即报警

立即拨打 110 报警，公安人员赶到后，导游人员要积极配合、协助侦查。

四、报告接待旅行社

将案情报告接待社领导，情况严重时，请领导到现场指挥处理。

五、做好善后事宜

治安事故发生后，导游人员要设法稳定游客的情绪，如果后果不严重，应设法继续进行旅游活动；在领导指导下准备好必要证明及相关资料，处理好种种善后事宜；注意破案情况，一有结果，经领队向全团通报。

六、写出书面报告

写出详细的书面报告，对游客的重要反映，力争用原话并注明反映者的身份。

任务拓展

一、模拟实训

1. 布置任务

将学生按照 5 ~ 6 人一个工作小组，分角色扮演导游人员、游客、司机、歹徒等，模拟治安事故的处理过程。

2. 师生评价

项目和内容	评价标准			
	优	良	合格	不合格
保护游客安全				
组织抢救				
立即报警				
报告接待社				
做好善后事宜				
书面报告				

3. 实训总结

二、讨论分析

地陪小李在带团游览过程中，发现有一可疑人员，一直跟随自己的团队，为了不影响游客的游兴，小李没动声色。当团队游览完景点在回旅游车的途中，那人突然抢了一个游客的包后迅速逃跑。如果你是地陪小李，应如何处理？

任务四　游客患病、死亡的预防与处理

任务目标

由于路途劳累、气候变化、水土不服和饮食习惯改变等原因，游客特别是那些年老体弱者，常会感到身体不适，甚至患病，病情严重者甚至导致死亡。通过学习，了解游客患病的预防措施，掌握带团过程中游客患一般疾病和患重大疾病的处理程序和方法。

任务描述

任务1： 导游小李带领旅游团到山东泰山旅游，晚上住在山顶旅馆，山上温度较低，湿度又大，爬了一天山的游客王先生第二天就感冒发烧了，不能参加正常的旅游行程。

任务 2： 来自南京的一旅游团午餐后到北京颐和园景区游览。在地陪买门票，全陪和游客在景区门口等候进园的时候，一中年女游客突发癫痫，口吐白沫，不省人事。

任务 3： 广州导游小张接待了一个马来西亚团队，住在一家五星级饭店，团内一名 60 多岁的老人在房间内因突发心脏病猝死。

如果你是任务中的导游人员，你应该如何应对？

任务分析

导游人员应尽力避免人为原因导致游客患病，可以采取一些必要的措施进行预防。

一、了解旅游团成员的健康状况

导游人员接团前，应认真分析、研究旅游团人员情况，根据旅游团成员的年龄、身体状况周密安排游览活动。

二、安排旅游活动留有余地，做到劳逸结合

制订计划、安排活动日程要留有余地，做到劳逸结合。同日参观的游览项目不能太多；体力消耗大的项目不要集中安排；晚间活动安排时间不宜过长。

三、做好提醒预报工作

提醒游客注意饮食卫生，如不要买小贩的食品、不喝生水等；提醒游客注意休息；及时报告天气情况，提醒游客增减衣服、带雨具等；天气干燥的季节，提醒游客多喝水、多吃水果等。

任务实施

如遇到游客患病甚至死亡的情况时，导游人员要沉着、冷静地及时处理，努力使旅游活动继续进行。

一、游客患一般性疾病的处理

1. 劝其及早就医并多休息

游客患一般疾病时，导游人员要劝其尽早去医院看病，留在饭店内休息。如有需要，应陪同游客前往医院就医。

2. 关心游客的病情

如果游客留在饭店休息，导游人员要前去询问身体状况并安排好用餐，必要时通知餐厅为其提供送餐服务。游览结束后，导游人员要关心其病情，表示

慰问。

3. 向游客讲清看病费用自理

严禁导游人员擅自给游客用药，看病费用由游客自理。

二、游客患重大疾病的处理

1. 在向异地转移途中突患重病

（1）全陪应请求机组人员、列车员或船上服务人员在交通工具上寻找医生。

（2）请领队或游客的亲属在游客口袋中寻找常备药物，服用缓解病情。

（3）通知下一站急救中心和旅行社准备抢救。

2. 在参观游览时突患重病

（1）征得全部游客的同意，立即将游客送往就近医院，或拦车送往医院，必要时暂时中止旅游活动。

（2）同时及时通知旅行社，请求指示和派人协助。

（3）一般由领队、全陪、游客亲友同往医院，地陪则继续带领团队旅游。

3. 在饭店突患重病

（1）若在饭店内游客突患重病，应通知饭店医务人员先进行抢救，然后送医院。

（2）将情况及时向接待社领导汇报。

4. 注意事项

（1）抢救时必须有其他相关人员在场。在抢救过程中，导游人员应要求领队或游客亲属在场，有关旅行社领导最好也在场，并详细记录游客患病前后症状及治疗情况；若需手术，则事先征得游客亲属或领队的同意并由其签字。

（2）严格按照规定处理游客病危事故。若游客病危，亲属不在身边，导游人员应提醒领队及时通知游客亲属。如游客亲属系外国人，则应提醒领队通知所在国驻华使、领馆；游客家属到来后，导游人员应在旅行社领导的指示下，帮助其解决生活困难；若找不到亲属，一切遵照使、领馆的书面意见处理。

（3）保存好有关书面材料。由主治医生签字的有关诊治、抢救及动手术的书面材料，要妥善保管，以备查验。

（4）探望游客并办好相关手续。若游客病情好转，但仍需住院治疗，不能随团离境，旅行社领导应派人经常去医院探望，导游人员也应尽量抽时间前去探望。旅行社应帮助游客办理离境签证，延长签证以及出院、回国手续和交通票证等。若在境外，领队则应及时报告当地的我国驻该国机构，以便申领各种证件；及时向地方当局申办延长签证手续。

（5）与游客做好相关费用的结算工作。游客抢救、住院、签证、交通票证等手续费用，及其亲属的一切费用自理。游客未享受的综合服务费，由旅行社之间结算，按合同规定退还本人；旅行社应帮助游客向保险公司索赔。

（6）安顿好其他游客。导游人员在处理好以上事务的同时，应安排好旅游团其他游客的活动，全陪应继续随团活动。

（7）处理好善后事宜。写出详细的书面报告。事后，导游人员应就旅游团队名称，游客姓名、性别、年龄、病状，救治过程和结果，游客家属及其他游客的反映等内容写出详细的书面报告。

三、游客死亡的处理

在旅游过程中，发生游客死亡，导游人员应镇定自若，有条不紊地按如下程序进行处理：

1. 保护现场

一旦发生游客死亡事件，一定要保护好现场，以便查明死因。

2. 向旅行社报告

导游人员在保护现场的同时，要及时报告旅行社领导，由旅行社领导出面处理善后工作。

3. 设法通知死者亲属

如果死者亲属不在身边，应立即通知亲属前来处理后事；若死者系外国人士，应通过领队或有关外事部门迅速与死者所属国的驻华使、领馆联系，通知其亲属来华。

4. 取得医生证明

导游应协助旅行社领导办妥有关证明："抢救工作报告""死亡诊断证明书"由主治医生签字盖章、复印后分别交给死者的亲属、领队或旅行社。

5. 清点遗物

清点遗物，必须由死者亲属或领队、全陪或所在国驻华使、领馆有关官员共同清点造册，列出清单，清点人要在清单上一一签字，一式两份，签字方分别保存。

6. 遗体处理

一般以火化为宜，遗体火化前，应由死者亲属或领队或所在国驻华使、领馆写出"火化申请书"并签字后进行火化。

死者遗体由领队、死者亲属护送火化后，火葬场将死者"火化证明书"交给领队或死者亲属；我国民政部门发给对方携带骨灰出境证明。各有关事项的办理，我方应予以协助。

若外国死者亲属要求将遗体运回本国，除需办理上述手续外，还应由医院对尸体进行防腐处理，并办理"尸体防腐证明书""装殓证明书"；由地方检疫机关发给"外国人运送灵柩（骨灰）许可证"和出境口岸检疫机关发给"尸体灵柩出境许可证"等有关证件，方可将遗体运出境。

任务拓展

一、模拟实训

1. 实训目标

（1）使学生了解游客患病的预防措施，掌握游客患病、死亡的处理方法。

（2）使学生养成关注每位游客的身体状况，随时做好提醒工作的职业习惯。

2. 任务布置

（1）分任务小组，5 ~ 6 人一组。

（2）角色分工：全陪、地陪、领队、患者、相关工作人员。

（3）物品准备：接待计划书、导游证、导游旗、多媒体课件。

（4）情境任务：模拟游客患病或死亡的处理过程。

3. 师生评价

项目和内容	评价标准			
	优	良	合格	不合格
准备充分				
和全陪、领队、亲属密切配合				
处理程序规范				
及时拨打急救电话				
及时通知旅行社				
继续完成行程				
写出书面报告				
考虑问题周全				
应变能力强，妥善处理突发事件				
总评价				

4. 实训总结

二、讨论分析

导游小薛带领一批游客到南方某城市旅游。在旅途过程中，有两位游客不同程度出现了“拉肚子”和中暑的情况。小薛立即对他们进行现场处理，把为自己准备的药给拉肚子的游客服用，用酒精替中暑的游客擦身。过了一会儿，这两位游客感觉好多了。此刻，不少游客纷纷称赞导游为游客想得真周到。两位游客也很感激小薛，但也有不少游客在背地里批评小薛。

（案例来自：圣才学习网）

分析案例，说说你的看法。

任务五　应对重大自然灾害

任务目标

自然灾害按发生的原因大致可分为四类：气象灾害、地质灾害、生物灾害、天文灾害。自然灾害无法预知，一旦发生，都很危险。导游人员一定要处乱不惊，引领全团游客冷静应对。通过学习，导游人员应掌握基本的逃生常识。

任务描述

印度洋发生大海啸时，杭州的导游小郑正带领 24 人的旅游团在泰国普吉岛游览。下午，旅游团刚回饭店，突然听到后面传来巨响，她凭直觉，感到有一股不祥的气息，于是立即高喊：大家快上楼，都上到三楼以上来，可能有大海啸……顷刻，海水扑来，把岸上的所有东西撞成一团，到处一片狼藉。站在楼上的小郑，在清点人数时发现少了 4 人，于是不顾个人安危，踩着漂浮的冰箱、桌椅，在海水冲砸过的地方寻找自己的游客。终于，全团 24 人，一个不少地被她集中在饭店楼顶上，等候救援队伍的到来……

任务分析

近年来，旅游目的地的各类灾难事件数量快速上升，造成的各类损失触目惊心。

作为一名合格的导游人员，要具备多方面的知识和技能，在危机发生时，必须冷静思考，沉着应对，及时求助，树立全局观念，将生命至上作为最高准则。

（1）导游人员要有一种先期设想各式灾难的意识。

（2）人的生命安全第一，游客的生命安全最重要。

（3）处事沉着、反应机敏、行事果断。导游人员的这些心理素质在处理突发事件时显得特别重要。不管发生什么灾难，导游人员自己不慌乱，游客也就可能镇定，并能保持秩序，形成合力，形成团队智慧，就有可能将灾祸的损失和影响降到最低。

（4）措施得当。导游小郑指挥大家往高处逃生，确保了旅游团的安全；她不顾个人安危寻找失散者，将大家集中在一起，相互照应，共渡难关。

这位杭州的导游小郑的行为可圈可点。她的行为为每个导游人员做出了榜样。

一、地震

任务实施

关于地震有一个“12 秒自救机会”学说，即地震发生后，若能镇定自若地在 12 秒内迅速躲避到安全处，就能给自己提供最后一次自救机会。日本曾有统计，发生地震时被落下物砸死的人，超过被压死的人。可见，人在遭遇突发事件时，若能保持良好的心理状态，及时采取自救行为或逃离现场，常能获救，避免伤亡。

（1）在室内。要远离外墙及门窗，可选择厨房、浴室等开间小、不易塌落的地方躲藏。躲藏的具体位置可选择桌子或床下，也可选择坚固的家具旁或紧挨墙角的地方。住楼房的千万不要跳楼。

（2）在教室。学生应用书包护头躲在课桌下或者课桌旁，地震过后由老师指挥有秩序地撤出教室。

（3）在室外。正确的做法是就地选择开阔地蹲下或趴下，不要乱跑，不要扎堆，避开人多的地方；躲在坚固的立柱或墙角下，靠近墙的外侧比内侧要好。要注意用手或手提包等物保护好头部，防止砸伤。避开玻璃橱窗、广告灯箱、高大货架、大型吊灯等危险物。旅游团在游览时遇到地震，导游人员应迅速引领游客撤离建筑物、假山，集中在空旷开阔地域。

（4）在体育馆、影剧院。注意护住头部，蹲、伏在排椅下面。

（5）在车辆中。司机要立即驾车驶离立交桥、高楼下等危险地段，在开阔路面停车。

二、海啸

海啸是一种具有强大破坏力的海浪。强大的波浪，高速向前推进，将沿海地带一一淹没的灾害，是地球上最强大的自然力。

海啸主要分为 4 种类型，即地震海啸、火山爆发引起的火山海啸、海底滑坡引起的滑坡海啸和气象变化引起的海啸。海啸波长很大，可以传播几千千米而能量损失很小。由于以上原因，如果海啸到达岸边，“水墙”就会冲上陆地，瞬间吞噬数十万人的生命。

若遇到海啸应该采取以下措施逃生：

（1）地震是海啸最明显的前兆。如果游客感觉到较强的震动，不要靠近海边、江河的入海口。如果听到有关附近地震的报告，要做好防海啸的准备，注意电视和广播新闻。海啸有时会在地震发生几小时后到达离震源上千千米远的地方。

（2）海上船只听到海啸预警后应该避免返回港湾，海啸在海港中造成的落差和湍流非常危险。如果有足够时间，应该在海啸到来前把船开到开阔海面。如果没有时间开出海港，所有游客都要撤离船只。

（3）海啸登陆时海水往往明显升高或降低，如果游客看到海面后退速度异常快，立刻撤离到内陆地势较高的地方。

（4）到达危险地带，每个导游都应该有一个急救包，里面应该有足够 72 小时用的药物、饮用水和其他必需品。这一点适用于海啸、地震和一切突发灾害。

三、泥石流

在旅游团行程中，如果有泥石流、滑坡多发地区，导游人员必须注意天气预报。若有连绵阴雨或大雨，要与旅行社或游客商量，对行程做必要的调整；暴雨刚停时，旅游团最好不要在山区活动。遇到泥石流，导游人员要镇定地引导游客逃生。

（1）泥石流发生时，不能在沟底停留，要抛掉一切重物，迅速向山坡坚固的高地或连片的石坡撤离。

（2）切勿与泥石流同向奔跑，而要向与泥石流流向垂直或相反的方向逃生。

（3）到了安全地带，游客应集中在一起，等待救援。

四、飓风

旅游团若遇强大风暴，尤其遇到飓风时，要采取自我保护措施。

（1）若在室内，最好躲在地下室、半地下室或坚固房屋的小房间内，避开重物；不能躲在野外小木屋、破旧房屋和帐篷里。

（2）若困在普通建筑物内，应立即紧闭临风方向的门窗，打开另一侧的门窗。

（3）若被飓风困在野外，不要奔跑，而应平躺在沟渠或低洼处，但要避免水淹。

（4）旅游团在旅游车中时，司机应立即停车，导游人员要组织游客立即撤离，躲到远离汽车的低洼地或紧贴地面平躺，并注意保护头部。

任务拓展

一、模拟实训

1. 实训目标

（1）使学生了解地震、海啸、泥石流、飓风的自救措施。

（2）培养学生临危不惧、冷静安抚客人，带领客人自救的职业意识和习惯。

2. 任务布置

（1）分任务小组，5 ~ 6 人一组。

（2）角色分工：导游、游客、相关工作人员。

（3）物品准备：接待计划书、导游证、导游旗、多媒体课件。

（4）情境任务：地震、海啸、泥石流、飓风知识竞赛。

3. 师生评价

项目和内容	评价标准			
	优	良	合格	不合格
地震				
海啸				
泥石流				
飓风				
总评价				

4. 实训总结

二、讨论分析

来自广州的旅游团在导游小敏的带领下游览成都。5 月 12 日中午 12 点多，团队在都江堰用过午餐后，往汶川方向赶路。到了友谊隧道三分之二的地方，开车的何师傅突然觉得车子晃得非常厉害。开始还以为是轮胎坏了，往车窗外一望，发现隧道里到处往下掉沙土，就像沙尘暴一样。有个游客喊了一声“地震了”，大家这才醒悟过来。

地震了，隧道里非常不安全，一旦坍塌，后果不堪设想。何师傅也意识到了这一点，一脚油门踩到底，开足马力就往外冲，出了隧道还冲了七八百米才停下。回头一看，隧道里和隧道口外的山体已经出现塌方，周围都被堵住，现场到处都是维持秩序的公安和武警。大家都吓坏了，拿起电话就打，但怎么也打不出去。导游也与总部联系不上，看见游客们惊恐着急的样子，小敏赶紧安抚大家。游客们都很配合，情绪也慢慢稳定下来。大家都待在车上，没有出现混乱现象。

到了晚上，车仍然动不了。此时，天下起了雨，周围的泥石流也非常严重，团队只能待在车上。由于余震不断，车一直在颠簸，大家一分钟都没合眼。旅行泡汤了，经过讨论，大家决定采取自救行动——返回成都。可返回的公路多处塌方，只能步行。大家立即决定弃车徒步走回成都。

河边的路非常危险，周围都是悬崖，再加上下雨，路面很滑，非常难走。为了能安全地走出去，小敏组织大家几个人一队，手牵手地慢慢走。大家相互打气，相互帮助，相互激励。有人摔倒了，马上就有同伴前去搀扶。有人走不动了，马上就有几个人上去架着他走。终于在第二天早上 9 点，团队走回了成都。值得庆幸的是，经历了这么大的一场灾难，没有出现人员伤亡。

分析：导游人员带团时遭遇到重大灾害，要处理好哪些方面的问题?

附录
导游实务相关知识

附录一　入、出境知识

为了维护中华人民共和国的主权、安全和社会秩序，促进国际交往，掌握入出境知识是非常必要的。入、出境知识主要包括入、出境应持有的证件，入、出境手续，不准入、出境的人员和对进出境物品的有关规定等四方面内容。

一、入、出境应持有的证件

世界上每个主权国家（地区）对入、出境旅客均实行严格的检查制度。只有具备合法身份的人员，才能出入境。外国公民及中国公民入、出中国国境均须在指定的口岸向联检单位（由边检、海关、检验检疫三方组成）交验相关证件、证明后方可入、出境。

入、出境应持有的证件包括护照、签证、港澳居民来往内地通行证和台湾同胞旅行证明四个方面。

（一）护照

护照（passport）是一个国家的公民出入本国国境和到国外旅行或居留时，由本国发给的一种证明该公民国籍和身份的合法证件。

各国颁发的护照种类不尽相同。中国的护照分为外交护照、公务护照和普通护照，普通护照又分因公普通护照和因私普通护照。

1. 外交护照

外交护照一般是颁发给具有外交身份的人员使用的护照。现行中华人民共和国外交护照的封皮为大红色，俗称“红皮护照”。外交护照由外交部签发。

2. 公务护照

公务护照是发给国家公务人员的护照，也有的国家称为“官员护照”。公务护照为绿色封皮，由外交部、中华人民共和国驻外使、领馆或者外交部委托的其他驻外机构以及外交部委托的省、自治区、直辖市和设区的市人民政府外事部门签发。

3. 普通护照

公民因前往外国定居、探亲、学习、就业、旅行、从事商务活动等非公务原因出国的，由本人向户籍所在地的县级以上地方人民政府公安机关出入境管理机构申请普通护照。普通护照即因私护照。普通护照由公安部出入境管理机构或者公安部委托的县级以上地方人民政府公安机关出入境管理机构以及中华人民共和国驻外使馆、领馆和外交部委托的其他驻外机构签发。

护照有一定的有效期限，各个国家所规定的有效期限不同。中国的外交护照有效期为五年。公务护照分为一次有效和多次有效两类，多次有效护照的有效期为五年，一次有效护照的有效期为两年。我国的因私普通护照，未满16周岁人员有效期为五年，16周岁以上为十年。

电子普通护照是在传统本式护照中嵌入电子芯片，并在芯片中存储持照人个人基本资料以及面部肖像、指纹信息的新型本式证件。自2012年5月15日起，电子普通护照在全国正式启用，这标志着我国公民的国际旅行证件迈入了全数字化时代。

（二）签证

签证（visa），是一个国家的主权机关在本国或外国公民所持的护照或其他旅行证件上的签注、盖印，表示允许其出入本国国境或者经过国境的手续。

1. 签证类型

签证根据游客的身份和所持护照的种类，可分为外交签证、礼遇签证、公务签证和普通签证；根据不同的出入境情况，还可分为入境签证、出入境签证、入出境签证和过境签证等。旅游签证属于普通签证，我国为外国旅游者颁发L类签证，即探亲、旅游签证，发给来中国旅游、探亲或因其他私人事务入境的外国人。

2. 签证手续

希望进入中国境内的外国人须持有效护照向中国的外交代表机关、领事机关或者外交部授权的其他驻外机关申请办理签证。但在特定情况下，确实来不及到上述机关办理签证手续者，可向公安部授权的口岸签证机关申请办理签证。公安部最早授权的口岸签证机关设在下列对外开放口岸：北京、上海、天津、重庆、大连、福州、厦门、西安、桂林、杭州、昆明、广州（白云）、深圳（罗湖、蛇口）、珠海（拱北）。

截至2018年1月，中国公民可免办签证前往65个国家和地区。中国已经同10个国家实现全面互免签证。与阿联酋、波黑的免签协定正式生效后，将再增加两个国家；40个国家和地区单方面给予持普通护照的中国公民落地签待遇；16个国家和地区单方面允许持普通护照的中国公民免签入境。中国还与41个国家达成了70份简化签证手续协定或安排。

3. 签证的有效期限

外国游客可在签证准予在华停留的期限内在中国旅行。停留期限到期，如需继续旅行，可向当地公安机关申请延长在中国的停留期限。旅行结束后，须在签证有效期内，填写出境卡，从对外国人开放的国际口岸经边防检查机关查验证件，加盖出境验讫章后出境。

4. 外国游客的权利与义务

外国人在中国境内可凭本人的有效护照和旅游（L）签证前往对外国人开放的地区旅行。外国游客不得进入不对外国人开放的地区，违者将依法受到处罚。

外国人因公务需前往不对外国人开放地区，须事先向所在地公安机关出入境管理部门申请“外国人旅行证”。申请时应出示本人护照及有效签证，提供接待部门出具的说明必须前往的理由的公函，填写“外国人旅行申请表”，获准后方能前往，外国人旅行证与本人护照同时使用。

持旅游（L）签证来中国的外国人不得在中国从事与其身份不符的活动，如就业、宗教宣传、非法采访等，违者将受到处罚。中国政府保护在中国境内的外国人的合法权益。外国人在中国境内，必须遵守中国法律，尊重中国的风俗习惯。

（三）港澳居民来往内地通行证

港澳居民来往内地通行证，由中华人民共和国广东省公安厅签发，是具有中华人民共和国国籍的香港特别行政区及澳门特别行政区居民来往中国内地所用的证件，于 1999 年 1 月 15 日启用。通行证的前身是“港澳同胞回乡证”，新版港澳居民来往内地通行证于 2013 年 1 月 2 日起启用。申请人年满 18 周岁的，签发 10 年有效通行证；未满 18 周岁的，签发 5 年有效通行证（附图 1–1）。

（四）往来港澳通行证

港澳通行证，俗称双程证，是由中华人民共和国公安部出入境管理局签发给中国内地居民因私往来香港或澳门地区旅游、探亲、从事商务、培训、就业、留学等非公务活动的旅行证件。通行证分为个人旅游、团队旅游、探亲、商务、其他、逗留等种类。2014 年 9 月 15 日起，全国正式启用电子往来港澳通行证。往来港澳通行证未满 16 周岁的有效期为 5 年，成年人电子往来港澳通行证有效期延长为 10 年（附图 1–2）。

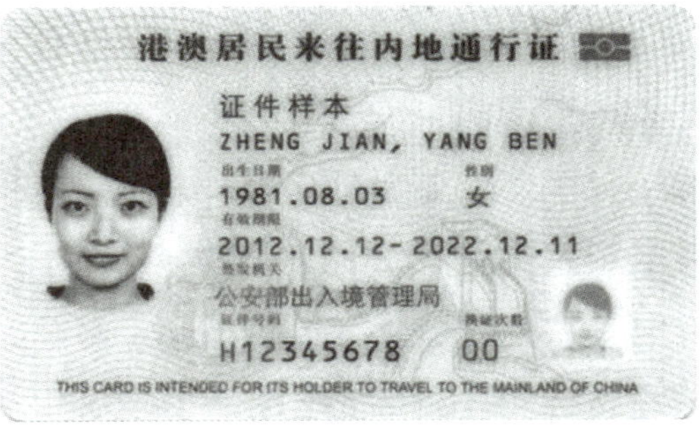

附图 1–1　港澳居民来往内地通行证

附图 1–2　往来港澳通行证

（五）台湾居民来往大陆通行证

台湾居民来往大陆通行证简称“台胞证”，是中国政府发给台湾同胞来往大陆地区就业、旅游、商务等活动的身份证明书。自 2015 年 9 月 21 日起，县级以上公安机关出入境管理部门开始受理电子台胞证的申请，同时停止签发现行本式台胞证。台胞证分为 3 个月一次有效和 5 年期两种，有效期从证件签发之日起计算（附图 1–3）。

（六）往来台湾通行证

往来台湾通行证是中国大陆地区居民往来中国台湾地区所持有的证件，一般与《入台证》一起检查。2016 年 12 月 20 日，中华人民共和国公安部发布公告，决定启用电子往来台湾通行证，福建省公安机关出入境管理部门自 12 月 26 日起开始试点受理电子往来台湾通行证的申请，同时停止签发现行本式往来台湾通行证。新版通行证有效期分为 5 年和 10 年，申请人未满 16 周岁的，签发 5 年有效通行证；年满 16 周岁的，签发 10 年有效通行证（附图 1–4）。

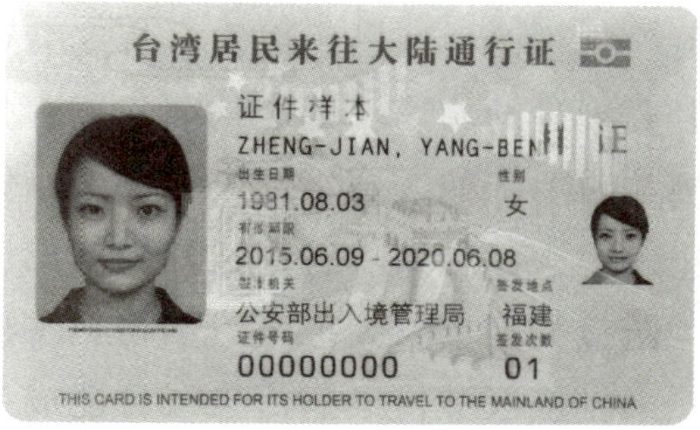

附图 1–3　台湾居民来往大陆通行证

附图 1–4　往来台湾通行证

二、入出境手续

各个国家（地区）对入出境旅客均实行严格的检查手续。办理这些手续的部门一般设在口岸和旅客入出境地点，如机场、车站、码头等。入、出境手续包括边防检查、海关检查、入境卫生检疫和安全检查四个方面。

（一）边防检查

入出境者要填写入出境登记卡片（有时航空公司代发卡片，可提前填写），交验护照和签证。卡片的内容有姓名、性别、出生年月、国籍、民族、婚否、护照种类和号码、签证种类和号码、有效期限、入境口岸、日期、逗留期限等。护照、签证验毕加盖验讫章。

（二）海关检查

海关检查是指海关在国境口岸依法对进出国境的货物、运输工具、行李物品、邮递物品和其他物品执行监督管理、征收关税和查禁走私等任务时所进行的检查。

根据《中华人民共和国海关法》和《中华人民共和国海关对进出境旅客行李物品监管办法》的规定，进出境旅客行李物品必须通过设有海关的地点进境或出境，接受海关监管。

进出中国国境的游客应将携带的需要查验的行李物品交海关检查，游客应填写“旅客行李申报单”一式两份，经海关查验行李后签章，双方各执一份，在游客回程时交海关验核。来我国居留不超过六个月的游客，携带海关认为必须复带出境的物品，由海关登记后放行，游客出境时必须将原物带出。游客携带的金银、珠宝、钻石等饰物，若准备携带出境，应向海关登记，并由海关发给证明书，以便出境时海关凭证核放。进出国境的游客携带的行李物品符合纳税规定的，应照章纳税。

旅客应按规定向海关申报。在实施双通道制的海关现场，须办理纳税或海关批注验放手续的旅客，选择申报通道（又称“红色通道”或“应税通道”）通关；携带无须向海关申报物品的旅客，可选择无申报通道（又称“绿色通道”或“免税通道”）通关。

经海关验核签章的申报单证要妥善保管，以便回程时或者进境后凭此办理有关手续。

海关加封的行李物品，不得擅自拆开或者损毁海关施加的封志。

（三）入境卫生检疫

很多国家对来往某些国家、地区的旅客免验预防接种证书（俗称“黄皮书”）。但对发生疫情地区，则检查特别严格，对未进行必要接种的旅客，则会采取隔离、强制接种等措施。外国人进入中国，应根据国境检疫机关的要求如实填报健康申明卡，传染病患者隐瞒不报，按逃避检疫论处，一经发现禁止入境；已经入境者，让其提前出境。来自传染病疫区的人员应出示有效的有关疾病的预防接种证书；无证者，国境卫生检疫机关将从他离开感染环境时算起实施六日的留验。来自疫区被传染病污染或可能成为传染病传播媒介的物品，须接受卫生检疫检查和必要的卫生处理。

（四）安全检查

近年来，由于劫持飞机事件不断发生，因此对登机旅客的安全检查措施越来越普遍，手续也日趋严格。主要是禁止携带武器、凶器、爆炸物、剧毒物等。检查方式包括过安全门、用磁性探测器近身检查、物品检查、用红外线透视仪器检查等。

三、不准入、出境的人员

不准入、出境人员包括不准入境的人员和不准出境的人员两大方面。

（一）不准入境的几种人

1. 不准入境的外国人

（1）被中国政府驱逐出境，未满不准入境年限的。

（2）被认为入境后可能进行恐怖、暴力、颠覆活动的。

（3）被认为入境后可能进行走私、贩毒、卖淫活动的。

（4）患有严重精神障碍、传染性肺结核病或有可能对公共卫生造成重大危害的其他传染病的。

（5）不能保障其在中国所需费用的。

（6）被认为入境后可能进行危害我国国家安全和利益的其他活动的。

2. 边防检查站有权阻止入境的人士

（1）未持有效护照、证件或签证的。

（2）持伪造、涂改或他人护照、证件的。

（3）拒绝接受查验证件的。

（4）公安部或国家安全部通知不准入境的。

（二）不准出境的几种人

1. 不准出境的人

（1）刑事案件的被告人和公安机关、人民检察院或人民法院认定的犯罪嫌疑人。

（2）人民法院通知有未了结民事案件不能离境的。

（3）有其他违反中国法律的行为尚未处理，经有关主管机关认定需要追究的。

2. 边防检查机关有权限制出境的人士

（1）持无效出境证件的。

（2）持伪造、涂改或他人护照、证件的。

（3）拒绝接受查验证件的。

四、对进出境物品的有关规定

进出境物品的有关规定主要包括部分限制进出境的物品、禁止进出境的物品以及行李物品和邮递物品征税办法的规定三个方面。

（一）部分限制进出境的物品

1. 烟、酒

我国海关对携带烟酒进出境的限量

类别	免费烟草制品限量	免费 12 度以上酒精饮料限量
来往港澳地区的旅客（包括港澳旅客和内地因私前往港澳地区探亲和旅游的旅客）	香烟 200 支或雪茄 50 支或烟丝 250 克	酒 1 瓶（不超过 0.75 升）
当天往返或短期内多次来往港澳地区的旅客	香烟 40 支或雪茄 5 支或烟丝 40 克	不准免税带进
其他进境旅客	香烟 400 支或雪茄 100 支或烟丝 500 克	酒 2 瓶（不超过 1.5 升）

2. 旅行自用物品

非居民旅客及持有前往国家或地区再入境签证的居民旅客携进旅行自用物品限照相机、便携式收录音机、小型摄影机、手提式摄录机、手提式文字处理机每种一件。超出范围的，需向海关如实申报，并办理有关手续。经海关放行的旅行自用物品，旅客应在回程时复带出境。

3. 金、银及其制品

旅客携带金、银及其制品进境应以自用合理数量为限，其中超过 50 克的，应填写申报单，向海关申报；复带出境时，海关凭本次进境申报的数量核放。携带或托运出境在中国境内购买的金、银及其制品（包括镶嵌饰品、器皿等新工艺品），海关验凭中国人民银行制发的“特种发票”放行。

4. 外汇

旅客携带外币、旅行支票、信用卡等进境，数量不受限制。居民旅客携带 1 000 美元（非居民旅客 5 000 美元）以上或等值的其他外币现钞进境，需向海关如实申报；复带出境时，海关验凭本次进境申报的数额核放。旅客携带上述情况以外的外汇出境，海关验凭国家外汇管理局制发的“外汇携带证”查验放行。

5. 人民币

旅客携带人民币出境限额为 20 000 元，超出部分需向海关书面申报。

6. 文物（含已故现代著名书画家的作品）

旅客携带文物进境，如需复带出境，须向海关详细报明。旅客携运出境的文物，须经中国文化行政管理部门鉴定。

携运文物出境时，必须向海关详细申报。对在境内商店购买的文物，海关凭中国文化行政管理部门加盖的鉴定标志及文物外销发货票查验放行；对在境内通过其他途经得到的文物，海关凭中国文化行政管理部门加盖的鉴定标志及开具的许可出口证明查验放行。

未经鉴定的文物，不能携带出境。携带文物出境不据实向海关申报的，海关将依法处理。

7. 中药材和中成药

旅客携带中药材、中成药出境，前往国外的，总值限人民币 300 元；前往港澳地区的，总值限人民币 150 元。寄往国外的中药材、中成药，总值限人民币 200 元；寄往港澳地区的，总值限人民币 100 元。

进境旅客出境时携带用外汇购买的、数量合理的自用中药材、中药，海关凭有关发货票和外汇兑换水单放行。

麝香以及超出上述规定限值的中药材、中成药不准出境。

8. 旅游商品

进境旅客出境时携带用外汇在我境内购买的旅游纪念品、工艺品，除国家规定应申领出口许可证或者应征出口税的品种外，海关凭有关发货票和外汇兑换水单放行。

（二）禁止进出境的物品

1. 禁止进境的物品

（1）各种武器、仿真武器、弹药及爆炸物品。

（2）伪造的货币及伪造的有价证券。

（3）对中国政治、经济、文化、道德有害的印刷品、胶卷、照片、唱片、影片、录音带、录像带、激光视盘、计算机存储介质及其他物品。

（4）各种烈性毒药。

（5）鸦片、吗啡、海洛因、大麻以及其他能使人成瘾的麻醉品、精神药物。

（6）带有危险性病菌、害虫及其他有害生物的动物、植物及其产品。

（7）有碍人畜健康的、来自疫区的以及其他能传播疾病的食品、药品或其他物品。

2. 禁止出境的物品

（1）列入禁止进境范围的所有物品。

（2）内容涉及国家秘密的手稿、印刷品、胶卷、照片、唱片、影片、录音带、录像带、激光视盘、计算机存储介质及其他物品。

（3）珍贵文物及其他禁止出境的文物。

（4）濒危的和珍贵的动物、植物（均含标本）及其种子和繁殖材料。

（三）行李物品和邮递物品征税办法的规定

为了简化计税手续和方便纳税人，中国海关对进境旅客行李物品和个人邮递物品实施了专用税则、税率。现行税率共有 5 个税级：免税、20%、50%、100%、200%。物品进口税从价计征，其完税价格由海关参照国际市场零售价格统一审定，并对外公布实施。

备注：

2018 年 4 月 2 日，国家移民管理局正式挂牌。

国家移民管理局将公安部的出入境管理、边防检查职责整合，建立健全签证管理协调机制，加挂中华人民共和国出入境管理局牌子，由公安部管理。

其主要职责包括，协调拟定移民政策并组织实施，负责出入境管理、口岸证件查验和边民往来管理，负责外国人停留居留和永久居留管理、难民管理、国籍管理，牵头协调非法入境、非法居留、非法就业外国人治理和非法移民遣返，负责中国公民因私出入国（境）服务管理，承担移民领域国际合作等。

国家移民管理局于 2019 年 3 月 26 日在京召开新闻发布会，通报自 2019 年 4 月 1 日起，中华人民共和国普通护照、往来港澳通行证、往来台湾通行证等出入境证件实行“全国通办”，即内地居民可在全国任一出入境管理窗口申请办理上述出入境证件，申办手续与户籍地一致。

出入境证件实行“全国通办”后，可以实现三个“都能办”：

全国各地都能办，即内地居民可在全国任一出入境管理窗口申办出入境证件，申请材料与户籍地一致；

内地居民都能办，即不受户籍地、居住地等条件限制，内地居民均可在异地申办出入境证件；

出国出境证件都能办，即中华人民共和国普通护照、往来港澳通行证、往来台湾通行证等都可在异地申办。此外，申请人异地申办赴港澳台团队旅游签注，还可在自助签注机上办理，立等可取。

国家移民管理局政务服务平台同步于 4 月 1 日上线，市民可登录服务网站、国家移民管理局 App 等预约申请办证、办理往来港澳台旅游签注、查询证件进度、出入境记录等。平台可为市民提供 24 小时网上服务，真正实现“让数据多跑路、让群众少跑腿”。

附录二　卫生安全知识

在旅行中，由于地理、气候、社会以及生物因素的变化，使人们的防病能力有所削弱，游客有可能罹患疾病，健康受到损害。游客生病不仅给自己带来痛苦，同时也会给导游人员的工作带来很多麻烦。因此，导游人员有必要掌握相关的旅游保健常识和一些旅游常见疾病及急症的防治知识。

一、旅游保健知识

如今人们外出旅行，已是一件很平常的事，但是旅途过程中的饮食、休息安排不当和水土不服等问题，不仅给游客带来痛苦，同时也会给导游人员的工作带来很多麻烦。为了保证旅游的顺利进行，导游人员需要掌握一些相关的旅游保健知识。旅游保健知识包括注意饮食卫生、行车路上的注意事项和住宿空调房对健康的影响三个方面。

（一）注意饮食卫生

旅途中保持身体健康的首要问题就是时刻注意饮食卫生，防止“病从口入”。旅行中的饮食卫生，主要有以下五个方面需要重点注意：

（1）注意饮水卫生。一般来说，生水是不能饮用的，旅途饮水以开水和消毒净化过的自来水最为理想，其次是山泉和深井水，江、河、塘、湖水千万不能生饮。

（2）瓜果一定要洗净或去皮吃。

（3）慎重对待每一餐。高中档的饮食店一般可放心去吃，大排档可以有选择地吃，摊位或沿街摆卖（推车卖）的不要去吃。

（4）学会鉴别饮食店卫生是否合格。合格的一般标准应是：有卫生许可证，有清洁的水源，有消毒设备，食品原料新鲜，无蚊蝇，有防尘设备，周围环境干净，收款人员不接触食品且钱票与食品保持相当距离。

（5）在车船或飞机上要节制饮食。由于车船或飞机上没有运动条件，食物的消化过程延长、速度减慢，如果不节制饮食，必然增加胃肠的负担，引起肠胃不适。

（二）行车路上的注意事项

1. 保持车内空气新鲜

车厢内人多，人体代谢产物较多，其中尤以二氧化碳排出量最多，当空气中二氧化碳浓度达到 0.5% 时，人就会出现头痛、头晕等不适感。加之汽车发动机产生的一氧化碳以及有些游客车内吸烟，都会使车厢内空气质量下降。因此，车窗要适度打开，通风换气。只有车厢内空气新鲜，才能保证游客的身体健康。

2. 预防游客水肿

长时间坐车，会出现下肢肿胀，医学上称为“旅行水肿”。因此，乘车时不要总是坐着，应常变换体位，或站一会儿或抬高下肢坐一会儿，也可用手从上往下进行下肢按摩，帮助血液回流。

3. 预防晕车病

为了预防晕车病的发生，可在开车前半小时，服用茶苯海明（乘晕宁）。在旅途中应尽量减少头部活动，可将头靠在座椅背上，闭目养神，避免看窗外移动的景物。

（三）住宿空调房对健康的影响

空调虽好，也要注意防病。防病的关键是要正确使用空调，具体来说有以下五点：

（1）离开房间外出时开机放进冷气，旅行归来住宿休息时关闭，这样房间内非常凉爽。

（2）睡前调好温度的高低，睡时切忌开冷气。

（3）室内温度与室外温度不宜相差太大，一般差幅 5 ℃左右为宜，当然也要适当考虑个人的生活习惯和要求。

（4）无论在什么时候，都要避免冷气直吹身体。

（5）旅行归来满身是汗或刚洗完澡时，都不要吹冷气，否则极易感冒。

二、旅游常见疾病和急症的防治知识

导游人员应该掌握基本的救护常识，以便在带团中能够预防常见疾病以及游客患病时及时采取正确的急救措施。旅游常见疾病和急症的防治包括中暑、骨折、晕厥、晕动症、急性脑梗死和脑出血、溺水、急性心肌梗死、咬伤和蜇伤、高原反应九个方面。

（一）中暑

1. 主要症状

在高温环境中出现大汗、口渴、乏力、头晕、胸闷、发热、皮肤灼热、恶心、呕吐等症状，严重者面色苍白、呕吐、神志不清甚至昏迷。

2. 急救处理

遇到游客中暑，导游人员要及时拨打急救电话，同时进行合理急救：

（1）脱离高温环境。要尽快离开高温潮湿的环境，转移到阴凉通风处平卧，松开游客衣扣，用东西将头及肩部垫高。

（2）冰敷。以冷湿的毛巾敷在游客头上，有水袋或冰袋更好，敷在（颈侧、腋下、腹股沟）处。

（3）人工散热。用纸扇或电扇扇风等散热方法，当游客体温降到37℃左右时，停止降温，以防虚脱。

（4）补充液体。游客恢复知觉后，供给盐水喝，但不能给予刺激物，注意已昏迷游客勿饮任何东西，以免呛咳使液体入肺。

（5）口服随身携带的人丹，太阳穴涂抹清凉油。

（6）昏迷不醒，则可掐病人的人中穴（位于鼻唇之间中上1/3交界处）和内关穴（位于手腕内侧上方约5厘米处）以及合谷穴（即虎口）等。

（7）进行上述处理的同时，应将其尽快送往医院抢救。

（二）骨折

1. 主要症状

骨折部分有局部性疼痛和压痛，局部肿胀和出现瘀斑，肢体功能部分或完全丧失，完全性骨折还可出现肢体畸形及异常活动。

2. 急救处理

在搬运骨折游客前，必须妥善固定游客的骨折部位。这样做可以防止断裂骨头的尖锐部分移动，以免进一步损害肌肉、血管和神经，并可有效减缓伤痛。此外，还可预防闭合性骨折变为开放性骨折。

（1）准确判断骨折类型。首先要判断是否是骨折，在判断不清是否有骨折的情况下，应按骨折来处理。开放性骨折，不仅骨头断裂，同时断裂的骨头会刺穿皮肤，伤及肌肉；闭合性骨折，通常不伴随流血，骨头断裂，但未刺穿皮肤。

（2）具体措施。

① 立刻拨打120求救。

② 如为轻度无伤口骨折，尚未肿胀时，条件允许时应先进行冷敷处理。使用冰水、冰块或者冷冻剂敷住骨折部位防止肿胀，冰冻的矿泉水和纯净水也可，固定后送医院处理。

③ 如有伤口则不宜冷敷，有出血现象则应及时止血。如果伤口出血较多，应找来干净的布包扎止血，可用干净柔软的东西作为软垫，直接放在伤口处，然后用宽的带子紧紧绷扎。

④ 上夹板固定。这是骨折急救处理时最重要的一项。应就地取材为其上夹板，以固定两端关节，避免转动骨折肢体，增加复原难度。

⑤ 送医院。若骨折严重，则应及时送医院治疗。费用由伤者自理。

（三）晕厥

1. 主要症状

晕厥是大脑一时性缺血、缺氧引起的短暂的意识丧失。游客突然出现面色苍白、眼前发黑、恶心、脉搏细弱，继之丧失知觉。

2. 急救处理

发现游客晕厥后，应立即使其平卧于空气流通处，头部略低，松解衣领，抬高下肢以增加脑血流量。同时，观察其心跳呼吸是否正常，如心跳呼吸正常，轻拍游客并呼唤其姓名；如没有反应，可指压其人中穴，待清醒后可喂饮一些糖水；如在室内应注意通风。经以上处理仍不见好转，很可能是其他严重疾病引起的，应立即送医院诊治。

（四）晕动症

1. 主要症状

即晕车病、晕船病、晕机病和由于各种原因引起的摇摆、颠簸、旋转、加速运动等所致疾病的统称。

2. 预防与处理

出游前提醒晕车、晕船、晕机的游客应有足够的睡眠，注意保持心情舒畅，精神放松。乘坐交通工具前，饮食不宜过饥或过饱，少食油腻食物，多食易消化食物。乘坐交通工具最好往前坐，减少震动；尽量安排顺方向座位，头部适当固定，避免过度摆动，少看外面移动物体或闭目养神。较轻者可准备生姜片，感觉不适时含在嘴里，或用橡皮膏贴脐部。口服晕车药，启程前半小时服用。长途旅行中，如遇游客晕车（机、船），导游人员可请乘务员协助。

（五）急性脑梗死和脑出血

1. 主要症状

发病较急，游客出现头痛、眩晕、呕吐，继之神志不清，口眼歪斜，上下肢偏瘫。该病多发生在中老年游客中，特别是患有动脉硬化、高血压者居多。

2. 急救处理

游客中出现此种情况，应立即让其平躺，上身稍垫高，保持安静，头部偏向一侧，以防止吸入呕吐物引起窒息。出现昏迷时取出口腔内的义齿，保持呼吸通道畅通，并尽快送医院抢救。

（六）溺水

1. 主要症状

面部肿胀、结膜充血、口鼻腔充满血性泡沫、皮肤黏膜青紫、肢体湿冷、烦躁不安或神志不清、呼吸不规则、肺部啰音、心音弱而不整、上腹胀满，严重者心跳呼吸停止而死亡。

2. 急救处理

（1）迅速清除口、鼻中的污物，以保持呼吸道通畅。

（2）迅速将溺水游客置于抢救者屈膝的大腿上，头倒悬，轻按患者背部迫使呼吸道及胃内的水倒出。

（3）若心跳、呼吸停止，立即做人工呼吸和心肺复苏。

（4）迅速将溺水游客送往医院，途中不要中断抢救。

（七）急性心肌梗死

1. 主要症状

发病较急，患病游客自感脑部持续剧烈疼痛，面色苍白，嘴唇发紫，大汗淋漓，呼吸困难，脉搏细弱，心律不齐，心动过速，恶心呕吐等。

2. 急救处理

立即与附近医院或急救中心联系。在医护人员未来之前，轻轻将患病游客仰卧休息，切忌变动体位或挪动，同时安抚患者，使其不要过于紧张用力，密切观察其脉搏和呼吸。如果脉搏消失、呼吸停止，应立即施行胸外按压或人工呼吸。待医护人员到达后，在医生的指导和心电监护下送医院抢救。

（八）咬伤和蜇伤

虫咬一般采取的方法有涂花露水、防蚊油、清凉油、风油精等，或将马齿苋捣烂敷在患处；剧痒者应及时赴医院就诊。

如果游客被蝎、蜂蜇伤，导游人员要设法将毒刺拔出，用口或吸管洗出毒液，然后用肥皂水清洗，再涂些食醋或柠檬。条件许可时，可用 5% 的苏打水或 3% 的淡氨水洗敷伤口，同时服用止痛药。导游人员、游客如识中草药，可用板蓝根、薄荷叶、两面针等捣烂外敷。严重者要送医院抢救。

野外旅游活动中，游客不慎被蛇咬伤，注意看伤口，如果有一排细牙印，为无毒蛇咬伤，没有什么问题；如果有两颗较深牙印，就是毒蛇咬伤，需采取以下措施：

（1）不要剧烈奔跑，以减慢人体对蛇毒的吸收和蛇毒在人体内的传播速度，减轻全身反应；记住伤口的形态，详细告知急救的医务人员，如果把蛇打死，则带上死蛇，以便医务人员及时、正确地加以治疗。

（2）被毒蛇咬伤后，要立即用柔软的绳或布带在伤口靠近心脏的一端捆扎，以阻止带毒血液回流。注意包扎时不宜太紧也不要太松。注射抗毒血清后，可去掉结扎。

（3）立即用冷茶、冷开水、活泉水冲洗伤口，有条件的可用生理盐水、肥皂水、过氧化氢。

（4）用消毒过的小刀划破两个毒牙痕间的皮肤，划开“十字形”切口，同时在伤口附近的皮肤上，用小刀挑破米粒大小数处，不断挤压伤口 20 分钟，使毒液外流。如果伤口里的毒液不能畅通外流，可用吸吮排毒法，采用拔火罐、针筒前端套一条橡皮管来抽吸毒液，无工具时可直接用嘴吸吮（口腔溃疡患者严禁），但必须注意安全，边吸边吐，每次都用清水漱口。

（九）高原反应

1. 主要症状

高原反应，也称高原病、高山病，是人到达一定海拔高度后，身体为适应因海拔高度而造成的气压差、含氧量少、空气干燥等的变化，而产生的自然生理反应。海拔高度一般达到2 700米左右时，人们就会有高原反应。其症状一般表现为：头痛、气短、胸闷、厌食、微烧、头昏、乏力、口唇或指甲紫绀等。

2. 处理措施

一旦出现高原反应，吸氧是最有效的急救处理。应让游客立即休息，将其移至无风处，若疼痛严重，可服用镇痛剂止痛；如果仍不能适应，则需降低高度，直到游客感到舒服或症状明显减轻之高度为止；若有休克现象，应优先处理，注意失温及其他并发症。一般而言，有高原反应的游客降低至平地后，即可不药而愈。若情况仍很严重，需立即送医处理。

3. 预防措施

大部分游客初到高原地区时，都会有些高原反应，避免或减轻高原反应的最好方法就是保持良好的心态。目前认为除了对低氧特别易感者之外，阶梯式上山是预防急性高原病的最稳妥、最安全的方法。

（1）进入高原地区，动作要放缓，不可疾速行走，不能跑步或奔跑，也不能做体力劳动。

（2）饮食方面，不可暴饮暴食，以免加重消化器官负担，不要饮酒和吸烟，多食碳水化合物类，多食蔬菜、水果等富含维生素易消化的食品。

（3）适量饮水，使体内水分保持充足，以减轻症状。

（4）避免寒冷，注意保暖，减少洗澡次数或不洗澡，以避免受凉感冒和消耗体力。

（5）提前服用抗高原反应的药物，如红景天、高原康、高原安等。

参考书目

[1] 唐由庆. 导游业务[M]. 2版. 北京：高等教育出版社，2009.
[2] 蒋文中. 导游部操作实务[M]. 北京：旅游教育出版社，2006.
[3] 程新造. 导游接待案例选析[M]. 北京：旅游教育出版社，2004.
[4] 杨连学. 导游服务实训教程[M]. 北京：旅游教育出版社，2010.
[5] 叶华胜. 导游业务[M]. 北京：人民邮电出版社，2010.
[6] 梁文生. 导游实务[M]. 济南：山东科学技术出版社，2011.
[7] 赵年顺. 模拟导游实训教程[M]. 北京：科学出版社，2011.
[8] 王春玲，陆霞. 导游实务实训教程[M]. 北京：旅游教育出版社，2011.
[9] 易新伟，刘娟. 导游实务[M]. 北京：清华大学出版社，2009.